北京大学教育经济与管理丛书

学生成绩提高的原理与策略
——义务教育生产函数分析

薛海平 著

图书在版编目(CIP)数据

学生成绩提高的原理与策略:义务教育生产函数分析/薛海平著.
—北京:北京大学出版社,2011.11
(北京大学教育经济与管理丛书)
ISBN 978-7-301-19684-7

Ⅰ.①学… Ⅱ.①薛… Ⅲ.①义务教育－研究－中国 Ⅳ.①G522.3

中国版本图书馆 CIP 数据核字(2011)第 225754 号

书　　　　名:学生成绩提高的原理与策略:义务教育生产函数分析
著作责任者:薛海平　著
丛 书 主 持:李淑方
责 任 编 辑:李淑方
标 准 书 号:ISBN 978-7-301-19684-7/G · 3253
出 版 发 行:北京大学出版社
地　　　　址:北京市海淀区成府路 205 号　100871
网　　　　址:http://www.pup.cn　电子信箱:zyl@pup.pku.edu.cn
电　　　　话:邮购部 62752015　发行部 62750672　编辑部 62767346
　　　　　　出版部 62754962
印　　刷　者:三河市博文印刷厂
经　　销　者:新华书店
　　　　　　650 毫米×980 毫米　16 开本　22.25 印张　360 千字
　　　　　　2011 年 11 月第 1 版　2011 年 11 月第 1 次印刷
定　　　　价:45.00 元

未经许可,不得以任何方式复制或抄袭本书之部分或全部内容。
版权所有,侵权必究
举报电话:(010)62752024　电子信箱:fd@pup.pku.edu.cn

丛书序言

　　本套丛书的作者由近年来我们指导的几位博士研究生组成。在北京大学教育学院教育经济和管理专业学习的过程中，他们广泛阅读了国际国内相关研究领域的大量文献，掌握了教育经济和管理学科的基础理论和知识，在参与相关的研究课题中对中国教育和社会变革的情况加深了理解，锻炼了问题意识，并受到了研究过程和方法的较为系统的训练。本套丛书是他们在各自博士论文的基础上，充实、改进，使之更上一层楼的成果。今后我们会不断推出这一系列的新作。

　　丛书的各篇著作各有千秋，虽然难免存在这样或那样的不足和缺陷，但我们认为它们至少在以下几点上是具有一定的学术价值及参考意义的：第一，丛书所涉及的论题都是关乎中国社会和教育发展中的重要的理论和现实问题，而作者切入的角度又使得这些研究问题具有了深刻的、值得进一步开发的学术价值。第二，教育经济学、教育管理学的多数理论是在西方的社会经济文化背景下产生的，有着明显的地域性特征和局限性，要在中国得到合理的应用和解释，必须经历本土化的重建。几位年轻的作者，以活跃的学术状态和认真的科学精神，努力尝试创新而非盲从的学术研究，对现有理论的应用进行了跨文化的探索，程度不同地尝试了对相关理论的本土化移植和运用。第三，这些论著大多对相关论题的研究进展进行了非常系统的文献综述，一方面这可以为读者了解相关领域里国内外的研究进展提供丰富的素材,而且也为认识作者站在前人的肩膀上将该领域研究所做的推进提供了清晰的线索。第四,作者积极实践了以注重实证为价值取向的研究。他们没有停留在概念层次里转圈子,而是在以现实生活为基础的实证研究上认真下了一番工夫,他们或者通过新的研究角度对问题运用新的解释逻辑,或者通过认真的研究设计,创造性地架起从概念层次到经验层次研究的桥梁。

撰写博士论文的过程是一个接受学术训练和积累学术思想的过程。本套丛书的作者对中国教育经济和管理领域的相关问题研究兴趣盎然,他们力图对涉及教育领域的重要的经济和管理难题做出有独到见解的实证研究和解释。作为导师,从论文的选题,到分析的视角,从研究设计,到结果含义的凝练,在这既令人兴奋也时常充满了磨难的求索过程中,我们与年轻的作者共同体验了治学的艰苦,也一起分享了成长的喜悦。看到在这样一个过程中,他们在养成严谨的治学态度、笃实的治学风格、忘我的治学精神和睿智的治学方法等方面所取得的长足的进步,我们感到由衷的欣慰。同时也借此机会,祝愿他们再接再厉,励精图治,不断进步。

我们谨以这套丛书奉献给正在教育经济和管理领域中探索着的人们。"路漫漫其修远兮,吾将上下而求索"。希望此套丛书能够激发更多人的思考和兴趣,引发更多人的参与和探讨,这对繁荣教育经济和管理学界的学术氛围将是有所裨益的。

我们深知这套丛书对中国复杂的教育和社会变革的分析和解释可能仍有不少隔靴搔痒甚至是幼稚和错误之处。我们将以真诚和愉快的心情,听取来自广大读者的批评意见。

最后,感谢北京大学出版社对此套丛书顺利出版所提供的支持。

北京大学教育经济与管理丛书主编
闵维方　丁小浩
2007 年 10 月

目　录

绪论 …………………………………………………………（1）

第一章　教育生产函数研究理论基础 ……………………（8）
　第一节　教育生产函数研究中重要概念 …………………（8）
　第二节　教育生产函数的理论模型 ………………………（11）
　第三节　教育生产函数的计量方法 ………………………（12）
　第四节　教育生产函数研究的局限 ………………………（23）

第二章　学生成绩影响因素理论 …………………………（27）
　第一节　学校投入对学生成绩影响理论 …………………（28）
　第二节　教师对学生成绩影响理论 ………………………（34）
　第三节　学校管理制度影响理论 …………………………（40）
　第四节　学校因素对学生成绩影响研究小结 ……………（45）
　第五节　家庭对学生成绩影响理论 ………………………（50）
　第六节　同伴对学生成绩影响理论 ………………………（57）
　第七节　学生自身特征对成绩影响理论 …………………（63）
　第八节　国内教育生产函数研究 …………………………（66）
　第九节　教育生产函数研究展望 …………………………（73）

第三章 分析框架与研究设计 (81)
第一节 研究思路 (81)
第二节 研究设计 (83)
第三节 期待的研究贡献 (93)

第四章 学生成绩影响因素初步分析 (97)
第一节 学生成绩的个体层面影响因素分析 (97)
第二节 学生成绩的班级层面影响因素分析 (113)
第三节 学生成绩的学校层面影响因素分析 (144)

第五章 学生成绩影响因素的多层次分析 (151)
第一节 学生成绩影响因素三层线性模型中的变量选择 (152)
第二节 学生成绩影响因素方差分析模型分析 (154)
第三节 学生成绩影响因素高层模型自变量探索性分析 (159)
第四节 学生成绩影响因素单层模型分析 (163)
第五节 学生成绩影响因素完全模型分析 (186)

第六章 教育生产函数分析的结论与建议 (211)
第一节 教育生产函数分析的主要研究结论 (211)
第二节 教育质量影响因素的讨论 (217)
第三节 提高西部农村初中教育质量的政策建议 (230)
第四节 本书研究的不足 (238)
第五节 未来研究展望 (239)

参考文献 (244)
附录1 甘肃省基础教育调查：校长问卷 (267)
附录2 甘肃省基础教育调查：教师问卷 (282)
附录3 甘肃省基础教育调查：孩子问卷 (296)
附录4 甘肃省基础教育调查：家庭问卷 (314)
附录5 代码表 (334)
后记 (336)

图 目 录

图 1.1　随机边界与回归模型的区别示意图　(19)
图 3.1　本书分析思路　(82)
图 4.1　不同认知水平组的学生数学成绩差异分析　(101)
图 4.2　不同认知水平组的学生语文成绩差异分析　(101)
图 4.3　教育期望水平与学生数学成绩差异分析　(103)
图 4.4　教育期望水平与学生语文成绩差异分析　(103)
图 4.5　家庭文化资本与学生数学成绩　(108)
图 4.6　家庭文化资本与学生语文成绩　(108)
图 4.7　班级规模与学生数学成绩　(115)
图 4.8　班级规模与学生语文成绩　(116)
图 4.9　教师资格与学生数学成绩　(131)
图 4.10　教师资格与学生语文成绩　(131)
图 4.11　教师每周批改作业时间与学生数学成绩　(137)
图 4.12　教师每周批改作业时间与学生语文成绩　(138)
图 4.13　教师每周备课时间与学生数学成绩　(138)
图 4.14　教师每周备课时间与学生语文成绩　(138)
图 4.15　教师每周对学生课外辅导时间与学生数学成绩　(139)
图 4.16　教师每周对学生课外辅导时间与学生语文成绩　(139)
图 4.17　教师每周家访时间与学生数学成绩　(139)
图 4.18　教师每周家访时间与学生语文成绩　(140)

图 4.19　学校规模与学生数学成绩　　　　　　　　(147)
图 4.20　学校规模与学生语文成绩　　　　　　　　(148)
图 4.21　学校生均公用经费与学生数学成绩　　　　(150)
图 4.22　学校生均公用经费与学生语文成绩　　　　(150)
图 5.1 　班级行为模式　　　　　　　　　　　　　(172)
图 5.2 　学校行为模式　　　　　　　　　　　　　(174)
图 6.1 　格拉斯—斯密斯曲线　　　　　　　　　　(218)

表 目 录

表1　全国义务教育毛入学率　(2)
表2.1　187项教育生产函数研究中所估计的投入参数系数：
　　　　美国　(45)
表2.2　96项教育生产函数研究中所估计的投入参数系数：
　　　　发展中国家　(46)
表2.3　教育生产函数研究中所估计的投入参数系数：
　　　　拉美国家　(47)
表2.4　投票计数分析：Hanushek(1986,1997)与Dewey
　　　　等人(2000)研究的比较　(48)
表2.5　教育投入指标　(74)
表3.1　主要研究假设和自变量　(86)
表4.1　学生的性别构成　(98)
表4.2　学生成绩的性别差异分析　(98)
表4.3　学生的民族构成　(98)
表4.4　学生成绩的民族差异分析　(99)
表4.5　学生学习努力程度　(99)
表4.6　不同努力程度学生的成绩差异分析　(100)
表4.7　不同认知水平组学生的成绩差异分析　(100)
表4.8　学生教育期望　(102)
表4.9　教育期望与学生的成绩差异分析　(102)

表 4.10	学生父亲和母亲受教育程度	(104)
表 4.11	父亲受教育程度与学生成绩差异分析	(104)
表 4.12	母亲受教育程度与学生成绩差异分析	(105)
表 4.13	不同收入组家庭年人均收入	(106)
表 4.14	家庭经济背景与学生成绩差异分析	(106)
表 4.15	拥有不同文化资本的家庭所占比例	(107)
表 4.16	家庭文化资本与学生成绩差异分析	(107)
表 4.17	父亲希望孩子念书最高到哪一级	(109)
表 4.18	母亲希望孩子念书最高到哪一级	(109)
表 4.19	父亲教育期望水平与学生成绩差异分析	(110)
表 4.20	母亲教育期望与学生成绩差异分析	(110)
表 4.21	父亲每周辅导孩子做作业的时间	(111)
表 4.22	母亲每周辅导孩子做作业的时间	(111)
表 4.23	父母亲对孩子的学习辅导时间分布	(112)
表 4.24	父亲学习辅导与学生成绩差异分析	(112)
表 4.25	母亲学习辅导与学生成绩差异分析	(112)
表 4.26	甘肃农村初中班级规模	(113)
表 4.27	甘肃农村初中班级规模分布	(114)
表 4.28	不同规模的班级学生成绩差异分析	(114)
表 4.29	教师性别分布表	(117)
表 4.30	教师性别与学生成绩差异分析	(117)
表 4.31	教师民族分布	(117)
表 4.32	教师民族与学生成绩差异分析	(118)
表 4.33	教师编制分布	(118)
表 4.34	有代课教师的学校所占比例	(119)
表 4.35	教师编制与学生成绩差异分析	(119)
表 4.36	教师月基本工资	(120)
表 4.37	教师月总工资	(121)
表 4.38	教师工资发放状况	(123)
表 4.39	教师工资拖欠状况	(124)
表 4.40	教师工资拖欠与学生成绩	(124)
表 4.41	教师教龄	(125)
表 4.42	教师教龄分布	(125)

表 4.43	教师教龄与学生成绩差异分析	(126)
表 4.44	教师现在最高学历分布	(127)
表 4.45	教师现在与初任职时最高学历分布	(127)
表 4.46	教师学历与学生成绩差异分析	(127)
表 4.47	教师职称分布	(128)
表 4.48	教师职称与学生成绩差异分析	(128)
表 4.49	教师资格分布	(130)
表 4.50	教师资格与学生成绩差异分析	(130)
表 4.51	参加过学历提高培训的教师比例	(132)
表 4.52	教师学历提高培训与学生成绩差异分析	(132)
表 4.53	教师参加进修学校培训频率	(133)
表 4.54	教师进修学校培训与学生成绩差异分析	(134)
表 4.55	教师参加教育项目专家培训频率	(134)
表 4.56	教育项目专家培训与学生成绩差异分析	(135)
表 4.57	教师工作努力程度	(136)
表 4.58	各类教师工作努力程度比较	(137)
表 4.59	参加县级统考的班级比例	(141)
表 4.60	县统考与学生成绩差异分析	(141)
表 4.61	参与了学校管理的教师比例	(141)
表 4.62	分权管理与学生成绩差异分析	(143)
表 4.63	奖惩性教学管理下的教师比例	(143)
表 4.64	奖惩性教学管理与学生成绩差异分析	(144)
表 4.65	学校类型分布	(145)
表 4.66	公办学校与民办学校学生成绩差异分析	(145)
表 4.67	地区重点学校与非重点学校学生成绩差异分析	(145)
表 4.68	学校规模	(146)
表 4.69	学校规模结构	(146)
表 4.70	学校规模与学生成绩差异分析	(147)
表 4.71	本学期学校生均公用经费	(149)
表 4.72	学校生均公用经费与学生成绩差异分析	(149)
表 5.1	数学零模型层际方差成分表	(157)
表 5.2	语文零模型层际方差成分表	(157)
表 5.3	数学和语文成绩零模型的主要统计结果	(159)

表 5.4　层 2 潜在变量的探索分析结果　(161)
表 5.5　层 3 潜在变量的探索分析结果　(163)
表 5.6　数学成绩的第一类半条件模型的随机系数信度统计结果　(166)
表 5.7　数学成绩的第一类半条件模型的固定效应部分主要统计结果　(167)
表 5.8　数学成绩的第一类半条件模型的随机效应部分主要统计结果　(168)
表 5.9　数学成绩的第一类半条件模型的拟合优度统计结果　(168)
表 5.10　语文成绩的第一类半条件模型的随机系数信度统计结果　(170)
表 5.11　语文成绩的第一类半条件模型的固定效应部分主要统计结果　(170)
表 5.12　语文成绩的第一类半条件模型的随机效应部分主要统计结果　(171)
表 5.13　语文成绩的第一类半条件模型的拟合优度统计结果　(171)
表 5.14　数学成绩的第二类半条件模型的随机系数信度统计结果　(176)
表 5.15　数学成绩的第二类半条件模型的固定效应部分主要统计结果　(177)
表 5.16　数学成绩的第二类半条件模型的随机效应部分主要统计结果　(178)
表 5.17　数学成绩的第二类半条件模型的拟合优度统计结果　(179)
表 5.18　语文成绩的第二类半条件模型的随机系数信度统计结果　(180)
表 5.19　语文成绩的第二类半条件模型的固定效应部分主要统计结果　(180)
表 5.20　语文成绩的第二类半条件模型的随机效应部分主要统计结果　(181)
表 5.21　语文成绩的第二类半条件模型的拟合优度统计结果　(182)

表 5.22	数学成绩的第三类半条件模型的随机系数信度统计结果	(182)
表 5.23	数学成绩的第三类半条件模型的固定效应部分主要统计结果	(183)
表 5.24	数学成绩的第三类半条件模型的随机效应部分主要统计结果	(184)
表 5.25	数学成绩的第三类半条件模型的拟合优度统计结果	(184)
表 5.26	语文成绩的第三类半条件模型的随机系数信度统计结果	(185)
表 5.27	语文成绩的第三类半条件模型的固定效应部分主要统计结果	(185)
表 5.28	语文成绩的第三类半条件模型的随机效应部分主要统计结果	(186)
表 5.29	语文成绩的第三类半条件模型的拟合优度统计结果	(186)
表 5.30	数学成绩的完全截距模型的随机系数信度统计结果	(189)
表 5.31	数学成绩的完全截距模型的固定效应部分主要统计结果	(190)
表 5.32	数学成绩的完全截距模型的随机效应部分主要统计结果	(191)
表 5.33	数学成绩的完全截距模型的拟合优度统计结果	(192)
表 5.34	语文成绩的完全截距模型的随机系数信度统计结果	(194)
表 5.35	语文成绩的完全截距模型的固定效应部分主要统计结果	(194)
表 5.36	语文成绩的完全截距模型的随机效应部分主要统计结果	(195)
表 5.37	语文成绩的完全截距模型的拟合优度统计结果	(196)
表 5.38	数学成绩的完全斜率模型的随机系数信度统计结果	(199)
表 5.39	数学成绩的完全斜率模型的固定效应部分主要统计结果	(202)

表 5.40　数学成绩的完全斜率模型的随机效应部分
　　　　主要统计结果　　　　　　　　　　　　　　（203）
表 5.41　数学成绩的完全斜率模型的拟合优度统计结果　（203）
表 5.42　语文成绩的完全斜率模型的随机系数信度统计结果
　　　　　　　　　　　　　　　　　　　　　　　（206）
表 5.43　语文成绩的完全斜率模型的固定效应部分
　　　　主要统计结果　　　　　　　　　　　　　　（208）
表 5.44　语文成绩的完全斜率模型的随机效应部分
　　　　主要统计结果　　　　　　　　　　　　　　（209）
表 5.45　语文成绩的完全斜率模型的拟合优度统计结果　（210）

绪 论

随着我国农村义务教育的基本普及,质量提升已经成为农村义务教育在新的社会历史发展时期需要完成的新任务和需要解决的新课题。提高农村义务教育质量必须以科学的理论依据作为基础,这就需要我国教育研究人员对农村义务教育质量的影响因素进行研究。迄今为止,我国学者虽然对此问题进行了一些研究,但这些研究基本都是采用逻辑思辨的方法,经验性的实证研究非常少见,国内已有的研究结论显然不足以为政府制定相关政策提供科学的参考依据。同国内研究相比,国外关于教育质量影响因素的实证研究非常丰富,其中以教育生产函数方法探讨教育质量影响因素的研究最为成功,其研究成果为许多国家制定提高教育质量的政策提供了参考依据。本书将借鉴国外教育生产函数方法对我国西部农村义务教育质量影响因素进行实证研究,希望能为政府制定提高西部农村义务教育质量的相关政策提供一定的参考依据,同时推动国内教育生产函数研究的发展。

一、我国义务教育已经基本普及

面对21世纪世界范围内经济、科技、人才素质竞争的挑战,遵循教育科学规律,普及义务教育,已经成为关系中华民族素质的百年大计,也是我国从人口大国走向人力资源强国的关键所在。改革开放三十多年来,在党中央、国务院的高度重视和坚强领导下,经过教育工作者的不懈努力和全社会的关心与支持,我国在 2000 年实现了基本普及九年义务教育、基本扫除青壮年文盲的"两基"奋斗目标,我国义务教育因此实现历史性跨越。截止到 2004 年底,全国实现"两基"的地区人口覆盖率进一步提高,达到 93.6%。[1] 国务院在《中国西部地区"两基"攻坚计划(2004—2007 年)》中确定,到 2007 年西部地区整体上实现"两基"目标,"两基"人口覆盖率达到 85%以上,初中毛入学率达到 90%以上。[2] 从表 1 统计的全国义务教育毛入学率来看,2000 年后,我国义务教育普及程度进一步提高,尤其是初中阶段教育普及程度提高幅度很大。在我国已经基本普及义务教育后,我国义务教育在继续提高九年义务教育普及程度的同时,逐步进入了以巩固提高普及成果、更加注重质量和内涵发展为特征的新阶段。从以规模扩展为重点向以提高质量为重点转移,这是中国义务教育发展的必然选择。

表 1　全国义务教育毛入学率[3]　　　　　　　　单位:%

年份	小学(按各地相应学龄计算)	初中阶段(12~14 周岁)
1990	111.0	66.7
1991	109.5	69.7
1992	109.4	71.8
1993	107.3	73.1
1994	108.7	73.8
1995	106.6	78.4
1996	105.7	82.4
1997	104.9	87.1
1998	104.3	87.3
1999	104.3	88.6
2000	104.6	88.6
2001	104.5	88.7
2002	107.5	90.0
2003	107.2	92.7

---

[1]　国家教育发展研究中心.2005 年中国教育绿皮书[M].北京:教育科学出版社,2005,9.

[2]　同上。

[3]　中华人民共和国教育部发展规划司.中国教育统计年鉴 2008[M].北京:人民教育出版社,2008,15.

续表

年份	小学(按各地相应学龄计算)	初中阶段(12~14周岁)
2004	106.6	94.1
2005	106.4	95.0
2006	106.3	97.0
2007	106.2	98.0
2008	105.7	98.5

二、我国农村义务教育发展重心的转移

2003年,国务院的《关于进一步加强农村教育工作的决定》明确指出,农业、农村和农民问题是关系我国改革开放和现代化建设全局的重大问题。发展农村教育,办好农村学校,不断提高义务教育的质量,是从根本上解决"三农"问题的关键所在,是加强农村精神文明建设,提高农民思想道德水平,促进农村经济社会协调发展的重大举措。必须从实践"三个代表"重要思想和全面建设小康社会的战略高度,优先发展农村教育。

农村义务教育是农村教育的基础和重点,在整个国民教育体系中占有举足轻重的地位。农村义务教育的质量是国家农村教育的生命线,必须得到充分保障。改革开放以来,我国农村义务教育已经取得了巨大的发展,基本实现了"两基"目标。但我们必须清醒地认识到,已有的农村义务教育发展主要体现在数量的扩张上,而较少关注到质量的提高。农村义务教育质量偏低是当前我国农村义务教育发展所面临的一个十分重要的问题。国家教育发展研究中心在其报告中指出:"……在占全国人口50%左右的已经'普九'的中西部农村地区,义务教育特别是初中教育的基础相当薄弱,办学条件、教育质量还处在较低水平上。"[1]许多学者的研究也纷纷指出现阶段我国农村义务教育质量较低,已严重影响了我国农村各项改革的顺利进展,提高农村义务教育质量刻不容缓(廖其发,2006;张乐天,2007;彭波,2006)。因此,2001年的《国务院关于基础教育改革与发展的决定》明确指出,在已经实现"两基"的农村

---

[1] 国家教育发展研究中心.2003年中国教育绿皮书[M].北京:教育科学出版社,2003,90.

地区,义务教育学校"教育质量和办学效益"要进一步提高;在大中城市和经济发达地区,要"高水平、高质量普及义务教育"。教育部部长周济指出,我国农村教育在2000年已经初步实现了"两基"目标,今后我国农村教育要进一步通过建立稳定的体制环境和制度保障逐步进入全面提高普及九年义务教育和全面提高义务教育质量的"两全"阶段,全面提高农村义务教育质量具有重要意义。总之,提高农村义务教育质量,是当前农村教育带有基础性和全局性的一项战略性任务,必须将其摆在农村教育工作的首位。

三、西部农村义务教育发展的历史任务

西部①是中华民族的发祥地,也是中国革命的摇篮。西部地区资源丰富,地域辽阔,天然风光优美,战略地位十分重要,在我国几千年的发展史上,曾有过兴盛辉煌的一页。在相当长的一段时期内,西部曾是我国政治、社会、文化中心,其经济发展水平与东部地区不相上下。但进入近代以来,由于地理、民族、文化、经济基础、发展战略等多种因素,中国区域之间发展不平衡问题日益突出,西部地区社会经济发展水平逐渐全面落后于东部。尤其是进入20世纪90年代以来,随着东部地区改革开放进程的加快,我国东西部地区差距扩大速度正进一步加快(徐晓虹,2006)。为了促进我国区域协调发展,党中央和国务院于20世纪90年代末提出了西部大开发战略。由于人力资本对于经济增长、社会进步具有基础性作用,而教育特别是义务教育是形成西部农村地区人力资本、提高农民素质的最基本的奠基工程,因此提高西部农村义务教育质量对于西部大开发战略的顺利实施具有十分重要的意义。2006年,党的十六届五中全会通过的《中共中央关于制定国民经济和社会发展第十一个五年规划的建议》明确了今后5年我国经济社会发展的奋斗目标和行动纲领,提出了建设社会主义新农村的重大历史任务。提高西部农村义务教育质量以促进西部农村义务教育发展,既是西部社会主义新农村建设的重要内容,又是实现这一重大历史任务的强有力支撑。

---

① 根据我国西部大开发战略最新的界定,西部地区的地理范围包括重庆、四川、贵州、云南、西藏、陕西、甘肃、青海、宁夏、新疆、内蒙古、广西等12个省(自治区、直辖市),加上鄂西、湘西两个地区(简称为"12+2"的大西部地区),面积约690多万平方千米,面积占全国的2/3以上,人口约3.68亿人,占全国人口的29%以上。

四、提高西部农村初中教育质量的战略价值

在我国西部农村义务教育体系中,农村初中教育占据十分重要的地位。从西部农村经济和社会发展来看,农村初中是农村社区两个文明建设的重要阵地,是农村社区实行农科教结合、"三教"(普通教育、职业教育、成人教育)统筹协调发展的关键环节。发展农村初中教育,是解决"三农"问题的关键所在,直接关系到社会主义"新农村"建设的全局。同时,西部农村初中办得好坏,也关系到西部农村普及九年义务教育成果的巩固,是今后我国西部农村义务教育工作的重心。鉴于西部农村初中教育的重要地位,如何提高我国西部农村初中教育质量是一个关乎西部农村义务教育健康发展乃至西部新农村建设的重要命题,因此理应成为广大学者和教育政策制定人员共同关心的课题。

为了提高我国西部农村初中教育质量,我们有必要探讨如下的两个基本问题:第一,影响我国西部农村初中教育质量的因素有哪些?第二,在成本预算约束的条件下,哪些教育投入因素最能有效地提高西部农村初中教育质量?针对第一个基本问题,我国学者进行了大量的研究,也得出了一些有意义的结论。但已有的研究大都采用理论探讨的方法,以严格和规范的实证研究方法为基础的相关分析很少。然而,建立在理论探讨上的研究结论的可靠性有理由值得怀疑。针对第二个基本问题,迄今为止,我国学者的研究就非常少见了。我国已有的理论研究显然无法为提高西部农村初中教育质量提供科学、可行的理论依据。

五、提高西部农村初中教育质量的研究方法

同国内研究相比,国外关于教育质量影响因素的实证研究非常丰富,其中以教育生产函数方法探讨教育投入与教育质量关系的研究最为成功。教育生产函数研究起源于对公共教育部门资金使用效率的问责。世界上大多数国家都存在政府出资的公共教育部门,它的政策益处除了一般管理意义上的,还在于:给予民众一种集体目标意识,是增加国民凝聚力的途径之一;在以公共目标为导向的社会中,公立教育在很大程度上承担着培养高效率、富有公益心的公务员

的责任,这些人将指导以人力资源为基础的经济(Martin Carnoy, 2000)。因此,对公立教育部门的投入是无可厚非的,关键是作为公共部门的学校是否有效地利用了这些投入,钱又是如何花费的,恐怕这才是政策制定者们最关心的(Gary Burtless,1996)。20世纪80年代以来,发达国家出现的"公共效率危机"引起了人们的普遍关注,在人们看来公共部门由于自身缺乏效率动力,往往是没有效率,作为提供重要政府服务的学校也面临着同样的问题,尤其是随着教育经费的急速增长,西方国家要求提高效率的呼声越来越高。正像赫茨琳杰所描述的,"尽管过去10年间政府对学生的平均支出在扣除通货膨胀因素后有25%的高增长,但学生的成绩指数却几乎未变。花在庞大的学校系统中的每1美元中,只有52美分进入了教室"(赫茨琳杰,2000)。这样一种现象似乎击碎了增加教育投入的基本前提:投入学校的资源全被转化成了教育产出。那么学校资源配置到底是怎样一个过程呢?是不是增加学校资源投入真的对学校产出没有影响呢?为回答这一问题,理论界对学校投入与产出之间的关系进行了大量研究,研究所使用的分析方法主要是通过教育生产函数的估计来说明学校投入与产出之间的关系。最早开启这类研究先河的是1966年的美国科尔曼(Coleman)报告,这份报告利用教育生产函数来探究学校投入与产出之间的关系,其研究结论是:学校方面的投入要素在决定学生学业成就上没有起到重要作用,家庭以及作用稍小一点的同伴的影响被认为是决定学业成绩的关键(Coleman et al, 1966)。该报告的发现,引起了广泛的关注和争议,从而掀起了长期的教育生产函数研究热潮。

教育生产函数研究虽然致力于探讨教育投入与产出的关系,但由于大多数研究所采用的产出指标是用学生成绩来衡量,因此,可以说,教育生产函数研究也是在探讨教育投入与教育质量的关系。随着学校、教师、家庭、同伴、学校管理制度等各类影响学生成绩的因素被逐步引入教育生产函数模型中来,教育生产函数方法也成为了评估教育质量决定因素的重要方法。在全球范围内,教育生产函数研究一直是重要的教育经济学研究领域,其研究成果为许多国家制定提高教育质量的政策提供了理论指导。但迄今为止,我国的教育生产函数研究还很薄弱。有鉴于此,本书研究将借鉴国外教育生产函数方法对我国西部农村初中教育质量影响因素进行实证研究，希望能为提高我国西部农村初中教育质量提供科学、可行的理论依据，促进我国西部农村义务教育健康发展。

六、本书研究目的和意义

本书研究的主要目的在于采用教育生产函数方法开展我国西部农村初中教育质量影响因素的实证研究，在此基础上，为提高我国西部农村初中教育质量提供科学的改革路径，并为我国制定西部农村义务教育发展政策与合理配置西部农村义务教育资源提供必要的理论基础和重要参考依据。

一方面提高我国西部农村初中教育质量十分重要，另一方面我国的教育生产函数研究又十分薄弱。因此，本书研究既有鲜明的实践意义，又有十分重要的理论价值。本书研究的实践意义在于：长期以来，我国西部农村义务教育质量比较低，这严重制约了我国西部农村义务教育的发展，阻碍了我国西部社会主义新农村建设的顺利开展。本书对我国西部农村初中教育质量影响因素的探讨无疑将有助于西部农村初中教育质量的提高，并为我国制定西部农村义务教育发展政策与合理配置西部农村义务教育资源提供必要的理论基础和重要参考依据。

本书的理论价值在于：首先，本书研究采用多层次分析方法进行教育生产函数研究，在一定程度上推动了当今教育生产函数研究方法的进步。其次，本书研究在多个方面扩展了教育生产函数研究的范围，丰富和完善了已有的教育生产函数研究。再次，本书在一定程度上改变了我国教育生产函数研究长期缺乏的局面，提高了我国在该领域的研究水平，推进了我国教育经济学学科体系的完善和发展。在全球范围内，教育生产函数研究是基本的教育经济学研究领域，其研究成果早已成为当今教育经济学学科体系的重要组成部分。与国外丰富的教育生产函数研究相比，国内教育生产函数研究还处于初步发展状态，教育生产函数的实证研究比较少见，由于缺乏这一基本的研究领域，我国教育经济学学科体系是不完善的。本书对教育生产函数的系统研究将在一定程度上改变这种局面，拓展国内教育经济学的已有研究领域，推进我国教育经济学学科建设的发展。

第一章　教育生产函数研究理论基础

自从科尔曼报告发表以来,教育生产函数分析方法就被学者广泛应用于研究教育的生产过程和规律。在全球范围内,教育生产函数研究也一直成为重要的教育经济学研究领域。尽管教育生产函数分析方法遭到了许多学者的批判,但是教育生产函数研究一刻也没有因此而停止过,相反,教育生产函数研究在学者的批判中得到不断的完善和发展。今天,教育生产函数研究的成果早已成为教育经济学学科体系的重要组成部分,也为许多国家的教育改革提供了政策指导。本章将介绍教育生产函数研究的理论基础。

第一节　教育生产函数研究中重要概念

一、教育生产函数

在经济学中,可以用生产函数表示一定时期内,技术水平不变的条件下,生产过程中生产要素投入量和产品产出量之间的依存关系。从经济学角度看,学校也是生产某种产品或服务的生产者。H. M. 列文(1995a)指出,与厂商一样,学校也同样以学生学业成就及其他有价值成果的形式生产教育产品。为达此目的,他们需要设施、仪器、教师、教辅人员、教导人员和管理人员。因此,对于工业生产函数的计量和对教育生产函数的计量,就具有明显的类似性。

教育生产函数是教育投入与产出之间的一种统计关系,旨在研究教育的生产过程和学校的内部效率。它一般采用统计技术,如回归方法,以辨别不同投入的作用,并且对这些数量关系予以解释和评价(cooper and Cohn,1997)。将教育的生产过程的这种统计关系通过以下方程来描述:

$$F(Y,X) \leqslant C$$

Y 是教育产出的向量,X 是教育投入的向量。C 是一个正向的标量,F 代表着将 X 转化成 Y 的教育技术。方程描述的是教育投入和产出之间技术上可能达到的连接,即生产关系。既定投入下的最大产出就称为教育生产函数或教育生产边界。

二、教育投入

教育投入亦称"教育投资"。社会和个人直接、间接投入教育领域的人力和物力的货币表现。[①] 教育活动的进行必须以一定的人力和物力为前提,在商品货币关系存在的条件下,这种人力和物力投入一般采取货币形式,表现为财力。包括:① 社会直接投资,指各级政府、企事业单位、团体对教育的投资以及国内外个人对教育的捐资。② 社会间接投资,指社会举办教育事业可能失去的国民收入。③ 个人直接投资,指受教育者个人和家庭为受教育者直接支付的教育费用,包括学杂费、文具费、书费、生活费等。④ 个人间接投资,指达到劳动年龄者因受教育可能放弃的个人收入。在实际统计工作中,一般只计算社会和个人直接投资。在本书中,教育投入包括学校教育投入、家庭教育投入和个人教育投入,投入形式包括直接和间接投入两种。

三、教育产出

教育产出水平高低和效果优劣的程度,最终体现在培养对象的质量上。衡量的标准是教育目的和各级各类学校的培养目标。前者规定受培养者的一般质量要求,后者规定受培养者的具体质

---

① 顾明远.教育大辞典(增订合编本(上))[M].上海:上海教育出版社,1998,777.

量要求,是衡量人才是否合格的质量规格。① 在教育生产函数研究中,国内外大多数学者均采用学生的考试成绩作为教育质量的测量指标,只有少数研究采用了其他指标,如辍学率、升学率、毕业生就业率等。汉纳谢克(Hanushek,1995)指出采用学生的在校成绩作为教育质量测量指标有很多优点:① 学生在校成绩本身就是教育目标体系中的一个重要目标,是衡量学校教育成效的一个重要方面。② 学生成绩数据可以比较容易在较短的时间内获得,其他的一些产出指标,如毕业生的升学或辍学率和毕业生在劳动力市场中的表现等,不能被立即获得,在测量教育投入后等待10年或者20年来测量与投入相关的质量通常是不切实际的。③ 学生在校成绩能很好地预测学生未来在劳动力市场上的表现。有相当多的研究表明,学生在校期间的成绩作为学校质量的测量是直接相关于学生进入劳动力市场后的生产力和收入的。因此,一般认为成绩是解释学生在未来劳动力市场上成功与否的合理指标。此外,安娜·维诺莱斯(Anna Vignoles,2000)等人也认为采用学生成绩作为教育质量的指标有以下合理性:① 学生成绩可能是许多政策制定者和家长最关心的教育产出。② 既然许多研究都采用学生成绩作为教育质量的指标,为了比较的需要,后来的研究也都纷纷采用学生成绩这一指标。在本书中,教育质量采用学生的考试成绩作为测量指标。

四、教育资源配置效率

在教育经济中,教育资源的配置效率是指教育部门或教育单位对资源的配置状况和对资源的有效利用程度。② 假定教育部门或教育单位所支配的或持有的资源数量是一定的,并且资源不止一种,产出不止一种,资源配置和使用方式也不止一种,那么对教育部门或教育单位来说就存在选择问题,包括投入资源的选择、资源组合方式的选择、产出的种类与数量的选择等。选择时所考虑的主要是:如何通过这些选择使得投入的资源更符合社会资源存量的现状,而尽可能避免导致"短缺的资源更加短缺,过剩的资源

---

① 顾明远.教育大辞典(增订合编本(上))[M].上海:上海教育出版社,1998,798.
② 厉以宁.教育的社会经济效益[M].贵州:贵州人民出版社,1995,33.

更加过剩"的结果;如何通过选择使得资源组合方式适合于实际的技术状况,避免出现资源的闲置或滥用;如何通过这些选择使得产出符合社会的需要,并同时增加投入者的利益。

第二节 教育生产函数的理论模型

一、教育生产函数的一般性理论模型

这一领域的著名学者汉纳谢克(Hanushek,1986)建立了如下教育生产函数一般性的理论模型:

$$A_t = f(F_t, T_t, OS_t)$$

A_t 代表一个学生在时间 t 所取得的学业成就;F_t 代表累积到时间 t 为止的、来自于家庭方面并对学生学业成绩有影响的各种因素,如父母的受教育程度、收入、种族,以及家庭中所使用的语言等;T_t 代表累积到时间 t 为止的、由教师投入到一个学生身上的各种因素,包括教师的资格;OS_t 则代表学校的其他投入要素,包括班级规模、图书资料、课程等。早期的教育生产函数研究人员大多采用该模型进行教育生产函数研究。

二、教育生产函数的扩展性理论模型

上述教育生产函数一般性的理论模型由于忽略了学生以前的学习基础和其他遗漏变量的影响,会带来估计结果的偏差,为此贝尔菲尔德(Belfield, 2000)在汉纳谢克(Hanushek,1986)的基础上建立了教育生产函数分析的增量模型(Value-added model),他将教育生产过程表述为:

$$A_t = f(R_{t-1}, F_{t-1}, P_{t-1}, A_{t-1}, Z_{t-1})$$

在这里,A_t 仍然是代表学生在时间 t 所取得的学业成就;R_{t-1} 代表学校所投入的资源;F_{t-1} 代表家庭在前一时期的投入;P_{t-1} 是同伴因素;A_{t-1} 则是学生以前的学业情况,在生产函数中纳入这一变量是为了反映学生已有的能力或者学习基础;Z_{t-1} 代表的是学生个人的努力程度。在这一公式中,同伴因素和个人努力程度的影响也被纳入进来。

除了上述扩展模型之外,还有一些学者为了研究的需要,常常

会以该模型为基础,将其他的一些因素,如邻居的因素、学区的因素、制度的因素等引入到模型中来,以考察这些因素对教育产出的影响,这就进一步扩展了教育生产函数的理论模型,使得研究更加全面和深入。

第三节 教育生产函数的计量方法

教育生产函数方法的成立有一个前提,那就是假定在学校中教育投入(如家庭背景、教育资源、学生最初的能力)都被转化成了产出(如标准化的测试分数和考试结果),在这样一个框架内,主要有两种方法来对教育投入和产出的关系进行经验估计。第一种方法是回归技术,该种方法是用参数技术来估计"平均的统计行为" (Cooper and Cohn,1997;Mayston and Jesson,英国教育和科学部(DfEE),1999]。回归技术被用来确定与全部学校的平均水平相比,拥有较多资源的学校是否会有较多的产出。这类方法往往将一些投入与某些感兴趣的产出相联系。第二种是边界估计的方法,边界估计可以是参数估计(随机边界回归,这种方法确定了随机生产函数的函数形式),也可能是非参数估计,即数据包络分析(Data Envelopment Analysis,简称 DEA)。这些方法评价了学校绩效与生产边界的关系,目的是区分出哪些学校相对于生产边界值具有更大的产出(Anna Vignoles et al,2000)。

一、教育生产函数计量的回归分析模型

在回归分析中,一种产出通过回归几个自变量来解释。它一般假定投入数量越大,通过教育生产的黑箱就能转化出更高的产出。这类方法通常被用来考察学校资源(经费)对学习结果的影响。早期的回归研究由于缺乏有关学校特征的数据,往往只是测量学校的总体效应,比如生师比,来分析一所好的或差的学校对学生学习产出净效应。这类研究经常会加入一些虚拟变量来分析学校某一方面单独的效应(标准化测验分、学业完成率、逃学率),解释变量一般包括家庭背景等。一般结果会令人信服地发现,学校确实起到了很大的作用。例如,克雷默斯和雷西特(Creemers and

Reezigt,1996)根据英国和其他西方国家的数据分析认为,大约10%到20%的学生成绩差异受到学校因素的影响;雷诺兹等人(Reynolds et al,1996)的研究认为大约8%到12%的学生成绩差异受到学校因素的影响,且小学的作用比初中大。然而,当研究者从学校的效应深入到一些特定的投入时(家庭背景、教育经费),结果是令人沮丧的。用这类方法,研究者很难区分出哪些因素,尤其是资源方面的因素,使学校更有效。尽管回归分析并没有要求建立在一个理论基础上,实际上大多数研究假定更多投入将带来更多的产出。从这一点看,回归分析存在着一些理论的与实证的问题。这些问题主要包括以下几个方面(Anna Vignoles et al,2000)。

(一) 学校质量的内生性问题

回归研究最严重的问题是学校质量潜在的内生性问题。某些家长可以通过将孩子送到私立学校来选择学校质量,或者即使在公立学校,家长也可以通过购买较好社区的房子而选择学校质量。如果这种情况发生,学校质量将肯定与财富或学生家庭地位相联系。如果财富与学生家庭地位对学生成绩有显著的影响,则那些表面上看是学校的作用,实际上却是学生家庭社会经济背景的回报。另外一个内生性的问题与学校财政体制相关。有些学校的财政体制对贫困地区或弱势学生给予更多的资助。如果这样一个因素没有被控制,则完全有可能出现投入与产出负相关的情况(Burtless,1996)。

学校质量内生性问题是对回归研究批评中最根本性的批评(Mayston,1996)。梅斯顿(Mayston,1996)认为,教育生产函数过多地关注供给方面,即投入与产出之间的关系。但他指出更为重要的是需求方面,如果一所学校采取积极的行为的话,每一个学生所能真正获得资源往往是内生地决定的。为了说明这一点,我们假定一所学校的预算是固定的,假定学生的成绩依赖于社会经济背景与先前的学习成绩。学校将把这一因素考虑到固定预算的分配中。换言之,学校将会把资源配置给每个学生,以便使教育产出最大化,这将是简单的回归模型中必然碰到的经典的内生性问题。这种解释很显然与汉纳谢克关于资源对学生成绩没有显著影响是因为学校低效的结论,相反,学校资源与学生成绩不相关的原因恰恰是学校积极有效地使用了稀缺资源的缘故。

为了克服内生性问题,一些新的计量方法被引入统计过程中来,这些方法主要包括:增量模型、同步方程模型、工具变量和随机实验。

第一,增量模型(Value-Added Model)

克服内生性问题的一个途径是使用增量模型。增量模型考虑了学生的初始能力与社会经济背景、学校的社会经济结构(例如学校享受免费午餐学生比例)、学生性别结构与种族结构等因素。增量模型为什么可以改善简单的回归模型呢?当我们考虑到许多学生天赋能力就要好于其他学生时,入学前的学生初始能力与学业成绩就非常重要。同样,有些孩子可能上过很好的学校,有些也可能父母有更大的投入。这些因素都对学生学业成绩有很大的影响。很显然,要想单独测量进入某一级学校以后的影响,即学校的作用,必须考虑学生入学以前的各种因素。增量模型正是循着这种思路来设计教育生产函数的。关于这一点,增量模型有两种处理方法。第一,使用一个能测量学生在一个特定时间内成绩变化的因变量;第二,把学生入学前的考试成绩作为一个解释变量。增量模型与没有考虑学生初始成绩的简单方程有了很大的改进。然而,增量分析并没有完全解决内生性问题。即使考虑了学生的初始成绩,学生实际上获得的资源也是与家庭背景和以前学业成绩相关。增量模型并没有考虑到这一问题。

第二,同步方程模型(Simultaneous equation models)

使用同步方程模型解决内生性问题的研究并不是很多,同步方程模型主要是要将学生之间或学校之间资源配置情况分析清楚(Mayston,1996);(Mayston and Jesson,1999)。如果想要发展这类模型,必须更好地理解学校内或学区内资源配置的过程。研究者第一步必须弄清楚学校投入对学习产出的影响结构,确定并建立生均资源决定因素的模型。

第三,工具变量

比同步方程模型更实用的方法是寻找一个工具变量来处理学校质量的内生性问题,当然,这里同样存在上面的区分问题。这样一个工具变量,它不直接影响结果,但可以作为获得资源情况的一个预测指标。在概念上或理论上,这是很困难的。然而工具变量方法被认为是这一领域高质量研究最可能的方法。事实上,关于工具变量的估计是令人鼓舞的。许多有影响的论文使用工具变量方法已经从学校投入中发现了正面效应(Akerhielm,1995;Angrist and Lavy,1999;Figlio,1997a,1997b)。寻找工具变量的研究,以及相关理论的发展是生产函数研究进一步发展的方向。

第四,随机实验

另一种处理内生性问题的方法是采取类似于克鲁格(Krueger,1999)所采用的随机实验数据,美国的"STAR"班级规模实验展示了这种在社会科学和教育学中特有的方法。这种方法的优点是显而易见的,在一个精心设计的实验中,内生性问题将被最大限度地控制住(尽管或许不能彻底根除)。在一个理想的环境中,所有的教育干预在被引进之前都可能服从于随机实验。然而,随机实验的方法也有许多缺点。从实际上来看,它们的成本太高,且可能引起伦理问题。例如,家长也许不希望他们的孩子成为实验中的"被试"。霍克斯比(Hoxby,1998)也认为随机实验的方法仍然存在许多方法论的问题。随机实验非常少,其结论受限于特定的制度环境,而它们的研究结果却经常被许多人推广到其他的制度环境中去,其有效性值得怀疑。

(二)模型确定的问题

在模型确定方面首先要考虑的是模型确定的理论依据。教育生产函数研究的一个困难是,缺少已经建立的理论模型能够揭示学校资源是怎样影响教育产出的。例如,布拉奇福德和莫蒂默(Blatchford and Mortimore,1994)确定了一种来源于教与学过程的模型,用来解释班级规模与学业成绩的关系。这类模型强调教育过程的重要性。一般来说教育生产函数研究采用的都是黑箱方法(black box)。这是假定资源自动地被应用于学生、学校或学区,从而产生更好的成绩。这一假定显然忽视了一个基本事实,即增加资源投入并不一定带来产出的增加。所以关于教与学过程的理论就显得尤为重要。许多教育心理学者的研究都可以为纠正实证研究的模型提供理论指导(Carroll,1963;Walberg,1984;Creemers,1994;Reezigt et al,1999)。这些模型大多都在回答重要的理论问题:影响学习结果的因素有哪些?哪些是重要的关系?在学生个体、班级、学校不同层次哪些因素是重要的?哪些因素是跨层次的？但大多数的实证研究并没有考虑这些理论。

由于缺乏理论基础，这一领域的实证研究普遍地存在着忽略变量的偏差。例如，许多研究隐含的假设是，生均经费、生师比与教师质量的测量是学校质量的标志。然而，从美国与英国的证据看，教育过程是一个相当复杂的过程，肯定还存在着大量的重要的因素被忽略，这会导致学校资源作用测量的估计误差。例如，忽视了父母花在孩子身上的时间。汉纳谢克(Hanushek,1986)则认为，许多研究的变量选择更多的是由于数据的可得性决定的，而并非是理性讨论的结果。

在实际研究中，如果研究者把实证研究建立在理论模型上，且使用了高质量的学校资源的数据，就往往缺乏关于家庭背景、同伴影响和社区环境测量数据。许多学者相信这些因素与学校环境一样重要(Coleman et al,1966;Haveman and Wolfe,1995;Gregg and Machin,1999)。如果这些忽略的变量与学校质量测量的指标相关，那么学校质量指标的系数的估计就会有偏差(Altonji and Dunn,1996;Behrman et al,1996)。对此，解决的办法是依靠理论模型并尽可能地使用更多的数据。

第一，多层分析模型与总量数据(data aggregation)的问题

对于模型的确定还存在另一个问题，这一领域的许多研究关于学生学习模型的确定没有考虑到数据的层次性、学生在教室中的群体性、学校中班级的类别和学区中学校类别等。引起学生学习成绩差异的因素可以被归结于学生个体，也可以归结到班级或学校。因为在同一个班级或学校的所有学生会受到同一种班级效应或学校效应的影响，这种效应可能与好或差的管理相关，也可能与获得资源水平相关。不管怎样，在统计上忽视班级或学校效应会导致偏差。面对这种聚类，差异分析或多层模型是必要的。为了说明这种方法，我们假定数据只分为两层，学生层次与学校层次。s 学校的 i 学生的学习成绩 O_{is} 如下：

$$O_{is} = \alpha + \psi_s + \psi_{is}$$

这里学生学习成绩的差异可以分为两部分，即学校间的差异 ψ_s 与学生间的差异 ψ_{is}，α 是常量。在多层分析中，不同的因素与分析的不同层次相关联。例如，学校的生师比可能被用于解释学校之间的差异，而学生的家庭背景与班级规模可能被用来解释个体之间

的差异。对多层模型复杂性和统计特性更深层次的探讨可见(Goldstein,1987,1995),多层分析最大的优点在于它强调教育系统内在的层次性,这可以使研究者在不同层次上讨论不同因素的影响。一般来说,当同一班级或学校的学生成绩相关性较低时,多层分析与普通最小二乘法回归结论相似。当单位内相关性增大时,普通最小二乘法回归估计会低估标准误,这可能会导致对零假设的错误拒绝。因此,当没有考虑到数据结构问题时,研究者可能会发现解释变量与学生产出之间存在正向的关系,但实际上这种关系并不存在。

另外有大量的证据表明这一领域的许多研究都受到了"总量偏差"(aggregation bias)问题的影响(Summers and Wolfe,1977;Betts,1995;Hanushek et al,1996;Heckman et al,1996a;Grogger,1996)。尽管从理论上讲,研究者需要每个学生真正获得资源的数据,但实际上大多数研究主要是依赖于学校的总量数据,如美国州一级数据,这会导致估计的偏差。汉纳谢克(Hanushek,1996,1997)的调查表明使用了总量数据的研究更可能显示出学校质量和产出间存在显著关系。就像上面讨论到的一样,许多研究忽略了重要的变量,而当数据加总到某一层次时,这种忽略该层次重要变量的做法将会出现严重的估计偏差(Hanushek et al,1996)。

总之,理想的研究应该使用多层分析,考虑班级、学校、学区之内群体的因素,使用学生个体层面的数据。

第二,函数形式问题

与模型设定相关的另一个问题是多数研究采用的回归模型都假定是线性的(线性对数)函数形式。这个线性假定隐含着学校投入的边际单位效应在投入的较低和较高水平时是一样的,然而,某些类型数据在统计上显著性地拒绝了线性函数形式(Figlio,1999),这表明线性函数形式有很大的局限性,它无法考虑非线性的效应。菲廖(Figlio,1999)使用了一个经过转换后的对数函数形式,艾德和肖沃尔特(Eide and Showalter,1999)使用了分位数回归技术,发现了存在非线性效应的证据。但从大量的实证研究结果来看,很难断定是否函数形式是一个大问题。例如,菲廖(Figlio,1999)拒绝了学校投入的线性效应假定,但同样发现学校投入的积极作用仍然非常小。然而,未来高质量的研究将会显而易见地受惠于函数形式的严格检验。

（三）交互作用问题

与增量模型相关的另一种克服内生性问题的方法是估计更加饱和的模型,特别是采用"代理技术"(proxy method)(Dearden et al,1997)尽可能控制住那些影响学生获得资源数量的因素。这种方法同增量模型一样考虑学生已有的基础,同时也注意到学校投入和其他变量之间重要的交互作用。这一领域的许多实证研究忽视了学生的家庭背景或初始能力,假定学校资源对所有的学生学习结果有着相同的作用。然而,这些研究却经常发现学校资源对学业成就有显著的影响(Dearden et al,1997;Figlio,1999;Wright et al,1997)。因此,未来需要更多的采用此类方法的研究来回答一些更加复杂的问题,比如,较小的班级规模对低能力的学生还是对高能力的学生有益?

关于不同投入之间可能存在的交互作用到目前为止缺乏明确的理论指导。生产函数理论提供了一个非常有用的框架,但需要更多的工作来发展和证明指出资源之间存在重要交互作用的教育理论。例如,学生的态度是如何与指导的质量相互作用以对学习产出起作用的(Carroll,1963)。也许需要依靠不同的数据对这样的理论和不同投入之间的交互作用进行系统的证明,唯有如此,这一领域才可能获得更多的确定回答。

（四）数据质量和测量误差问题

学校质量数据测量的误差可能会导致错误的估计(Behrman and Birdsall,1983)。如果变量的测量有错误,那么系数有可能低估学校资源的作用。汉纳谢克等人(Hanushek et al,1996)认为在这种情况下总量数据有助于降低测量误差。然而,测量误差可能低估学校投入的作用的事实,强调高质量的数据是至关重要的。

（五）时间阶段问题(cohort issue)

随着投入教育领域的资源数量不断增长,由这些资源带来的学习收益也会下降。因此,学校投入和产出之间的正向关系也许只是由于处于较早的时间段(Bound and Loeb,1996)。汉纳谢克(Hanushek,1997)和其他一些学者认为如果学校质量存在一个正向的,但"回报"递减的作用,这可能意味着20世纪学校资源的大幅增长确保了我们处于教育生产函数的顶点阶段。因此,进一步增加学校资源将很可能不会对产出产生积极作用。来自于教育生均支出很低的发展中国家的研究也许会有助于阐明这个问题。

二、教育生产函数计量的边界模型

边界模型是教育生产函数计量中常用的另一类方法,它主要包括两种计量方法。第一种是参数方法,即随机边界回归法(Stochastic Frontier Regression,SFR)。第二种是非参数方法,即数据包络分析(Data Envelopment Analysis,简称 DEA)。许多研究比较了不同的边界方法,部分结果显示,不同的方法产生了相似的结论。在这种情况下,一些学者认为边界方法优越于标准的最小二乘法(OLS)回归法(Ganley and Cubbin,1992)。

边界法的设计思想是把单个学校与处于教育生产边界点的学校相比较,从而获得每个学校效率情况,可以用如下公式表述:

$$F(x,y)=C$$

上述公式中,y 是教育产出向量,x 是教育投入向量,C 是常量。

与最小二乘法相比,边界法具有许多好的性质。首先,通过定义为一种技术上的有效学校,这种方法可以区分出最好的学校行为(在边界点上的学校)。如果测量准确,这种方法比从平均水平区分差异的回归分析更具有政策意义。而且通过强调最好的行为,避免了受平均水平影响的问题。它的另一个优点是,其观察单位是学校,而且由于它考察的是学校的相对成绩,而不是绝对成绩,更有利于把握学校间的相对效率情况,从而激励学校为它们的绩效负责并为学校投入提供良好的价值。图 1.1 显示了随机边界模型、DEA 技术与回归分析的区别。

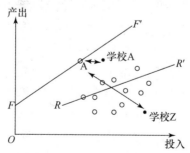

图 1.1 随机边界与回归模型的区别示意图

图 1.1 中表示的是一种投入与产出的情况,假定规模报酬率不变。线段 RR' 是这些数据的回归曲线。线段 FF' 是由 DEA 技术决定的效率边界线。例如,学校 A 位于效率边界(FF')上,说明它是最有效的。而学校 Z 离 FF' 最远,说明其最没有效率。

(一) 随机边界回归分析

使用随机边界回归分析的一个例子可以见库珀和科恩(Cooper and Cohn,1997)的研究。像所有的单一回归方程一样,他们也假定只有一种产出 y,但与标准的模型不一样,他们将误差项 ε_i 分解成两部分:v_i 和 u_i。

$$y = F(x,\beta) + \varepsilon_i$$

上式中

$$\varepsilon_i = v_i + u_i$$

这里,y 是产出向量,x 是投入向量,β 是参数估计的向量。误差 v_i 反映的是随机扰动项,这些误差主要是由学校外在因素导致的,因此会产生一个随机的临界。u_i 是一个非正的数值,它反映的是学校在技术上的低效,即离边界的距离。从理论上讲,一个学校的绩效不可能高于临界值,因此,u_i 一定是负值。计量上,库珀和科恩(Cooper and Cohn,1997)通过设计一个参数 λ 估计随机边界,估计方程使用了对数方程。λ 由下式给定义:

$$\lambda = \frac{\sigma_u}{\sigma_v}$$

式中 λ 值越大,说明与干扰项相比,低效差异越大。

这种边界估计的一个优点是同标准回归技术一样,它给出了非常易于解释的结果。因此,库珀和科恩(Cooper and Cohn,1997)把边界估计的结果同普通最小二乘法回归结果进行了对比。另外一个优点是它可以对不同解释变量的参数估计值进行统计的显著性检验,这在决定各种相关投入变量的关系时显得尤为重要。然而因为这种方法也建立了参数函数形式,且只是对误差项作了不同的假定,边界估计的方法也面临着许多标准回归方法所遇到的各种问题。特别是它需要对模型的函数形式和误差项作严格的假定(Ruggiero,1996)。此外,该方法不适用于多产出的情况。

(二) 数据包络分析(DEA)

DEA 比随机边界估计法在教育领域有着更广泛的应用,这是一种非参数的估计方法。在 DEA 方法中,估计的单位一般是学校或学区。简言之,DEA 估计相对于教育生产边界的学校的绩效如何。在边界线上的学校是最小化其投入或最大化其产出的学校。因此,DEA 首先筛选出最有效率的学校,然后测量其他学校距离边界点的距离。在基里亚瓦伊宁和洛伊卡宁(Kirjavainen and Loikkanen,1998)研究基础上的最优化问题数学表达形式如下:假定有 n 所学校,学校 j 生产的产出 r 的数量是 y_{rj},使用的投入 i 的数量是 x_{ij}。假定每所学校使用的投入和生产的产出都是非负的,且每所学校都使用了至少一种投入来生产一种产出。假定投入的权重由 $v_i(i=1,\cdots,m)$ 决定,产出的权重由 $u_r(r=1,\cdots,s)$ 决定。在这个简单的模型中,目标就是在投入权重之和等于 1 的情况下最大化学校产出的权重之和。因此,可以表示为:

$$\max w_0 \sum_{r=1}^{s} u_r y_{r0}$$

最优化问题面临如下限制:所有学校的产出权重之和与投入权重之和的差值应小于或等于 0。为此,所有的学校都在如下的生产边界下生产:

$$\sum_{r=1}^{s} u_r y_{rj} - \sum_{i=1}^{m} v_i x_{ij} \leqslant 0$$

$$j=1,2,\cdots,n; r=1,2,\cdots,s; i=1,2,\cdots,m; u_r, v_i \geqslant \varepsilon$$

这种函数形式可以使每所学校按照自己的投入和产出组合情况拥有不同的权重,最后产生处于 0 到 1 之间的效率值。

DEA 因此为每所学校提供了一个效率分数或指数,经常被称为法雷尔效率指数(Farrell efficiency index)。须注意的是:第一,DEA 方法使用的是决策单位(一般指学校或学区)层面的总量数据;第二,不同的研究使用不同的投入指标,如学生的社会经济背景、学校的规模等特征、学校的生均支出、教师学历等投入指标。DEA 方法突出有效和非有效学校的分析,这种方法可以估计如果所有的学校都像样本中最有效的学校一样有效率所需要提高的效率值。然而,政策制定者也对某类特定投入的作用感兴趣,但 DEA 并不提供单个投入作用的估计。因此,一些研究(Bradley et al,1999;Kirjavainen and Loikkanen,1998)通过二阶段回归分析也来探测学校效率的决定因素。在这种二阶段回归中,学校效率值作为因变量,对一些可能造成不同学校间效率变化的因素进行回归,这些因素包括本地学校的竞争程度、当地的环境、学校资源。基于此,二阶段回归分析可以提供某个特定投入作用的估计,与 DEA 方法相结合就可以为学校的相对效率提供指导。

　　DEA 的最大优点在于它可以同增量模型一样处理多投入和多产出。DEA 并不要求研究者掌握任何投入的价格信息。在一个公共部门特别是教育系统中,决策单位很可能使用无法估价的投入以生产多个产出。例如,学校可能生产学习(通过考试结果测量)、公民(通过选举投票倾向测量)或社会性行为(按时上学),在这个过程中,学校使用了多种投入(教师时间和教师质量),有些投入是很难估价的。而且,DEA 是一个非参数的方法,它并不需要严格的函数形式假定,这不同于回归方法。DEA 也确定了最好的学校或最好的学校行为(Mayston and Jesson,DfEE,1999)。因此,通过估计每所学校的相对效率,它可以帮助研究者回答如下问题:如果所有的学校都按照教育生产的边界运行,那么所有的产出将会是多少?

　　当然,DEA 方法也有许多明显的缺点。首先是理论上的问题。DEA 方法可以帮助研究者和政策制定者测量每所学校的相对效率,然而,这仅仅是测量单个学校相对于样本中最好学校的绩效,而不是相对于客观的效率技术标准的绩效。因此,需要谨慎对待 DEA 结果,而不要认为 DEA 提供了学校绝对效率的指标。另外,由于测量错误带来的低质量数据或缺乏足够多的投入变量都可能错误地导致把某些学校归为有效学校行列。考虑到这些方面,平均行为统计的回归模型(或使用分位数回归技术,而不是简单的最高值对应最大效率)也许分析结果会更好。

　　从技术的角度看,非参数估计本身就有很大的缺陷。DEA 并不能告诉研究者某些特定投入和产出之间关系的统计显著性。当采用二阶段回归分析方法时,来自于第一阶段的效率分数对各种因素进行回归,这时回归方法的各种缺陷又出现了。而且二阶段方法又面临着严重的模型设定问题,即解释第二阶段相对效率的因素不能进入第一阶段,在多数情况下,这个假定是不现实的。此外,鲁杰罗(Ruggiero,1996)认为既然 DEA 是非随机的,那么它对测量误差和变量选择就非常敏感。尽管 DEA 并不需要特定的函数形式,但它需要研究者选择相关的投入变量,并决定每种投入变量进入那一阶段分析。

一些实证研究认为 DEA 结果对于教育生产的规模报酬假定比较敏感(Kirjavainen and Loikkanen,1998)。由于 DEA 方法是非参数的,因此不能对这些假定进行统计检验。这一领域未来的重要工作就是要对照其他学者关于测量误差的批评,对建立在规模报酬假定基础上 DEA 效率排序结果的稳健性进行检查。

第四节 教育生产函数研究的局限

一、教育生产函数研究的意义

教育生产函数研究的最大意义在于帮助我们理解教育生产的过程,并确定那些边际生产水平高的学校资源,一旦这些资源被确定,显而易见的信息往往是政策制定者就要增加生产率较高的投入的供应,并且减少或至少是稳定生产率较低的投入的供应。M.卡诺依(1995)指出用生产函数作工具来解释学校产出中所表现出来的差异,有利于深刻地理解教师特征以及教育物质上的支出对学生个人表现所产生的预期影响。此外,如果对资源匮乏的发展中国家内的学校的生产函数进行估算,可以非常成功地将研究的注意力放到非教师支出以及额外学校时间所产生的特殊收益之上。

二、教育生产函数研究的局限

使用教育生产函数对教育过程进行研究存在一些缺陷,很多学者已经从不同角度分别讨论了教育生产函数的种种不足。

(一)理论假设存在问题

教育生产的传统分析基于这样一个前提之上,即学校的运作如同私人企业一样,它由教室或学校为生产单位,并有教员、校长、区或市教育主管作为决策人控制和确定教与学的过程。M.卡诺依(1995)认为这一前提从根本上存在着缺陷。首先,教育生产函数分析忽视了教育行政组织这一关键变量以及它对教师作用的影响。其次,学校和学区的运作不同于私人企业,它们是公共部门的一部分,其运转更多的要按照政治法则而不是经济法则来运行。

C. 布朗(1995)批评道,学校与厂商的不同点在于投入与产出的关系并不是那么明确,教育的生产过程远比私营企业的复杂,因为有大量学校不能控制的社会的、政治的、经济的干预因素。研究人员可能假设制造业中存在稳定的生产函数,以便预测投入对产出变化的影响,但是在教育方面这样的假设毫无根据,因为干预因素的变化会引起假定的函数的变化。

H. M. 列文(1995a)也指出,将学校当成公司来研究的生产函数分析法本身存在很多严重的理论上的问题。教育生产具有自身的独特性,这些特点使之不能简单地适宜于标准的生产函数和成本最小化逻辑。常规的工业生产函数是假定在给定的技术条件下,一种给定的投入方式能够生产出一种给定的产品。这种假设通过现场指挥来对劳动生产率进行严密监测,即工厂与工人续定合同的能力而得到证明。相比之下,对教师的工作则很难监测,因为大多数教师的工作是关门进行的,产品大量是心理学意义上的,并且需要相当长的时间完成,对其测量有许多麻烦。一个复杂的生产组织,譬如学校这样一个通过巨大心理转换过程生产心理产品的生产组织的投入,是难以按部就班地进行转变的,并且它的效益是由一系列的组织特点所决定的。不幸的是,这些特点在不同的学校间变化相当大,并且这种变化的方式不易被教育生产函数的方法测量到。

(二) 统计方法的局限

教育生产函数研究最常用的计量方法是回归分析。许多学者 (Anna Vignoles et al, 2000;Mayston,1996;Mayston and Jesson, 1999;Bound and Loeb, 1996;Dearden et al, 1997;Figlio, 1999; Wright et al,1997)认为教育生产函数的回归分析存在着一些统计上的问题,这些问题包括学校质量的内生性问题、模型确定的问题、交互作用问题、时间阶段的问题等,这些问题影响了教育生产函数统计结果的信度。M. 卡诺依(1995)也认为使用微观经济原则(如投入的可替代性和边际生产率递减法则)对教育系统中的教育现象和决策行为进行的深入剖析显示,如果学校中的资源配置发生变化,使用传统的回归分析方法所获得的许多决策性结论将站不住脚。

(三) 投入产出指标难以衡量

由于教育生产过程的复杂性，教育的投入和产出指标往往难以衡量。M. 卡诺依(1995)就认为学校生产是一个十分复杂的过程，它置身于一定的政治环境中。在这个环境里，学生的学术成就只是学校所服务的多层选民组织要求学校所生产的众多产品中的一种，其他的产品有培养"公民"行为、形成共同的社会价值等，但这些产品很难被量化。H. M. 列文(1995)也指出，对一些教育效果比较好的学校所进行的研究表明，这些学校之所以能够将社会背景不利的学生培养成学业成就比较高的学生，主要是因为那里的教师对自己希望达到什么样的教育目标有比较清楚的看法，对学生的成就有比较高的要求，在学校里创设了一种支持性的氛围，而且使用了有效的教学方法来发展学生的学习能力。但由于这些因素难以被有效地测量，故这些变量都没有被纳入人们所使用的投入—产出学校生产函数分析法。学校在有关控制教师活动方面的政策，是将教师的投入转换为特殊的教育产品的非常重要的调适机制，然而它们几乎未被教育生产函数考虑在内。

(四) 学校与家庭联合生产问题

M. 卡诺依(1995)认为教育生产既发生在学校，也发生在家庭。学生学习是在家庭和学校之间"分期"生产出来的产品。因为学生在进入学前班或幼儿园之前，完全是在家庭里受"教育"，然后家庭和学校便开始平行地相互帮助（或相互妨碍）学生获得认知和情感方面的技能。这种在两个不同地点、以相互影响方式帮助学生提高学业成绩的过程叫做"联合生产"。尽管研究人员很早就意识到了这一复杂的关系，但是充其量也只是描写了这个"分期"的部分。因此，研究者从来没有清楚地阐明为了在学生身上生产出与学生家庭和社区所希望看到的工作技能和社会化结果，学校的投入和运作过程是如何与学生家庭的教育环境以及与其他向学校施加压力的人群之间相互发生关系的。

(五) 缺乏进一步的教育投入的成本—效益分析

教育生产函数研究未能进一步说明在既定预算约束下，何种投入能更有效地提高学生的学业成就。为达此目的，有必要对不同投入或不同战略下的成本与效益进行比较。教育成本—效益研究的目的是为了对不同的教育投资方案进行选择，从而使教育资源得以有效地配置。然而文献分析表明,与丰富的教育生产函数研究相比,更进一步的教育投入的成本—效益研究则非常缺乏。这一领域的主要开创者列文(Levin,1995b)认为教育投入的成本—效益研究太少,可能的原因有三个:① 大多数教育研究者缺乏教育投入成本—效益分析的能力和培训。② 教育产出的效益难测量。③ 缺乏来自政策制定者的需求。除此之外,笔者认为教育投入的成本数据极难获得也是一个重要原因。然而,如果缺乏成本—效益分析,教育生产函数研究就无法为提高教育资源的配置效率提供理论依据,教育生产函数研究的实践意义将大打折扣。针对这种教育成本—效益研究极度缺乏的现状,曾满超(1995)指出考虑到许多国家面临的严峻的财政紧缺现状,以及今后提高教育投资效率的重要性,这种现状尤其不能令人满意。因此,未来亟须大量建立在教育生产函数研究基础上的教育成本—效益研究。

第二章 学生成绩影响因素理论

科尔曼等人(Coleman et al,1966)开展了最初形式的教育生产函数实证研究,这一研究成果发表在20世纪60年代中期著名的《科尔曼报告》中。这一政府研究报告收集了七十多万名学生成绩数据和各种投入要素数据,并计算出体现生产函数思想的统计关系。研究发现,家庭背景特征和作用稍小的同伴特征似乎比教师和其他的学校投入特征更能全面地预测学生的学业成就。然而,这种统计分析受到其他学者的批评,并掀起了长期的教育生产函数研究热潮。

《科尔曼报告》和大多数后续的研究都采用学生在标准化考试中的分数来测量产出,采用的投入指标包括学校投入、家庭投入和同伴投入等因素,也有研究将学生个体特征纳入投入指标中来。学校投入的指标一般包括生均支出和教师特征的测量,如教师的受教育水平、经历、性别、种族等。此外,学校投入的指标还包括学校的组织特性,如班级规模、设施、管理性开支等。一般对家庭投入的度量使用家庭的社会人口特性,例如父母的受教育程度、收入和家庭规模。学校同伴特征的测量通常用学校中其他学生的人口特征的总和数据来获得。鉴于国外教育生产函数的实证研究非常多,且大多数研究将学生成绩作为教育产出,本书将按照教育投入的分类对这些研究进行系统的回顾。由于本书研究的对象是初中教育,因此回顾的范围只集中在基础教育领域的教育生产函数研究。

教育生产函数研究经过长达四十多年的发展,在研究内容和研究方法上均有了长足的进步,同时也取得了丰硕的成果。对国内外已有的教育生产函数研究进行全面梳理和总结,不仅可以为这一领域的学者提供宝贵的资料,而且也为后续同类研究指出了进一步的努力方向。

第一节 学校投入对学生成绩影响理论

研究学校投入对学习成绩的影响一直是国外教育生产函数研究的核心。学校投入主要指教育支出、班级规模(通常用生师比来衡量)和教师投入。除此之外,近年来,教育管理制度对学习成绩的影响受到了一些学者的关注和研究。实际上,教育管理制度也可以被视为一种学校投入,只不过这种投入是无形的。本节主要侧重梳理了20世纪90年代后的关于学校投入影响的教育生产函数研究。

一、教育支出与学生成绩

教育管理者和政策制定者经常认为教育质量的提高必须需要更多的投入。然而大量的研究表明,当前教育体制下增加投入并不能大幅提高教育质量,足够的证据显示仅仅增加教育设施、生均支出等物质投入通常并不能使学生能力和学习成就的大幅提升(Hanushek et al,1994;Gundlach et al,2001;Hanushek,2004;Woessmann,2002,2005;Woessmann and West,2006)。一些跨国研究也表明较高支出水平国家的学生成绩并不比低支出水平国家的学生成绩好(Woessmann,2002,2003a;Fuchs and Woessmann,2004a,2004b)。

(一) 普通最小二乘法回归方法研究

早期的研究一般采用了普通最小二乘法回归方法来估计教育支出对学习成绩的影响。

英国教育和科学部(DES,1983,1984)的研究发现教育支出对学生成绩没有显著影响,洛德(Lord,1984)的研究支持了这一结论。韦斯特等人(West et al,1999)却发现英国的地方教育支出与学生成绩高度正相关。

简斯·洛普斯(Jane S. Loups,1990)采用美国经济教育全国调查的数据发现,州一级生均支出、教学支出、班级教育支出都对学生成绩有显著正的影响,但班级教育支出的作用更大。这表明州一级数据的估计遇到了遗漏变量偏差问题。威尔逊(Wilson,2000)控制住了大量的美国家庭和邻居特征变量后发现,学校支出对高中毕业率以及学生受教育年限有正的显著影响。

由于传统的普通最小二乘法回归容易受到内生性和遗漏变量的影响,从而出现估计的偏差,因此,一些学者采用了新的计量方法来估计教育支出的影响,如工具变量法和固定效应模型。

(二)工具变量方法研究

菲廖(Figlio,1997a)使用工具变量来探求某些州收入和支出的缺口是否限制了这些州教育资源的配置以及这种教育资源的"随机"变化是否能解释学生成绩的差异。他的结论表明,支出的下降会降低学生的数学、阅读、科学和社会研究等学科知识的成绩。而且,由于收入和支出的缺口导致的生均支出的下降对于成绩的影响程度很大。

古普塔,费尔赫芬和蒂奥松(Gupta, Verhoeven and Tiongson, 1999)使用工具变量的技术研究了跨国框架下的入学率决定因素,发现那些将国民收入投入教育的比例越高的国家,其入学率也越高。

杜威(Dewey,2000)等人使用工具变量的技术来推断生均支出和高考分数之间存在的因果关系,结论显示生均支出对高考分数有正的显著影响。然而,这项研究使用的数据存在严重的总量数据(州一级)偏差问题,并且样本规模也偏小(220个观测值)。

安德鲁·詹金斯等人(Andrew Jenkins et al,2006)采用英国的学生数据库的数据研究发现,英国的普通初中生均支出对学生成绩有显著正的影响。为了处理内生性问题,该研究采取了两种方法:第一,控制住了许多学生、学校、家庭、邻居的特征变量;第二,使用工具变量来反映学校生均支出的外生变化。工具变量有两个:政党类型;学校规模和学校类型的交互项。比较传统的普通的最小二乘法回归和工具变量回归结果发现,工具变量方法估计的结果较传统的普通的最小二乘法回归结果大很多,这表明普通的最小二乘法回归存在内生性问题。研究还进一步发现生均支出水平对于弱势地位的学生的边际影响较大,但统计结果不显著。此外,额外的生均支出对于较低能力的学生(在能力分布中处于底层2/3 的学生)的影响较大,结果通过了显著性检验。

（三）其他回归方法研究

马洛（Marlow,2000）为了克服教育支出的内生性问题,采用了看似无关回归(seemingly unrelated regression,简称 SUR)模型来估计教育支出的影响。平代克和鲁宾费尔德(Pindyck and Rubinfeld,1991)认为 SUR 模型基本上是一个二阶段模型,当变量之间存在内生性问题时,SUR 模型的估计值比普通最小二乘法回归估计更精确。马洛第一步建立了小学和初中的生均教育支出决定因素模型。第二步他估计了生均支出对 4、8、10 年级学生阅读、写作和数学考试分数的影响。结果发现,较高的支出并没有带来较好的成绩。事实上,他的许多结论表明在生均支出和产出之间存在显著的负相关关系。这支持了较高的支出并不必然导致较好的产出这一观点,因为较高的支出很可能由于一些与产出无关的原因而流向了学区、管理者、教师和员工等。

部分学者采用了固定效应模型来克服遗漏变量问题。哈基宁等人(Hakkinen et al,2003)使用了时间序列的面板数据差分掉了学校和学区的影响。他们发现 20 世纪 90 年代生均支出的变化对高中毕业考试分数没有影响。哈格兰德（Hageland,2005）等人使用来自挪威的两时期数据分析发现学校支出的影响是显著的,且额外的支出被分给了弱势地位学生群体和薄弱学校。

也有一些学者采用了元分析的方法来研究教育支出与学生成绩的关系。蔡尔兹和沙克沙夫特(Childs and Shakeshaft,1986)采用元分析方法的研究显示与教学过程直接相关的支出对学生的成绩有很大的正影响。赫奇斯,莱恩和格林沃尔德（Hedges,Laine and Greenwald,1994)以及格林沃尔德,赫奇斯和莱恩(Greenwald, Hedges and Laine,1996)的元分析研究都发现生均支出对学生成绩有显著正的影响。

二、班级规模与学生成绩

班级规模的问题是一个公众和教育研究者经常讨论的问题。

一些研究表明小班并不必然提高学生的成绩(Hanushek,1997)。然而,近来一些研究发现小的班级规模和较高的学生成绩之间存在正相关关系(Hanushek, Kain and Rivkin,1998；Krueger,1999；Angrist and Lavy,1999；Currie and Neidell,2003)。另外几项研究却发现小的班级规模降低了学生成绩或影响不显著(Cooper and Cohn,1997；Goldhaber and Brewer,1997；Hoxby,1998；Goldhaber, Brewer and Anderson,1999)。

(一) 传统的普通最小二乘法回归方法研究

弗格森(Ferguson,1991)分析了得克萨斯州班级规模和教师备课对学生成绩的作用,并得出结论：在小学,较小的班级规模有助于提高学生成绩。弗格森和拉德(Ferguson and Ladd,1996)对阿拉巴马州的研究结论同样显示较小的班级规模有助于提高学生成绩。

与其他研究相反,戈德哈贝尔和布鲁尔(Goldhaber and Brewer,1997)通过分析1988年的国家教育纵向研究数据(National Educational Longitudinal Study,简称 NLES)得出结论：班级规模对成绩的影响是显著的,但符号是正的,即大班的学生成绩更好。戈德哈贝尔,布鲁尔和安德森(Goldhaber, Brewer and Anderson,1999)使用同样的数据作了进一步研究,结论是相同的。

值得一提的是,艾伯特·帕克和埃米莉·汉纳姆(Albert Park and Emily Hannum,2001)采用中国甘肃农村基础教育调查的数据估计了班级规模对学生成绩的影响。在控制了教师和家庭特征变量后,班级规模对学生的数学和语文成绩的影响均不显著。

(二) 随机实验方法研究

霍克斯比(Hoxby,1998)采用面板数据并使用了两个准实验的技术来研究班级规模对美国康涅狄格学区学校考试成绩的影响,结果发现班级规模的影响不显著。

克鲁格(Krueger,1999)的文章分析了1985—1986和1988—1989年间田纳西州实施的随机实验方法的结果。随机实验方法的主要优点在于确保班级规模变量是外生的。针对田纳西州的实验中,按照随机的原则将幼儿园的毕业生分配到大班(22～24个学生)和小班(14～16个学生)中去,教师的分配也遵循随机的原则。学生的进步用标准化的考试来测量。第一年后,小班中的学生的学习成绩高于大班中的学生(约高5～8个百分点)的成绩。对于少数族裔学生和贫困家庭学生来说，小班带来的成绩的提高会更加明显。克鲁格发现班级规模的下降在第一年可以带来成绩的很大提高，但这种边际效应随后逐渐减弱到1个百分点。克鲁格（Krueger,1999）研究的不足在于未对学生进行追踪调查，因此他不能测量小班对成绩的提高作用是否会随着时间的改变而消失。

克鲁格和惠塔莫尔（Whitmore and Krueger,1999）后来的研究表明，小的班级规模对学生的成绩有长远的影响。他们分析了来自小班的学生是否更有可能去参加大学入学考试。他们提供的结论表明，来自小班的学生参加标准能力倾向测验或得克萨斯州学业考试的概率要比大班的学生高20%。不过，他们承认研究所采用的样本是不完善的，因此研究的结论只能是初步的。

（三）工具变量方法研究

安格里斯特和拉维（Angrist and Lavy,1999）使用20世纪90年代以色列一个重大的教育政策"迈蒙尼德"（Maimonides）（规定班级规模不能超过40）导致的班级规模随机变化为工具变量来研究班级规模的影响，结果发现，班级规模的下降有助于提高学生的成绩。但是由于OECD国家的班级规模都偏小，安格里斯特和拉维的结论有一定的问题。

安德鲁·詹金斯等人（Andrew Jenkins et al,2006）采用英国的学生数据库的研究发现，英国的普通初中班级规模对学生成绩有显著负的影响，即班级规模越大，学生成绩就越差。为了处理内生性问题，该研究使用了以下两个工具变量来反映班级规模的外生变化：政党类型；学校规模和学校类型的交互项。研究也发现班级规模对于较低能力的学生（在能力分布中处于底层2/3的学生）的影响较大。

（四）固定效应方法研究

与其他研究不同，赖特·霍恩和桑德斯（Wright, Horn and Sanders,1997）的研究认为，尽管班级规模自身也许不重要，但班级规模和其他投入因素的交互作用却对学生成绩有显著影响。他们采用田纳西州增量评估系统数据库的两个地区子样本并应用面板数据技术研究后发现，班级规模自身并不能提高学生成绩。然而，在固定效应模型和随机效应模型中，当考虑学生的异质性（将学生按照成绩分成三个子群体）和交互作用时（学生先前成绩与班级规模的交互作用),就产生了高度显著的效果。该结论有着特殊的意义,因为他们提供了一个更加吸引人的方法来分析班级规模,结果发现,学生、学校制度和班级教师都对小的班级提高成绩的机制产生影响,该结论是一个令人鼓舞的发现。

汉纳谢克,卡因和里夫金(Hanushek,Kain and Rivkin,1998)使用哈佛/UTD得克萨斯学校项目数据库并使用了固定效应模型研究班级规模的影响,结果发现,班级规模对于4,5年级学生的成绩具有显著负的影响,对于6年级的影响不显著。尽管影响通过了显著性检验,但系数小于克鲁格(Krueger,1999)的估计结果,且只解释了不足0.1%的学生成绩总体变异。

(五) 多层次分析方法研究

值得一提的是,彼得·布拉奇福德(Peter Blatchford,2002)采用了多水平模型研究了英国小学班级规模对学生成绩的影响,研究中考察了学生先前成绩与班级规模的交互作用以及学校贫困生比例与班级规模的交互作用,研究结论显示,班级规模对学生成绩有显著影响,且班级规模对不同学习成绩的学生影响不一样。该结论对于制定相关的教育政策具有重要的指导意义。尽管该研究采用了更加精细的多层次分析方法,但由于只采用了班级规模等几个少数的变量,而遗漏了许多重要的变量,因此会带来估计的偏差。

(六) 其他方法研究

格拉斯和史密斯(Glass and Smith,1979)采用元分析的方法对班级规模文献作了较早的总结。他们收集了相关的300多项研究,其中77项符合他们的元分析标准。他们从77项研究中算出了725种影响,以此为基础,他们得出如下结论:第一,班级规模和学生成绩之间有明显的较强的关系。725种影响中有60%表明小班学生成绩较好;第二,小学学生学得较多;第三,若要对学生成绩产生较强的影响,班级规模要缩小到低于20个学生,最好是15个。这些结论非常有力和重要,许多人士利用这些结论要求把班级规模缩小到低于20人。格拉斯和史密斯(Glass and Smith,1979)的研究尽管受到了许多批评,但缩小班级规模有助于提高学生成绩的结论仍得到了后来的许多元分析研究的支持(Slavin,1989;Odden,1990)。

巴罗和李(Barro and Lee,1996)以国家为分析单位,采用 SUR 方法估计了 OECD 和非 OECD 国家班级规模的影响,结果发现班级规模(用生师比来衡量)对于国际考试中的学生成绩有显著负的影响。然而,由于数据的限制,巴罗和李的研究同样没能克服许多统计问题。

库珀和科恩(Cooper and Cohn,1997)使用随机边界估计技术发现小的班级规模降低了学生成绩。

总之,尽管采用更加精细的方法的高质量研究结论支持缩小班级规模,但班级规模对学生成绩的影响比较小,似乎不足以为增加支出提供充分理由。克鲁格(Krueger,1999)的分析表明,班级规模降低1%,将会导致学生成绩上升4%,每年的增长率为1%,这似乎已是降低班级规模所带来的潜在回报的上限。在田纳西州实验背景下,克鲁格(Krueger,1999)进行了相对简单的成本收益分析,结果显示班级规模缩减的成本基本与收益相等。其政策含义是,班级规模自身并不是一种提高学生成绩的有效方式。

第二节 教师对学生成绩影响理论

教育生产函数研究的文献分析中也许最令人失望的是那些测量到的教师特征似乎与学生成绩关系不大。汉纳谢克(Hanushek,1997)的总结给出了三类重要的教师特征与学生成绩关系的相关研究,发现有显著性结果的研究比例:教师教育(9%正的显著影响)、工作年限(29%)、工资(27%)。结论表明教师特征远没有呈现出对学生成绩正的积极影响。另外还发现5%的研究发现教师教育对学生成绩还有负的影响。克里斯托弗·杰普森(Christopher Jepsen,2005)也指出,最近的一些研究表明教师易于观测到的特征,如教师教育、教师工龄和教师资格,与小学生的成绩没有强的相关关系。贝特斯(Betts,2003)等人使用圣地亚哥小学个体层面的数据发现教师的影响是不确定的。

然而,另外一项研究使用元分析的技术对汉纳谢克的研究所采用的样本进行了重新分析,结果表明,一些教师特征(如工作年限)和产出之间存在正相关的关系(Greenwald et al,1996)。汉纳谢克,卡因和里夫金(Hanushek,Kain and Rivkin,1998)的研究也表明,学校不仅对成绩差异有影响,而且教师似乎是使学生成绩出现差异最重要的决定因素。巴巴拉·奈等人(Barbara Nye et al, 2004)采用多层线性模型(hierarchical linear model)估计了教师对学生成绩的影响后发现,教师对学生成绩有重要影响,且这种影响在社会经济水平较低的学校中更大。

一、教师工作年限与学生成绩

库珀和科恩(Cooper and Cohn,1997)使用随机边界估计技术发现,在美国南卡罗来纳州,教师工作年限对学生成绩影响不显著。与之相反,克洛特费尔特等人(Clotfelter et al,2003)发现教师工作年限对北卡罗莱纳州的学生成绩有正的影响。杜威等人(Dewey et al,2000)分别使用了传统的普通最小二乘法回归和工具变量的方法比较教师工作年限的影响,结果表明教师工作年限对学生成绩具有显著正的影响,但采用工具变量方法估计的影响更大。

汉纳谢克等人(Hanushek et al,1998)使用增量模型发现,在得克萨斯州,与没有工作年限的教师相比,有两年左右工作年限的教师对学生成绩有正的显著影响(4、5年级数学除外)。然而,他们也发现更高工作年限的教师对学生成绩没有影响。教师影响要比其他投入的影响大,如是班级规模影响大小的20倍以上。与此对比的是,克鲁格(Krueger,1999)发现教师工作年限的影响大小不到汉纳谢克等人(Hanushe et al,1998)结果的一半。而且,使用一个二次方模型,克鲁格发现在20年顶点后的工作年限有正的影响。但这并不直接与汉纳谢克等人的研究结论矛盾,因为他们的研究中教师工作年限都是总的年限,这与汉纳谢克等人将工作年限划分为早期工作年限和总的工作年限不一样。

艾伯特·帕克和埃米莉·汉纳姆(Albert Park and Emily Hannum,2001)对中国甘肃农村小学教师的研究发现,教师教龄对学生的数学成绩有显著正的影响,但对语文成绩影响不显著。

二、教师教育和教师资格考试与学生成绩

萨默斯和沃尔夫(Summers and Wolfe,1977)与埃伦伯格和布鲁尔(Ehrenberg and Brewer,1994)的研究均表明,来自大学排名比较高的学校的教师对其学生成绩的提高有更大的作用。

蒙克(Monk,1994)发现教师的学科准备,即在所教科目上修了多少门课程与学生的数学和科学成绩正相关。他还发现修了教学法课程的教师对学生成绩有正的影响。最后,他认为教师的学科准备会导致学生成绩产生差异。然而,这项研究的结论很少支持教师特征(学位水平、大学声誉、教师工作年限)对学生成绩有系统的积极影响的结论。

库珀和科恩(Cooper and Cohn,1997)使用随机边界估计技术发现,在美国南卡罗莱纳州,有硕士学位的教师对学生的成绩有显著正的影响,其他学位的教师影响不显著。戈德哈贝尔和布鲁尔(Goldhaber and Brewer,1997)采用固定效应模型发现有数学学位的教师对学生的数学成绩有正的影响。然而,与此相反的是,汉纳谢克等人(Hanushek et al,1998)采用固定效应模型发现高学历的教师似乎对4年级的学生成绩有负的影响。数学成绩之外的研究均没有发现教师教育和产出之间有任何明确的关系。该结论与戈德哈贝尔等人(Goldhaber et al,1999)对于美国教育纵向调查数据的重新分析结论一致。克鲁格(Krueger,1999)与杜威等人(Dewey et al,2000)也发现教师学历对学生成绩影响不显著。

值得一提的是,艾伯特·帕克和埃米莉·汉纳姆(Albert Park and Emily Hannum,2001)对中国甘肃农村小学教师研究表明,教师是否有高中学历对学生数学和语文成绩的影响都不显著,而教师是否有大学学历对数学成绩有显著正的影响,但对语文成绩没有显著影响。

与教师教育相关的是教师资格考试的影响,汉纳谢克等人(Hanushek et al,1999)的研究发现,更大的学区利用教师资格证书考试来聘用老师。但实证表明,这些特殊的考试与学生成就之间并没有强相关关系。因此他们初步得出结论认为:在聘用过程中对这些资格证书考试的推广不太可能提高教职人员的质量。同样的,里夫金等人(Rivkin et al,2002)发现得克萨斯州学生成绩在教师教学的第一或第二年里通常比较低,但教师教育和教师资格并没有与成绩呈现系统的相关关系。杰普森和里夫金(Jepsen and Rivkin,2002)使用来自加利福尼亚州的年级层面的数据得到了类似的结论。此外,其他一些较近的研究也支持了上述结论(Rivkin and Hanushek,2002;Betts, Zau and Rice,2003;Rockoff,2004;Christopher and Jepsen,2005)。但是,克洛特费尔特等人(Clotfelter et al,2003)发现教师资格考试分数对北卡罗莱纳州的学生成绩有正的影响。

三、教师工资与学生成绩

巴罗和李(Barro and Lee,1996)和戈德哈贝尔等人(Goldhaber et al,1999)均没有发现教师工资和学生成绩之间存在显著关系。兰恩和菲默(Lanthe and Fimer,1998)认为现有的文献表明,不是与教师直接相关的投入,其边际产出往往比教师方面的投入高出10到100倍。这意味着,像教师工资这种为教育者提供直接收益的投入相对于直接对学习成绩有效果的投入(如书本或教学材料)是被过度使用了。

汉纳谢克等人(Hanushek et al,1999)近年来一项关于教师工资的重要研究发现,当考虑到学生的固定效应和教师的流动性时,较高的工资会对学生的成绩产生正的影响。但令人难以置信的是,结论表明较高的工资对任期内的有经验的教师而非年轻的无任期的教师产生最大的影响。杜威等人(Dewey et al,2000)采用随机变量的方法发现相对工资的差异在决定学生成绩时起重要作用。

艾伯特·帕克和埃米莉·汉纳姆(Albert Park and Emily Hannum,2001)的研究表明,教师工资对中国甘肃农村小学生的数学成绩有显著的正影响,但对语文成绩影响不显著。

四、教师职称与学生成绩

与其他国家不同,教师职称是中国特有的衡量教师质量的一个重要指标,教师职称根据教师学历、工作年限、工作业绩等因素来评定。国外部分学者估计了中国教师职称对学生成绩的影响。

艾伯特·帕克和埃米莉·汉纳姆(Albert Park and Emily Hannum,2001)估计了小学教师职称对学生成绩的影响。从数学成绩看,较高职称的教师将有助于大幅提高学生成绩,但教师职称与教师教龄的交互项分析表明,如果教师教同一批学生的时间越长,其教师职称对成绩的影响将会递减。从语文成绩来看,最高职称的教师仍对学生成绩有大的影响,但教师职称与教师教龄的交互项对学生成绩的影响不显著。

丁·维利和史蒂芬 F. 莱勒(Ding Weili and Steven F. Lehrer, 2004)的研究指出中国的教师职称对于学生成绩有显著正的影响。该研究采用了来源于中国江苏省高中学生高考成绩和学生、教师背景等数据。采用固定效应模型估计的结论表明,较高比例的中学高级和中学一级职称的教师解释了学校固定效应35%到50%的差异,研究也探测了其他教师质量变量如教师学历、工作年限等对学生成绩的影响,结果发现这些特征只能解释5%到10%的学生成绩的差异。

五、教师培训与学生成绩

教师特征和学生成绩的关系一直是许多研究的主题,大多数研究集中在教师工资、年限、教师职前培训(如教育背景)对学生成绩的影响上,而教师在职培训的影响却很少有人关注,关于教师培训对学生成绩的影响的实证研究也很少。安格里斯特和拉维(Angrist and Lavy,2001)指出对发展中国家教师培训影响的研究要多于对发达国家教师培训影响的研究。早期关于教师培训的研究大多表明,旨在提高学生成绩的教师发展项目的效用是令人不满意的。

科科伦(Corcoran,1995)和利特尔(Little,1993)都指出大多数教师培训项目、培训强度都很低,并且缺乏连续性和培训效果的检查。肯尼迪(Kennedy,1998)在对93项教师发展对学生成绩的影响研究进行元分析后指出,只有12项研究表明了教师发展有积极的影响。与上述结论相反,迪尔迪(Dildy,1982)使用了随机实验的方法和布勒苏(Bressoux,1996)使用准实验的研究方法都发现教师培训提高了学生成绩。威利和允(Wiley and Yoon,1995)与科恩和希尔(Cohen and Hill,2000)也都发现了教师发展项目对学生成绩的提高至少有一定的作用。

A. 瓦格纳(1995)指出,在美国,实验显示,培训使教师的工作更为有效,在课堂实践中的确引起了一些变化,这些变化显示在学生取得的更好的成绩上,而这些成绩则远比用其他方法(教师用传统的教学方法)进行教学所取得的成绩要大得多。但是这些成果很明显的,也随学校水平、学生特征、教学课程以及学生成绩测量方式的不同而不同。

安格里斯特和拉维（Angrist and Lavy,2001）采用差异中的差异（difference-in-difference）方法估计了教师在职培训对伊斯兰小学学生阅读和数学成绩的影响。结果表明，在伊斯兰学校系统中，非宗教学校的教师接受培训能提高学生成绩，对宗教学校的估计则不明显。但这可能是因为宗教学校的培训开始得更晚，而且是在更小的范围内实施。对非宗教学校的估计至少在本研究中表明：教师培训相对于降低班级规模或者延长学校时间是提高考试成绩的一种成本更小的方法。

雅各布和拉尔斯·莱夫格林（Jacob and Lars Lefgren,2002）借助芝加哥学校改革的机会使用准实验的研究设计方法估计了教师在职培训的影响。他们采用非连续回归（regression discontinuity）的策略估计了教师培训对小学学生数学和阅读成绩的效果，结果发现在职培训对学生数学或阅读成绩都没有显著影响。其政策含义是：在高度贫困的学校中投资于教师发展的策略将不能有效提高学生的成绩。

六、其他教师因素与学生成绩

教育、经验和工资是实证研究中经常被采用的教师特征，这在很大程度上是因为这些特征数据比较容易获得。除此之外，还有许多其他的教师特征，但很少有研究关注这些特征。

莱文（Levin,1970）的研究发现，雇用语言表达能力较强的教师所带来的单位成本使学生学业成就的进步，是雇用有教学经验的教师所带来的学生学业成就进步的5～10倍。

戈德哈贝尔和布鲁尔（Goldhaber and Brewer,1997）研究了可观测的和不可观测的教师和学校特征对10年级学生数学成绩的影响。具体来说，那些觉得自己准备很好、控制上课内容、花较少时间维持课堂秩序、经常使用口语提问和强调问题解决能力培养的教师对学生有正的影响。尽管这些行为变量存在因果关系和内生性问题，但这些结论表明研究者也许需要更加强调教师和学校投入的定性的方面。

迪伊·托马斯（Dee Thomas S,2001）用田纳西州的班级规模随机实验的考试分数来考察学生成绩与本民族教师之间的联系。实证结果证实了学生与教师的种族匹配性，即学生被分配到本民族教师班级中一年后,其数学和阅读成绩能够显著提高达3至4个百分点,对黑人学生和白人学生都是如此。

第三节 学校管理制度影响理论

许多研究表明在当前教育体制下仅仅增加投入并不能大幅提高学习成绩(Hanushek et al,1994;Gundlach et al,2001;Hanushek,2004b)。为此,部分学者开始把目光投向教育管理制度并展开了一系列研究,这些研究结论大都显示学校管理制度特征对学习成绩有重要的影响,教育的投入必须与以激励为导向的学校管理制度结合起来才能大幅提高学习成绩(Woessmann,2002,2003a,2005;Fuchs and Woessmann,2004a,2004b;Woessmann and West,2006)。如富克斯和韦斯曼(Fuchs and Woessmann,2004a)的研究就显示 PISA 国际考试成绩差异的 1/4 是由于学校管理制度的差异引起的。以激励为导向的学校管理制度主要包括三个特征:学校选择带来的竞争、分权以提高学校自主权、包括统考在内的学校问责制度(Woessmann,2004)。

一、选择和竞争制度对学生成绩的影响

人们认为增加家长和学生对学校的选择权将把竞争机制引入教育领域中,这有助于提高教育质量。为此,许多学者对学校选择、竞争与教育质量的关系进行了实证研究。这些研究中大部分都表明,较高程度的竞争对于提高学生的成绩有显著正的影响。一部分研究没有得出显著性影响的结论,而极少数研究却表明较高程度的竞争降低了学生的成绩(Belfield et al,2002)。有关竞争对学习成绩影响的研究主要使用了三类方法来测量竞争程度:以 Herfindahl 指数为竞争测量指标、以私立学校招生数为竞争测量指标、其他测量方法。下面按照竞争的测量方法分类对已有竞争研究进行回顾。

(一)以 Herfindahl 指数为竞争测量指标的相关研究

多数研究采用了 Herfindahl 指数(HI)来测量竞争,即每单位招生数占全体招生数的平方和(Borland and Howson,1992)。巴罗和劳斯(Barrow and Rouse,2000)的研究显示,教育市场中的 Herfindahl 指数值在 0.11 到 0.87 间变动,平均取值大约为 0.35,且小

学的竞争程度高于中学。与其他部门相比,教育部门的 Herfindahl 指数偏高,表明教育部门的竞争程度更低。

霍克斯比(Hoxby,1994)研究了大城市地区公立学校选择权的增加如何对学校绩效产生影响。她通过使用学区集中度外生的变化来增加选择权,学区集中度以按照入学人数市场份额计算的 Herfindahl 指数来衡量。比较容易的选择是降低生均支出、教师工资和扩大班级规模。然而,这些扩大选择的学区也表现出了较高的学生成绩,这表明较高的竞争有助于提升教育质量。

赞齐格(Zanzig,1997)通过使用 1970 年的加利福尼亚州 337 个学区数据研究了学区之间较大的竞争是否有助于改进公立学校绩效。竞争通过 Herfindahl 指数和一县内的学区数两种测量指标计量。研究结果发现,较高的竞争有助于提高学生的成绩。

马洛(Marlow,2000)重点研究竞争对学校绩效的影响。竞争以建立在一个县的不同学区的数量和集中度的基础上的 Herfindahl 指数来衡量。他的假设是学区的数量越多、占有市场的份额越均等,这个县的竞争程度就越激烈,这有助于提高绩效。但研究结论表明较高的竞争降低了 4、8 年级学生的成绩,而竞争对 10 年级学生的成绩没有什么影响,竞争有助于提高绩效的假设没有得到验证。

汉纳谢克和里夫金(Hanushek and Rivkin,2001a)对得克萨斯州 27 个大中城市的学校平均考试分数进行了分析,没有发现 Herfindahl 指数和考试分数之间存在相关关系。

(二)以私立学校招生数为竞争测量指标的相关研究

较多的私立学校招生数也可以用来测量对公立学校构成的竞争程度(尽管这种竞争带来的压力也许小于公立学校之间集中度带来的竞争压力)。

一些学者的研究显示,按照私立学校招生数测量的竞争对学生成绩有显著正的影响(Couch,Shughart and Williams,1993;Newmark,1995;Smith and Meier,1995;Arum,1996;Maranto,Milliman and Stevens,2000;Woessmann,2006)。

另外一些学者的研究显示,以私立学校招生数为指标测量的竞争对学生成绩影响不显著(Wrinkle,Stewart and Polinard,1999;Sander,1999;Geller,Sjoquist and Walker,2001)。

还有一些研究显示,按照私立学校招生数测量的竞争和学生成绩之间的关系不确定(Simon and Lovrich,1996;Jepsen,1999)。

值得注意的是,麦克米伦(McMillan,1999)发现私立学校招生数测量的竞争对学生成绩有较弱的负影响。即使在影响最大的情况下,私立学校招生数1个标准差的增加会导致公立学校学生分数下降6个百分点。

(三) 其他竞争测量指标的相关研究

一些研究使用了其他测量竞争的指标来探寻竞争对学业成就的影响。尽管这些测量指标比较特殊,但都与Herfindahl指数有着一些关系。

布莱尔和斯特利(Blair and Staley,1995)研究了来自相邻学区的竞争是否会对当地学校绩效产生正的影响。竞争的主要测量指标是相邻学区的平均分数,其前提假设是如果相邻学区绩效很好,就会对本地绩效产生积极影响。他们发现,临近学区的较高绩效会对本地产生正的影响。这表明当一个学区变得更有基于考试成绩的竞争力时,将会对附近学区产生有利的影响。

马洛(Marlow,1997)研究了按照学区和学校数量测量的竞争是否会对学生的成绩产生积极影响。结果发现,以较多数量学区衡量的较高竞争提高了公共教育支出,但同时也提高了学生的成绩。盖勒,舍奎斯特和沃克(Geller,Sjoquist and Walker,2001)使用相邻公立学区的数量作为竞争的测量指标时,没有发现竞争对佐治亚州考试分数产生正的影响。

赫斯特德和肯尼(Husted and Kenny,2000)用教育支出中来自州级政府而不是地方政府的投入比例来衡量政府干预(垄断)程度。对大学入学考试州级平均分数分析后他们发现,州级政府投入比例1个标准差的下降会导致分数上升0.02~0.08个标准差。赫斯特德和肯尼也报告了当把天主教徒占州总人口比例作为一个代理变量来衡量公立学校和私立学校之间的竞争时,天主教徒占州总人口比例增加1个标准差,大学生入学考试分数就会上升0.19~0.27个标准差,这种影响的估计在6项中有4项是显著的。

霍克斯比(Hoxby,2001)以学区招生数占该城市总招生数的比例来测量学校选择,同时使用了一个建立在影响学区划分的自然边界上的工具变量。当有更大的选择时,该指标(范围为0到0.97,标准差为0.27)就会更高,结论表明竞争带来了有益的影响。

有些研究用传统的公立学校和特许学校之间的距离来衡量竞争程度,结果发现两者之间的距离越短,公立学校学生的成绩就越高(Greene and Forster,2002;Holmesy,George M. Holmesy,Jeffrey S. DeSimone and Nicholas G. Rupp,2003)。这表明学校选择引入了竞争,而竞争提高了学生成绩。

帕特里克·拜尔和罗伯特·麦克米伦(Patrick Bayer and Robert McMillan,2005)用学校周围房价的变化所代替的家长对学校需求的弹性这一指标来衡量学校之间的竞争。研究结论表明,当地教育市场的竞争对学校质量产生了比较大的正影响,增加1个标准差的竞争度将提高学校的考试分数0.15个标准差。

二、学校自主权对学生成绩的影响

韦斯曼(Woessmann,2001,2006)认为,给予学校自主权对学生的成绩的影响是复杂的,给予学校设定自己的预算、绩效目标和教学标准方面的自主权将对学生的成绩产生负的影响,因此这方面的权力应该被集中。相反,在一个有效的评估和监控机制下给予学校达到目标和标准的自主权,如自主选择教学方法和采购,将有助于提高学生的成绩。他采用 TIMSS 国际考试的数据研究表明,有一个统一设计的课程和统一选择的教科书对学生的考试成绩有正的影响。课程和教科书的权力集中可能防止了学校寻求降低工作量的行为,因而提高了学生的考试成绩。由于样本量比较少,这些统计结果都没有通过显著性检验,但结果仍具有启发意义。学校有招聘教师权和教师工资决定权的国家,其学生数学和科学分数较高,因为教师招聘和工资权的下放可以让学校留住更多的高质量教师。然而,学校有预算权的国家的学生数学和科学分数较低。

韦斯曼(Woessmann,2001,2006)也对教师享有的自主权对学生成绩的影响进行了分析,结果类似于学校自主权的影响。教师对学校预算有主要决策权的学校的学生数学和科学成绩较低。相反,教师对学校采购有主要决策权的学校的学生数学和科学成绩较高。教师课程自主权对学生成绩的影响比较复杂。教师作为个体对课程有主要决策权的学校的学生数学和科学成绩较高,单个教师如果能选择具体的教科书也能对数学成绩产生正的影响。但教师工会对课程有很大决策权的学校的学生数学和科学成绩较低。结论表明,如果教师能够使用自主权去努力提高教学水平,就能提高学生的成绩。反之,如果教师使用自主权去努力降低工作量,就会降低学生的成绩。

三、问责制度(accountability)对学习成绩的影响

教育生产的代理人模型分析表明,如果设定明确的绩效标准和提供绩效信息能够激励学校提高学生的成绩(Costrell,1994;Betts,1998),特别是通过向劳动力市场中未来的雇主提供学生在校成绩信号。外在的学校毕业考试增加了学生学习和家长寻求监控教育过程的回报,因此统一的学校考试可以有效提高学生的成绩(Bishop and Woessmann,2004;Bishop,2006)。

汉纳谢克和雷蒙德(Hanushek and Raymond,2004a)使用美国国家教育进步评估项目的数据对美国20世纪90年代以来所推行的问责制度进行了研究,结论表明,在控制住其他的投入和政策因素下,问责制度的引入对学生的成绩有显著的正影响,尤其是早期引入的结果导向问责制度更快地促进了学生成绩的提高。

菲寥和卢卡斯(Figlio and Lucas,2004)的研究显示美国分数标准体系对学生成绩产生了正的影响。其他的一些研究也表明,建立以学校为中心的问责制度有助于提高美国学生的学习成绩(Carnoy and Loeb,2003;Hanushek and Raymond,2004b;Jacob,2005)。将家长的选择和问责结合起来的一项制度是给那些在考试中多次表现不佳的公立学校学生一张选择参加私立学校的学券。佛罗里达州对这项制度的实验显示,公立学校由于面临失去生源的威胁,会努力提高学校绩效,尤其是努力提高弱势学生的成绩(West and Peterson,2005)。

TIMSS、PISA等国际考试的数据表明那些有外部毕业考试制度的国家的学生考试成绩要高于没有外部考试制度的国家(Bishop,1997,2006;Woessmann,2002,2003a;Fuchs and Woessmann,2004a,2004b)。换言之,在那些学校和学生被外部考试制度问责的国家,其学生成绩通常会很高。类似地,那些家长对教学事务感兴趣的国家的学生考试成绩通常也会较高,这表明家长的选择与对学校和孩子的问责对学生考试成绩产生了正的影响。此外。在那些教师强调通过定期考试对学生发展进行监控的国家,学生考试成绩也会更高。

第四节 学校因素对学生成绩影响研究小结

一、教育生产函数综述性研究

汉纳谢克(1995)采用投票计数法(vote counting)对美国1988年和之前的187篇独立够格的教育生产函数研究进行了总结分析,结果见表2.1。总结的结果显示没有令人信服的证据证明生均支出、班级规模、教师教育程度、教师工资、教师工龄等这些教育投入对学生成绩有人们预期的显著的影响。他认为,既然在当前制度结构下学校的投入并不系统地与学生成绩相关,所以政策就不能简单地根据开支而定。

考虑到家庭和学校提供的教育支持水平的巨大差异意味着发达国家和发展中国家的教育生产过程是非常不同的,因此人们预测与发达国家相比,对发展中国家学校成绩的决定因素的研究结果是会有所不同的。哈比森和汉纳谢克(Harbison and Hanushek,1992)同样采用了投票计数法总结了1992年和之前的96篇独立够格的发展中国的教育生产函数研究,结果见表2.2,"+"表示正向影响,"-"表示负向影响,与发达国家一样,发展中国家的研究结果也没能给出令人信服的证据来表明学校的投入政策是有效的。

表2.1 187项教育生产函数研究中所估计的投入参数系数:美国

投入	研究数量	统计显著			统计不显著			
		合计	+	-	合计	+	-	符号未知
师生比	152	27	14	13	125	34	46	45
教师教育程度	113	13	8	5	100	31	32	37
教师工龄	140	50	40	10	90	44	31	15
教师工资	69	15	11	4	54	16	14	24
生均支出	65	16	13	3	49	25	13	11
管理	61	8	7	1	53	14	15	24
设备	74	12	7	5	62	17	14	31

资料来源:Hanushek(1989)

表 2.2　96 项教育生产函数研究中所估计的投入参数系数：发展中国家

投入	研究数量	统计显著		统计不显著
		＋	－	
师生比	30	8	8	14
教师教育程度	63	35	2	26
教师工龄	46	16	2	28
教师工资	13	4	2	7
生均支出	12	6	0	6
设备	34	22	3	9

"＋"表示正向影响
"－"表示负向影响
资料来源：Harbison 和 Hanushek(1992)

此外，贝莱斯，席费尔拜因和巴伦苏埃拉(Velez, Schiefelbein and Valenzuela, 1993)对拉美国家教育生产函数研究进行了总结，结果见表 2.3。总结的结果基本与上述研究结论一致。

赫奇斯，莱恩和格林沃尔德(Hedges, Laine and Greenwald, 1994)对汉纳谢克的投票计数的总结方法提出了批评，他们使用了元分析(meta-analysis)统计方法，对汉纳谢克所做的研究(Hanushek, 1989)进行了重新分析。与汉纳谢克的研究结果相反，元分析的结果发现，传统的投入策略显示出了学生学业成绩受生均支出的极大影响的预期关系类型。交叉研究的结果表明：生均支出每提高 10％，学生的学业成绩就提高一个标准差的三分之二，相当于接受 7 个月小学教育所获得的成绩。这等于将学生的学业成绩从 50％的位置提高到 75％的位置。此外，教师工龄在大多数情况下对学生成绩也有正的显著性影响，班级规模和教师工资对学生成绩的影响通常情况下是显著的，但方向不确定。由于赫奇斯等人采用的方法更为巧妙，因此与汉纳谢克的研究结论相比，他们发现标准的投入所引起的学生学业成绩的变化要更大些。格林沃尔德，赫奇斯和莱恩(Greenwald, Hedges and Laine, 1996)的元分析研究再一次支持了上述结论。

表 2.3 教育生产函数研究中所估计的投入参数系数：拉美国家

学校特征	研究数量	统计显著 +	统计显著 −	统计不显著	统计显著为+的比例(%)
师生比	21	2	9	10	9.5
教师教育程度	68	31	4	33	45.6
教师工龄	62	25	2	35	40.3
教师专业知识	19	9	1	9	47.4
教师满意度	43	4	2	37	9.3
获得课本和其他阅读材料	17	13	0	4	76.5
获得其他教辅资料	34	14	3	17	41.2
学校设施	70	23	2	45	32.9

"+"表示正向影响
"−"表示负向影响
资料来源：Velez, Schiefelbein 和 Valenzuela(1993)

赫奇斯等人的研究结论得到了杜威(Dewey)等人最近的一项总结研究的支持。杜威，赫斯特德和肯尼(Dewey, Husted and Kenny,2000)采用的样本比汉纳谢克(Hanushek,1986)或赫奇斯，莱恩和格林沃尔德(Hedges, Laine and Greenwald,1994)的样本都更晚，样本里包括了33篇文章和127项估计。杜威，赫斯特德和肯尼认为将家庭收入纳入回归方程中会导致不合理的估计，因为家庭收入代表的是需求方的因素。因此，他们将样本分为好的研究样本和差的研究样本。好的研究的标准是引入了一个测量父母投入的指标但将父母的收入和其他家庭社会经济指标排除在外。表 2.4 是汉纳谢克(Hanushek,1986,1997)与杜威，赫斯特德和肯尼(Dewey, Husted and Kenny,2000)研究结果比较的。杜威等人好的研究样本中有41%左右的估计系数是显著正的，相比之下，汉纳谢克(Hanushek,1986)只有15.4%，汉纳谢克(Hanushek,1997)只有19.7%。

由于国外教育生产函数的实证研究非常丰富，总结已有的研究可以为后续研究提供经验借鉴并指明研究的方向。因此，一些学者对发达国家和发展中国家的多项教育生产函数研究进行了不同的总结，这些总结主要集中在学校教育投入对学习成绩的影响上。总结使用的方法主要有两种：一种是汉纳谢克使用的投票计数法,另外一种是赫奇斯等人使用的元分析的方法,这两种方法总结出来的结果是相反的。投票计数法倾向于支持学校投入没有显著影响的结论,而元分析法则表明学校投入有显著影响。对发展中国家的研究总结显示,有较高比例的系数是统计显著的。这表明发展中国家的学校资源可能是重要的,但发展中国家学校资源的作用同样是不能令人信服的。总之无论如何,这些已有的教育生产函数总结研究向我们传达了这样一个信息:增加学校教育投入并不一定产生更多的学习成绩。本节后面的分析将会对此进行更加详细的论述。

表 2.4 投票计数分析:Hanushek(1986,1997)与 Dewey 等人(2000)研究的比较

投入	系数为显著正的研究的比例[a]				
	Hanushek (1986)	Hanushek (1997)	Dewey, Husted 和 Kenny(2000)		
			全部研究	好的研究	差的研究
生均支出	13	27	51.2	38.5	56.6
师生比	9	15	25.8	29.4	24.4
教师教育程度	6	9	28.1	25.0	28.8
教师工龄	33	29	45.3	52.0	41.5
投入	系数为显著正的研究的比例[a]				
	Hanushek (1986)	Hanushek (1997)	Dewey, Husted 和 Kenny(2000)		
			全部研究	好的研究	差的研究
教师工资	9	20	45.4	00.0	45.4
其他教师特征			43.4	52.6	40.4
学校规模			22.9	38.1	11.3
总计	15.4	19.7	30.2	41.1	27.5

资料来源:Dewey,Husted 和 Kenny(2000)。

a:所有的结果都按照 5% 的显著性水平进行了重新计算。

二、已有研究的不足和局限

探讨学校投入对学生产出的影响一直是教育生产函数研究的核心,为此,国外学者对学校投入的作用进行了广泛和深入的研究。学校的投入主要包括:教育支出、班级规模、教师投入和教育管理制度。教师投入主要包括:教师工作年限、教师教育、教师工资、教师培训。教育管理制度包括学校竞争、学校分权和学校问责制度。为了降低内生性问题和遗漏变量问题带来的估

计偏差,许多新的计量方法被广泛应用于学校教育投入作用的估计中,这些方法有:工具变量、二阶段回归、随机实验、固定效应模型、随机效应模型、多层线性模型、看似无关回归(SUR)、随机边界分析、差异中的差异分析、非连续回归(regression discontinuity)、元分析等。学校投入的大量研究表明,学校投入的影响是混合的,仅仅增加学校投入并不一定提高学生的产出。

尽管学校投入研究在过去几十年里取得了很大进步,但仍在以下方面存在一些不足:

(1) 缺乏来自美国和欧洲以外发展中国家的学校投入研究。已有的学校投入研究样本大多来自美国,还有一部分来自欧洲发达国家,而来自发展中国家的学校投入研究比较少见。美国和欧洲发达国家的经济和教育发展水平比较高,学校投入水平也比较高,这些使得美国和欧洲发达国家可能处于教育生产函数的顶点阶段,因此学校投入对学生产出的影响可能不显著。与此相比,发展中国家的学校投入水平比较低,未达到教育生产函数的顶点阶段,因此,学校投入对学生产出的影响可能比较显著。发展中国家的学校投入的研究将会有助于阐明这个问题。

(2) 个体层面数据的研究比较缺乏。已有的学校投入研究主要集中在宏观层次,大多数以州、学区或学校为分析单位,以学生个体为分析单位的微观研究很少。宏观层次研究隐含的假设是每个学生平均地接受资源,因此这类研究很可能严重错误地反映了有效资源的分配。

(3) 缺乏多层次数据的研究。多数学校投入研究忽视了数据的层次性,基本上都是分析某一个层次变量的数据,而忽略了其他层次变量的影响,这会带来估计的偏差。由于学校投入在多个层面上对学生产出产生影响,引起学生产出差异的因素既来自学生个体,也来自班级、学校、学区、州和国家,因此,需要采用多层线性模型或差异分析的方法估计不同层次的学校投入的影响。

(4) 真实的班级规模数据研究比较少见。已有的班级规模研究绝大多数以学校层面的生师比或师生比作为班级规模的指标,其前提假设是学校内各班的班级规模是相同的。然而,现实中学校内各班的班级规模通常是有差异的。因此,以学校层面的生师比或师生比作为班级规模的指标可能错误地反映现实中的班级规模影响。未来的研究应该采用具体班级中的生师比作为班级规模的指标。

（5）很少有研究分析教师工作努力程度对学生成绩的影响。已有的各种教师特征必须通过教师教育教学工作才能对学生学习成绩产生影响，如果教师在工作过程中努力程度不够或根本不努力，那么教师学历、教师工作年限、教师培训等教师投入就很难对学生成绩产生实质性影响。反之，如果教师学历不高、工作年限不长，但工作很积极，教师就仍有可能提高学生成绩。因此，教师工作努力程度作为一项重要的教师投入应该被纳入到教育生产函数研究中来。

（6）教育管理制度影响的研究有待进一步扩展。已有的教育管理制度研究侧重于分析竞争、分权和问责三方面制度的影响。然而，除此之外，学生学习的激励制度、教师工作激励制度、教育教学组织制度、教育财政制度等其他的教育管理制度也可能对学生产出产生影响，这些都有待进一步研究的检验。

（7）计量方法需要进一步完善。为了克服内生性问题和遗漏变量问题，许多计量方法被广泛应用到学校投入影响的估计中，这些计量方法的引入虽有助于降低估计的偏差，但并未从根本上解决问题。因此，未来的研究需要一方面完善已有的计量方法，另一方面引入更多的计量方法，如结构方程模型和通径分析技术，进一步改进对学校投入作用的估计。

第五节　家庭对学生成绩影响理论

教育生产既发生在学校，也发生在家庭。因此，儿童的学习成绩既受学校的影响，也受家庭条件的影响。同时，学校和家庭对儿童的学习过程施加的影响又是相互关联的。具体来说，学校依赖于家庭在激励和强迫子女出勤、完成作业、树立正确的学习态度、与教师合作等学业成绩生产方面与学校的配合。学校通过制定政策和指导家长如何成为更好的"生产者"等手段，也可以有效地促进家庭对儿童学业成绩的影响。在两个不同地点，以相互影响的方式帮助学生提高学业成绩的过程被称做"联合生产"。一大批学者对家庭在这种教育联合生产的作用进行了研究，传统的做法是把家庭的社会经济背景(家长的受教育程度、职业、收入)作为变量,引入教育生产方程(Hanushek,1986)。也有一部分学者研究了家长对孩子学习辅导时间、家长的工作状况、家庭规模、家庭结构等其他家庭特征对孩子学习成绩的影响。

一、父母受教育程度与学生成绩

大多数美国和欧洲关于父母受教育程度对学生成绩的影响的研究发现,父母的受教育程度对其孩子的在校成绩有显著正的影响,即父母受教育程度越高,其孩子的学习成绩就越好(Hanushek,1986;Phillips,1998;Anna Vignoles et al,2000;Dewey et al,2000)。

艾伯特·帕克和埃米莉·汉纳姆(Albert Park and Emily Hannum,2001)采用中国甘肃农村基础教育调查的数据估计了小学生家庭社会经济背景对学生成绩的影响。研究结果显示,在控制住教师特征和班级规模后,父亲的受教育程度对学生的数学成绩有显著正的影响,但对语文成绩没有显著影响。母亲受教育程度和家庭人均支出对语文和数学成绩的影响均不显著。

韦斯曼(Woessmann,2003b)采用 TIMSS 数据研究了东亚五国或地区(中国香港、韩国、日本、新加坡、泰国)家庭背景对儿童学习成绩的影响。研究结果显示,这五个国家或地区的父母受教育程度对其孩子的成绩有显著正的影响,其中这种影响在新加坡最为显著。帕特里克·J.麦克尤恩(Patrick J. McEwan,2003)使用智利 1997 年 8 年级学生成绩的调查数据研究表明,父母的受教育程度对学生成绩有显著正的影响,且母亲的受教育程度影响更大。

帕梅拉·E.戴维斯-基恩(Pamela E. Davis-Kean,2005)采用结构方程模型研究了包括父母文化程度在内的家庭社会经济背景如何影响儿童的学习成绩。结果发现,家庭社会经济背景通过父母的信念和行为与儿童的学习成绩间接相连。

二、家庭收入与学生成绩

大多数早期研究直接采用学生产出变量对一些家庭收入变量和可观测到的家庭、学生以及邻居特征变量进行回归。一些学者指出,尽管他们揭示了收入和学生产出之间存在相关关系,但方法上的缺陷使他们并不一定就估计出了存在因果关系(Mayer,1997;Brooks-Gunn and Duncan,1997)。他们认为低收入家庭的孩子也许有一个差的家庭环境或其他特征,但这些特征并没有被研究者所观测到。这些遗漏的变量也许是造成学生成绩差的部分原因,且在家庭收入增加的情况下仍会继续影响孩子的发展。为了消除遗漏变量带来的估计偏差,两类基本的方法被采用。第一种方法是通过实验的方式创造或寻求收入的外生变化,收入的外生变化将不会与父母非观测到的特征相关。第二种方法是通过不同时期同样的家庭多生子女产出或相似的家庭群体儿童的产出的比较,建立固定效应模型差分掉非观测到的影响,其前提假设是这些影响都是随着时间固定不变的(Blow et al,2004)。

(一) 普通最小二乘法回归方法研究

早期大量的研究使用了传统的普通最小二乘法回归等方法来估计家庭收入对孩子产出的影响。汉纳谢克(Hanushek,1992)发现,在控制住家庭、教师、学生以前的成绩和其他一些行为特征变量后,家庭收入增加1000美元将会提高学生成绩1.8%个标准差。邓肯(Duncan,1994)等人通过简单的回归(控制住了少量的家庭背景变量)后发现,家庭收入增加1000美元将提高5岁儿童的IQ分数1.5%个标准差,并降低儿童的问题行为指数大约0.7个标准差。

科尔曼,米勒和斯加斯塔德(Korenman,Miller and Sjaastad,1995)采用美国国家青年纵向调查数据(NLSY)研究了当前收入的非线性影响。估计结果表明,当收入为贫困线收入的一半时,收入对产出的平均影响是2.16%个标准差,但当收入处于贫困线收入的1.85倍和3倍之间时,收入对产出的平均影响是0.7%个标准差。

卡尔内罗和赫克曼(Carneiro and Heckman,2002)的研究发现,收入在不同年龄阶段的影响是不一样的。他们的研究结论显示,在儿童6岁时不同家庭收入水平(以四分位数划分)上的数学成绩有显著差异,在接下来的6年,这些成绩差异会进一步扩大。即使在控制住许多背景变量后,如父母亲的受教育程度,家庭收入对学生成绩仍有影响,且这种影响具有长期效应。他们进一步发现,儿童12岁的数学成绩和儿童阶段家庭的长期收入对儿童能否上大学有显著影响,但短期的收入没有显著影响。

(二) 其他方法研究

后期的许多研究采用了工具变量、固定效应、随机实验等各种方法,通过比较普通最小二乘法回归估计结果与其他方法的估计结果来揭示收入对孩子产出的影响。

迈耶(Mayer,1997)采用了许多方法来探测各种收入外生变化以帮助理解收入对儿童产出的影响。例如,她使用儿童产出发生后的父母收入增长量作为工具变量来代替初始的家庭收入。其背后的思想是如果未来的收入增长是不可预期的,或是可预期的,但人们对未来收入变化的反应是随机的,即这种反应与决定儿童产出的非观测特征无关,那么家庭收入的实际增长量就可以当做是外生变化的。该工具变量的估计结果显示,在其他因素不变的情况下,高收入几乎不影响儿童的行为问题或阅读成绩,但在数学成绩上比传统的估计结果略大些,然而所有的结果都没有通过显著性检验。因此,她认为没有令人信服的证据表明家庭收入可以大幅提高学生产出。

布劳和利维(Blau and Levy)等学者在估计收入对孩子产出的影响时,均利用多生子女之间家庭经济水平的差异建立固定效应模型来消除固定的家庭因素的影响(Blau,1999;Levy and Duncan,1999)。布劳使用美国国家青年纵向调查数据发现了不同的结论:一方面,家庭长期收入在控制住祖父母的固定效应后对学生成绩的影响要大于普通的普通最小二乘法回归。另一方面,当使用固定效应模型时,当前家庭收入对学生成绩有较小和不显著的影响。利维等人采用了收入变动研究的面板数据(Panel Study of Income Dynamics,简称PSID)研究发现,不管是否控制住家庭的固定效应,在孩子年龄小时家庭收入对于学生成绩有更大的作用。戈登·B.达尔和兰斯·洛克纳(Gordon B. Dahl and Lance Lochner,2005)采用了一个固定效应工具变量(fixed effect instrumental variables,简称FEIV)策略来估计收入对学生数学和阅读成绩的影响,结论显示家庭当前的收入对孩子的数学和阅读成绩有显著的正影响。此外,埃米施,弗兰切斯科尼和帕瓦林(Ermisch,Francesconi and Pevalin,2002)在英国的研究通过建立在"父母失业"基础上的贫困测量指标来比较家庭内不同子女之间所受到的影响。他们发现儿童早期的家庭贫困显著地降低了儿童取得至少一次 A 水平成绩的可能性,而取得至少一次 A 水平成绩又是决定儿童能否进入大学的前提。

莫里斯和热纳蒂昂(Morris and Gennetian,2003)使用了随机收入试验的数据来研究收入对儿童产出的影响。研究结论显示,在母亲接受随机实验3年后,收入对孩子的学校表现和积极行为有轻微显著正的影响。然而,随着时间的进一步延长,收入的影响将不显著。

布洛(Blow,2004)等人在完成家庭收入对学生发展影响的文献研究后得出以下结论:第一,家庭的当前收入对学生产出的影响小;第二,家庭长期收入对学生产出的影响比当前收入的影响大得多,但这种影响在引入更多的变量后通常会下降;第三,与种族、性别和其他可观测到的父母特征相比,收入对学生产出的影响较小,因此需要更大力度的财政转移支付来帮助那些具有某些父母特征的弱势家庭;第四,收入的影响通常被发现是非线性的,收入对低收入水平家庭的孩子影响更大,但只有少数研究注意到了这种非线性影响;第五,不同收入干预政策效果的比较发现,收入在不同的年龄阶段具有不同的影响,与较高年龄阶段相比,学生成绩在较低年龄阶段对收入的变化更加敏感;第六,与没有采用新的方法的研究相比,那些采用了新的方法来考虑家庭和学生非观测到的特征影响的研究通常会发现家庭收入对学生产出的影响要小得多。

三、其他家庭因素与学生成绩

许多学者试图测量家长投入的时间与儿童成绩之间的关系。莱博维茨(Leibowitz,1974,1977)发现,如果母亲花在孩子身上的时间的数量和质量较高,孩子的成绩就越好。本森(Benson,1982)发现,除了中等社会经济地位(SES)的家庭以外,家长的参与对孩子的成绩几乎没有什么直接影响。高 SES 家庭孩子的成绩较好,与父母花费的时间无关;低 SES 家庭即使家长在孩子身上投入了较多时间,孩子成绩也没有什么提高。达楚·卢里(Datcher-Loury,1988)发现,对于受过 12 年教育的母亲来说,他们看护孩子的时间显著地影响他们子女的受教育年限,但是对于受过较低层次教育的母亲来说,却没有什么效果。

父母的工作状况对儿童学习的影响受到了一些学者的关注。早期的许多研究指出父母的就业对儿童的影响微不足道(Blow et al,2004)。然而,鲁姆(Ruhm,2000)的研究结论却对此提出了质疑。他采用美国国家青年纵向调查(NLSY)数据分析了父母就业与儿童认知发展的关系。研究结论显示,母亲在儿童生命前3年的就业,将对儿童3到4岁间口语能力有小的负面影响,对儿童5到6岁间的数学和阅读成绩有很大的负面影响。进一步的结论显示父亲就业的影响基本都是相似的。米施埃,弗兰切斯科尼和帕瓦林(Ermisch, Francesconi and Pevalin,2002)使用了英国20世纪70年代出生的多生子样本对此进行了研究。他们发现,母亲的全职就业对于0到5岁的儿童获得至少一次A水平成绩的可能性有显著的负影响,对于较高受教育程度的母亲来说这种负的影响要小些,但母亲的兼职就业和父亲的就业没有影响。他们认为较高受教育程度的母亲全职就业带来负的影响要小些,可能反映了这些母亲有更高的能力控制全职就业对儿童造成的不利影响,如通过市场上的儿童看护途径等。

美国一些关于家庭规模的影响研究发现来自较大规模家庭的儿童学习成绩通常较差(Blake,1989;Powell and Parcel,1999)。澳大利亚、芬兰、中国香港和以色列的研究也证实了家庭规模或家庭子女个数对于儿童成绩的负面影响(Shavit and Pierce,1991;Post and Pong,1998;Le and Miller,2001;Riala,et al,2003)。最近,盖里·马克斯(Gary Marks,2006)对OECD 30个国家的研究也得出了相同的结论。

关于家庭结构对儿童成绩的影响,美国的一些研究表明,来自离婚或单身家庭的儿童学习成绩通常低于来自没有离婚家庭的儿童(Amato,2000;Jeynes,2002)。芬兰和英国的一些研究也得出了相似的结论(Powell and Parcel,1999;Riala,et al,2003)。盖里·马克斯(Gary Marks,2006)采用来自OECD的2000年的PISA(Program for International Student Assessment)数据对OECD 30个国家的研究表明,在经济较发达的国家,单亲或重组家庭对于儿童的学习成绩的负面影响更大。

四、家庭对学生成绩影响研究小结

由上述文献回顾可知,国外学者对家庭在教育生产中的作用进行了大量研究,研究的重点是家庭社会经济背景(SES)对学生成绩的影响。关于父母受教育程度对学生产出影响的研究比较一致的结论是,父母受教育程度越高,其孩子的学习成绩也越高。为了消除遗漏变量带来的估计偏差,工具变量、固定效应模型、随机实验等方法被广泛用来估计家庭收入对学生成绩的影响。尽管家庭收入影响的研究并没有达成广泛一致的结论,但有以下的一些发现:第一,家庭的当前收入对学生产出的影响较小,与之相比,家庭长期收入对学生产出的影响较大;第二,收入的影响通常被发现是非线性的,即收入对低收入水平家庭的孩子影响更大;第三,收入在学生不同的年龄阶段具有不同的影响,与较高年龄阶段相比,收入对较低年龄阶段学生成绩的影响更大。除家庭社会经济背景外,家庭规模、家庭结构、父母对孩子学习指导时间等家庭特征的影响也受到了广泛关注。

已有的家庭特征研究存在以下的一些不足:

(1)忽视了对父母心理和行为特征影响的分析。父母的一些心理特征,如父母对孩子的教育期望,无疑会通过影响孩子的学习动机进而对孩子学习成绩产生重要影响。父母的一些行为特征,如父母的教育方式、父母对孩子学习的激励也会影响孩子的在校表现。但由于父母的心理和行为特征难以有效测量,鲜有研究估计这些特征的影响,而这些特征作为一种遗漏变量可能导致过高地估计家庭社会经济背景的影响。

(2)忽视了对家庭特征影响过程的分析。已有的研究估计了家庭社会经济背景和其他家庭特征对学生产出的影响程度,但很少有研究去探讨这些家庭特征如何影响学生产出。家庭投入影响过程和机制的探讨也许比探讨家庭投入的影响程度更有意义。

(3)缺乏对家庭和学校联合生产过程机制的探讨。学生的学习过程是一个家庭和学校联合生产的动态过程,家庭和学校在这个过程中不断地进行分工与合作。已有的研究在探讨家庭和学校在教育生产过程中的作用时,往往偏重于某一个方面而忽略另一个方面的影响,并且静态地去看待家庭或学校的作用,结果研究总是不能反映出完整的教育生产过程,也往往不能得出令人信服的结论。因此,动态地探讨家庭和学校在此过程中分工与合作的机制更有助于揭示出家庭和学校联合生产的过程。

(4) 美国和欧洲以外国家的家庭特征研究比较缺乏。已有的研究样本大多集中来自美国,还有一部分来自欧洲国家。这些国家经济都很发达,国民受教育程度和收入水平普遍较高,社会保障机制也比较健全。因此,在这些国家,父母受教育程度和家庭收入对学生产出的影响可能较小或不显著。相反,亚洲和非洲的许多国家经济不发达,国民受教育程度和收入水平普遍较低,社会保障机制不健全,一般认为这些国家的父母受教育程度和家庭收入对学生产出的影响可能较大或显著。此外,在东亚的一些非常重视家庭教育的国家,如中国、韩国、日本等,家庭对学生产出的影响可能较大。然而,由于来自这些国家的家庭特征研究非常少见,这些看法仍有待大量实证研究的检验。

总之,相比较对学校教育生产过程的研究,关于家庭在教育联合生产过程中作用研究仍非常有限,人们也远没有把握家庭与学校之间的复杂关系。

第六节 同伴对学生成绩影响理论

人们长期以来就一直相信同伴的质量是影响学生成绩的一个重要因素。科尔曼等人(Coleman et al,1966)就较早地认为同伴对学生成绩有重要作用。随后,许多学者的研究给予了证实,他们认为同家庭一样,同伴也是学生学习动机、学习期望和学习互动的动力来源。而且,同伴也会影响班级学习过程,如通过提问和回答增进学习,或通过班级中的破坏行为而阻碍学习。因而,同伴对学生学习成绩有重要影响(Lazear,2001;Hoxby,2000)。许多实证研究也显示同伴的质量对学生学习成绩有正的显著影响(Hoxby,2000;Zimmer and Toma,2000;Boozer and Cacciola,2001;Sacerdote,2001;Hanushek et al,2003;Zimmerman,2003;Winston and Zimmerman,2003)。然而,也有一些研究表明同伴的影响是不显著的或很小的(Hanushek,1971;Angrist and Lang,2004;T. R. Stinebrickner and R. Stinebrickner，2004；Arcidiacono and Nicholson，2005）。

一、早期的普通最小二乘法回归方法研究

自从科尔曼等人(Coleman et al,1966)认为同伴对学生成绩有重要作用后，许多学者对此进行了研究。这些研究一般用一个学校或班级里的学生平均成绩或父母的平均受教育程度来衡量同伴的特征。

许多研究者发现，如果学校或班级的平均社会经济水平(SES)较高，其学生成绩通常也较高(Link and Mulligan,1991；Robertson and Symons,1996；Willms,1986)。对此，另外一些学者提出了异议。卡尔达斯和布兰克斯顿(Caldas and Bankston,1997)发现 SES 平均值的提高有助于提高学生成绩，但以获得免费或减费午餐的学生比例来衡量的家庭收入平均水平与学生成绩呈现负的关系。布雷克和德里斯科尔(Bryk and Driscoll,1988)发现 SES 均值对学生成绩有强烈的正影响，但班级平均成绩对单个学生成绩的影响却是负的。温克勒(Winkler,1975)发现低 SES 的学生比例将可能降低白人学生的成绩，但对黑人学生没有影响。

早期对于同伴影响的研究都假定学生是随机分配到学校和班级中去的，然而，事实上学生并不是按随机的原则分配的，同伴的质量也许是那些非观测到的学生和家庭特征变量的代理。此外，同伴特征也许也反映了学生所面临的环境(Manski,1993)。从这些原因来看，早期的研究对同伴影响的估计一般都是有偏差的。因此，在实证研究中，确认同伴对学习成绩的影响不可避免地遇到一个重要的难题：如何把同伴的影响与其他的影响区分开来？这个难题给同伴特征对学习成绩的影响的相关研究带来了两个潜在的问题：第一，同伴特征的测量指标也许反映了那些影响学生成绩的遗漏或误测因素的影响，这导致了估计的偏差，一般是高估同伴的影响。第二，由于同伴相互影响的同步性特征，即某个学生影响他的同伴，同时他的同伴也影响他，将这种因果关系区分开来将很难(Hanushek et al,2001b)。众多学者关于同伴特征对学习成绩影响的研究结论的不一致，可能正反映了这两个问题带给实证研究的挑战。

二、工具变量方法研究

近年来,许多研究者采用了大量新的方法以克服同伴影响估计中出现的误差(Boozer and Cacciola,2001;Cullen et al,2000,2003;Angrist and Lang,2002;Hanushek et al,2001b;Hoxby,2000),然而这些研究由于方法不同所得出的结论也有很大差异。

布泽和卡乔拉(Boozer and Cacciola,2001)使用了由于班级规模所导致的同伴质量差异来估计同伴效应,结果表明同伴效应很大。通过使用由居民家庭位置和磁石学校学券所导致的学校质量差异,卡伦(Cullen,2000,2003)发现,选择一个有着高质量的同伴的学校没有带来成绩的提高。安格里斯特和兰(Angrist and Lang,2002)发现班级外生的改变对民族学生至多有短期的影响。

霍克斯比(Hoxby,2000)认为家长和学校的行为会造成选择性偏差,这会导致传统的研究对同伴影响的估计出现误差。为了克服这种选择性偏差,霍克斯比采取了两种策略来估计同伴的影响。这两种策略背后的思想是,尽管家长会根据同伴的特征来选择学校或学校可能按照孩子的成绩进行分班,但一个学校某个年级同伴构成的差异仍有一部分是源于其他因素且是家长和学校难以控制的。第一个策略是通过比较两个相邻时期群体的性别和种族构成来确认那些不是由于家长和学校所造成的同伴差异。第二个策略是确认非家长和学校造成的每个群体成绩的差异组成部分,并且判断这些组成部分是否相关。这两个策略的估计结果是相似的,策略一估计的同伴对学生成绩的回归系数值在 0.15 到 0.40 之间,策略二估计的回归系数值在 0.10 到 0.55 之间。没有证据表明同伴对学生成绩的影响是非线性的。此外,一些结论表明同一种族内部的同伴影响要大于不同种族之间同伴的影响。

拉尔斯·莱夫格林(Lars Lefgren,2004)认为,在实行追踪政策的学校中,高能力(以成绩为衡量)的学生将会由于被分配到有高能力的同伴的班级中而受益。相反,低能力的学生将会由于被分配到有低能力的同伴的班级中而受损。如果同伴效应真的重要,那么就可期望与在没有实行追踪政策的学校相比,高的初始能力的学生将会在实行追踪政策的学校取得更好的成绩。相反,低的初始能力的学生将会在实行追踪政策的学校取得更差的成绩。

为了验证这一假设,拉尔斯·莱夫格林采用芝加哥公立学校3年级和6年级的数据研究了学校追踪(school tracking)政策下的同伴效应。普通的普通最小二乘法回归和采用二阶段方法估计的结果均显示班级里的同伴效应是存在的,但很小,且二阶段方法估计的同伴影响更小于普通的普通最小二乘法回归估计。

C.康(C.Kang,2006)研究发现韩国中学班级同伴之间的学习互动对学生成绩有正的显著影响。由于韩国实行的是半随机的方式将进入中学的学生分班,因此这在很大程度上避免学生家庭选择班级,从而减轻了内生性问题所带来的估计偏差。研究采用1994和1995年TIMSS数据发现,班级学生的数学成绩与同伴的平均成绩正相关。采用工具变量方法后显示同伴质量的提高有助于提高学生的成绩。分位数回归显示:成绩靠后的学生与班级中其他成绩落后学生关系更加紧密,因此他们的成绩会受到这些成绩落后的同伴的负面影响。相反,成绩靠前的学生与班级中其他成绩靠前学生关系更加紧密,因此这些成绩靠前的同伴会提高他们的成绩。根据这一研究结论,C.康批评了那种被多数人赞同的混合能力分班模式,而支持按能力高低分班的模式。

三、固定效应方法研究

汉纳谢克等人(Hanushek et al,2001b)采用UTD得克萨斯州学校项目的数据研究了同伴特征对学生数学成绩的影响。同伴特征变量用学校中黑人学生比例、西班牙裔学生比例、获得免费午餐的学生比例、先前的同伴平均成绩、先前的同伴平均成绩标准差来衡量。因变量为学生的数学考试分数和考试分数的增长率,为了克服在方程中遗漏变量和同步性特征带来的估计偏差,在方程中相继引入了学生、学校和学校年级固定效应模型。在控制住学校年级的固定效应以及将样本限制在没有转过学的学生样本后,研究结论显示同伴的平均成绩对学生的成绩有显著正的影响。同伴以前的平均成绩每增加0.1个标准差,学生的成绩就会提高0.02个标准差。方程中加入同伴特征变量的二次方后并没有发现同伴特征变量与学生成绩存在非线性关系。此外,研究结论没有显示来自低收入家庭的同伴对学生成绩有负的影响。同伴的成绩对全部学生成绩来说有正的显著影响,但可能对不同成绩水平的学生的影响大小是不一样的。为了证明这一点,将所用的同伴特征变量与学生成绩的相对位置(按照先前的成绩划分 4 个分位数,将其归类到某个分位数中)进行交互,结果显示处于中位数以下的学生和其他的学生在受同伴影响的程度上没有显著差异。

黛布拉·维亚德罗(Debra Viadero,2003)报告了在圣地亚哥公立学校进行的一项关于学生成绩影响因素的研究,结果显示在影响学生成绩的三个重要因素中,同伴的影响是第一位的,同伴对学生学习成绩的影响大于教师受教育程度带来的影响。这项研究跟踪了公立学校的 141000 个学生三年阅读和数学成绩的变化,结果显示:同年级的其他学生成绩的上升也会带来学生成绩的提高;如果一名小学生从一个较低成绩的同伴群体转换到一个较高成绩的同伴群体,他的成绩将会提高 9%;同伴的影响程度在小学要大于在中学,这是学生在高年级经常转换班级的缘故。

帕特里克和麦克尤恩(Patrick and McEwan,2003)使用智利 1997 年 8 年级学生成绩的调查数据估计了同伴对于学生成绩的影响。同伴的特征用班级学生的母亲平均受教育程度及其平方项、父亲平均受教育程度及其平方项、平均家庭收入及其平方项、班级中本土学生的比例衡量。为了处理同伴特征变量的内生性问题,回归方程中通过引入学校固定效应来控制住非观测的家庭和学生特征。回归结果表明,班级同伴的母亲平均受教育程度是影响学生成绩的最重要因素,其 1 个标准差的增加将导致学生成绩增加 0.27 个标准差。母亲的平均受教育程度还与学生成绩之间存在凹形曲线关系,这表明母亲平均受教育程度对学生成绩的影响是边际递减的。父亲的平均受教育程度对学生成绩也有正的影响,但程度比母亲的平均受教育程度小。班级中本土学生比例的增加将降低学生的成绩。班级同伴的平均家庭收入对学生成绩有一个不一致且小的影响。为了控制住家庭对同伴的选择性偏差,本书的研究采用双生子或多生子样本的回归结果得出了类似的结论。

四、半参数方法研究

丁维利和斯蒂芬·F.莱勒(Ding Weili and Steven F. Lehrer,2004)引人注目地首次应用中国江苏省高中学生的数据证实了中国江苏省中学生学生成绩显著地受同伴影响。该研究指出,由于中国高中生的招生是严格按照中考的考试分数来进行的，因此同伴质量的大部分差异不是自我选择所造成的。一般的普通最小二乘法回归估计结果显示学生成绩与同伴群体的影响至今存在非线性关系，同伴质量差异的扩大会降低学生的成绩，同伴质量增加1%将提高学生成绩8%到15%。同伴的影响对于不同的学生是有差异的，与低能力的学生相比，高能力的学生受较高成绩和较少差异同伴的影响更大。进一步的半参数估计显示，成绩差的学生如果与成绩好的同伴一起编班将有助于提高他们的成绩，而随机分班将有助于提高成绩好的学生的成绩。最后，丁维利和斯蒂芬·F.莱勒指出研究的不足在于：缺乏班级中每个学生接受的来自学校的投入数据；样本只限于中国东部沿海地区，不足以推断整个中国的情况。

五、多层次分析方法研究

李和布雷克(Lee and Bryk,1989)采用多层线性模型研究了美国高中学校的同伴影响，同伴变量用高中入学时的学校学生平均成绩和学校学生平均社会经济背景衡量。研究结论显示同伴对学生的数学成绩有显著正的影响。但该研究没有控制住学生家庭、教师和学校支出等方面的重要特征变量，这可能会导致估计的偏差。

六、同伴影响研究小结

已有的研究主要采用以下变量来衡量同伴特征：① 先前的同伴平均成绩及其标准差；② 同伴的平均家庭社会经济背景（父母的平均受教育程度和家庭平均收入）及其平方项；③ 民族学生比例；④ 获得免费或减费午餐的学生比例。为了克服家庭对同伴的选择性偏差问题，近年来，随机实验、工具变量、固定效应模型、多层次分析方法等计量方法被大量应用到同伴特征影响的估计中来。大部分研究证明同伴的影响是显著的，少数研究发现同伴的影响不显著。此外，还有一部分研究发现同伴的影响存在非线性关系，即同伴对高能力和低能力学生成绩的影响是有差异的。鉴于同伴影响的存在，大多数研究支持混合能力分班的模式，少数研究支持按能力高低分班的模式。已有的同伴影响研究存在以下一些不足：

(1) 缺乏来自发展中国家的研究。同其他教育投入研究一样,已有的同伴的影响研究对象主要是美国和欧洲发达国家学生,来自发展中国家的研究非常少见。实际上,由于发展中国家的家庭较少地选择同伴,因此这些国家同伴影响的估计将更加准确。从这个意义上说,来自发展中国家和欠发达国家的研究更值得期待。

(2) 忽视对同伴心理和行为特征影响的分析。已有的研究主要采用静态的指标来衡量同伴特征,但实际上,同伴之间心理和行为的互动所带来的影响可能更大,如班级中同学互动形成的班级学习氛围和竞争压力也许更能提高学生的成绩,因此研究同伴之间心理和行为的互动更有意义。然而,同伴心理和行为特征较难测量,这为研究带来了许多困难。

(3) 同伴的非线性影响研究比较少见。已有的研究基本都以一个班、年级或学校为分析单位来研究同伴的影响,其背后的假设是班级内、年级内或学校内同伴的影响是相同的,但极少数研究结论却推翻了这一假设,证明同伴的影响是非线性的。同伴的非线性影响对于制定分班政策具有重要的指导意义,故未来需要更多的同伴非线性影响研究。

(4) 没有学校外同伴影响研究。已有的研究基本都是研究同一所学校内同伴的影响,然而,现实中学校外同伴的影响也经常存在,如来自邻居和亲戚朋友家庭的同伴对儿童的学习成绩常常施加重要影响,遗憾的是这类同伴影响的研究几乎没有。

第七节 学生自身特征对成绩影响理论

学生的自身特征,如学习动机、学习期望、学习的努力程度等,也会对学生的成绩产生重要影响,一些学者对此进行了研究。毕晓普(Bishop and Woessmann,2004)认为学生个体特征也许是教育过程中最重要的教育投入,对于学习成绩具有重要影响。因此,他们将学生个体特征引入教育生产函数模型中,构建了如下新的教育生产函数模型:

$$Q = AE^{\alpha}(IR)^{\beta}, \alpha + \beta < 1$$

Q:学校质量或学校绩效;

A：学生的能力；

E：学生的学习努力程度，反映在学习动机、学习时间的投入等方面；

IR：进入教学过程并被有效地使用的资源。

一、学习动机与学生成绩

学生的学习动机被认为是学习取得成功的关键因素之一(Mitchell,1992)。研究小学生内在学习动机是有意义且很重要的,因为内在的学习动机可以很好地预测学生起始和未来的学校成功(Gottfried,1990)。戈特弗里德(Gottfried,1990)发现动机和学习成绩之间存在正相关关系。具体来说,学习动机较高的儿童,其学习成绩和智力通常较高。福捷,瓦勒朗和瓜伊(Fortier, Vallerand and Guay,1995)认为学校中那些感到自信的儿童似乎可以形成自己的动机并帮助他们取得较高的成绩。

另外一些研究发现,动机和学生成绩之间不存在相关关系或相关关系不显著。伊卜提萨姆·哈拉韦(Ibtesam Halawah,2006)的研究发现,学生的动机水平与学生的成绩之间相关系数很小且没有通过显著性检验。尼布尔(Niebuhr,1995)研究结果显示,个体动机对学生成绩没有显著影响,而学校风气和家庭环境对学生成绩有较强的直接影响。他指出,教育者和家长通常抱怨学生学习缺乏主动性,如果学校和家长能重视学生学习动机的培养,那么学生的学习成绩就会提高。

席费勒,克拉普和温特勒(Schiefele, Krapp and Winteler,1992)的一项研究分析了性别在动机上的差异及对成绩的影响。研究结果表明,与男生相比,女生的成绩较少受到动机的影响。戈德堡(Goldberg,1994)发现随着学生年龄的增加,学生会由内在的动机转向更加外在的动机。

二、自尊与学习成绩

自尊与学习成绩的关系也受到了许多学者的关注,但众多的研究并没有在自尊与学习成绩的关系上取得一致的结论。罗森堡等人(Rosenberg et al,1989)与珍妮弗·A.施米特和布伦达·帕迪利亚(Jennifer A Schmidt and Brenda Padilla,2003)认为学生的成绩是形成自尊的原因,而科温顿(Covington,1984)认为自尊是学生取得成绩的原因。刘等人(Liu et al,1992)发现7—12年级的学生成绩和自尊之间存在互为因果的关系。另外一些学者则声称自尊和学生成绩间不存在直接的关系(Kobal and Musek,2001;Robinson et al,1990)。

三、出生顺序与学习成绩

儿童在家庭孩子中的排行也影响着儿童的成绩和智力发展。贝尔蒙特和马罗拉(Belmont and Marolla,1973)发现家庭中排行第一的孩子智力发展通常高于第二个,而第二个又通常高于第三个,依此类推。科克(Koch,1956)的研究显示,家中排行第一的孩子语言能力通常较高,因为他们模仿和采用了父母的语言。其他的研究也得出了类似的结论。(Rothbart,1971;Zajonc,Markus and Markus,1979)研究表明,母亲花在排行第一的孩子和后来出生的孩子上的时间是相等的,但与孩子互动的质量是不一样的。母亲通常给予排行第一的孩子更复杂的训练且给他们施加更大的压力。哈特奇特哈洛戈(Hatzitheologou,1997)的研究显示,排行第一的孩子阅读成绩通常高于其他孩子。

四、学生自身特征影响研究小结

学生作为学习的主体,其心理和行为特征都直接影响着学生的学习效果。其他的投入,如学校、家庭的各种投入,都最终必须通过改变学生自身的心理和行为而对学习成绩产生影响。从这个意义上说,学生个体特征也许是教育过程中最重要的教育投入。然而,从已有的文献回顾来看,国外教育生产函数研究中关于学生自身特征与学习成绩关系的研究很少。相比较而言,国外心理学和社会学研究领域的学者对学生自身特征的影响比较关注。已有的研究主要集中在学生动机和自尊等心理特征的影响上,也没有得出一致的结论,这可能与对学生心理特征测量指标的有效性相关。为了更加准确地估计学生自身特征的影响,进一步的研究应该注意以下三个方面:

(1)注重对学生与学习过程有关的行为特征的测量。由于心理特征极难测量,且主观性较强,相比较而言,行为特征比较容易测量,且客观性较强。此外,心理特征也是通过影响学习行为而对学习成绩产生影响的。因此,直接测量行为特征而估计学生自身对学习成绩的影响将更加有效。可测量的学生学习行为特征变量有学生的学习时间、学生考勤状况、学生的学习方法等。

(2) 注重研究学生特征与学校投入和家庭投入的交互作用。由于学校和家庭的各种投入都最终必须通过学生特征而对学习成绩产生影响,学生特征与学校和家庭的各种投入的相互影响直接决定了不同的学生可获得的学校和家庭投入的数量和质量。因此,考察学校和家庭的各种投入与学生特征的交互作用就显得尤为必要。

(3) 采用更加精细的计量方法。由于学生特征很可能受到家庭和学校因素的影响,因此在估计学生特征对学习成绩的影响时,如果不剥离家庭和学校因素的影响,很可能导致估计的偏差。已有的研究基本都采用传统的普通最小二乘法回归方法,未来的研究应该注意采用更加精细的工具变量、固定效应模型、二阶段回归等方法来估计学生特征的影响。

第八节 国内教育生产函数研究

国内探讨各种影响学校教育质量和学生成绩方面的研究很多,但以教育生产函数的方法探讨学校教育质量影响因素的实证研究却很少。下面将对我国基础教育生产函数的理论与实证研究进行回顾

一、教育生产函数理论研究

国内只有极少数的学者对国外教育生产函数研究进行了介绍。蒋鸣和(2000)最早在国内介绍了教育生产函数的理论并对教育生产函数研究的缺陷进行了分析。杜育红(2003,2004)从理论层面比较系统地介绍了教育生产函数的基本思想与作用,然后着重分析了教育生产函数研究的计量方法及其存在的问题。此外,他的论述还涉及教育生产函数扩展研究中的规模经济和范围经济问题及其计量方法的进展。可以说,上述分析是国内迄今为止对教育生产函数研究论述最为全面和深入的理论研究。李树乔

(2005)阐述了教育生产函数的几种形式及其在教育管理中的应用,进而倡导运用教育生产函数来优化教育资源配置,提高教育效率。

二、教育生产函数实证研究

(一)教育生产函数实证研究起步阶段(1995—2005)

从20世纪90年代初开始,正当国外教育生产函数研究发展如日中天时,国内少数学者开始采用简单的相关分析、方差分析、普通最小二乘法回归分析技术来探讨义务教育阶段学生成绩影响因素问题,从而开启了我国教育生产函数实证研究时代。这一阶段的主要研究特点是研究数量很少、研究方法比较简单、缺乏控制许多重要变量进而导致研究质量也较低。

在联合国儿童基金会帮助下,国家教育发展研究中心(1995)对四川、河北两地的小学质量进行了抽样调查。项目组采用中国学者邓聚龙教授于1982年创建的灰色系统理论对影响学习质量的因素进行了分析。研究结论是,家庭距学校的距离、学生上学的愿望、家长对学生上学的期望、学生母亲文化程度、家长对学生毕业后的期望、学生家庭所在地对学生学习成绩影响大。家长是否辅导学生学习、班里的学习气氛对学习成绩的影响适中。学生家庭生活水平、家里有无专门供学生学习的地方、家庭所处地理特征、学生父亲文化程度、学生干家务活的情况、家长给学生买课外书、报刊的情况、学生留级情况、学生年龄等因素对学习成绩变量影响小。该研究开创了对我国义务教育质量影响因素进行大规模实证研究的先河,但遗憾的是没有探讨学校因素和教育质量之间的关系。

一般认为,蒋鸣和(2000)1993年应用328个县1990年的教育经费和教育事业统计数据,开展了国内最早的教育生产函数实证研究。具体方法是,运用一届学生的流动模型、多变量方差分析和相关分析模型,分析基础教育经费、各地区基础教育投入与产出的差异,以及教育投入各种成分对教育质量的影响程度。样本隶属于我国东、中、西部九个省。研究结论是,教育的各种投入,例如,教师学历、校舍及设备条件均与学业成绩显著相关,但生均经费和公用经费与学业成绩之间相关关系较弱。但该研究没有探讨学生家庭社会经济背景和自身因素对教育质量的影响,可能会导致遗漏变量带来的估计误差问题。

北京市教委委托北京市教育科学研究院从 2003 年开始连续两年对北京市九年义务教育教学质量进行调查分析。方差分析的结果显示,学生个体因素、家庭因素、办学条件因素、教师因素、学科因素均对学生的学业成绩有影响。学生个体因素包括学生的学习期望、学习兴趣、学习态度和课堂学习方式等因素。家庭因素包括父母受教育情况、家庭藏书量、家庭学习环境、与家人交流学习情况等因素。办学条件因素包括班级规模、教育教学设施和设备等因素。教师因素包括教师学历、职称、工作年限、培训和学习、备课、教学方式等因素。学科因素包括师生关系、课时安排等因素(北京市教委,2003,2004)。

邓业涛(2005)利用中英甘肃基础教育项目 1999 年的基线调查数据,运用教育生产函数方法,探讨了甘肃四个项目县小学师资状况与教育质量的关系。研究结论表明,教师的学历水平和教龄对教育质量有显著影响。研究也发现,当地的女教师比例对教育质量有显著的正向影响,而公办教师和代课教师对教育质量的影响方向是截然相反的,较高的公办教师比例有利于提高教育质量,而较高的代课教师比例可能会阻碍教育质量的提高。此外,研究未能发现教师工资和班级规模在影响学生成绩方面有显著作用。值得注意的是,该研究发现学校生均公用经费对学校毕业生县级数学统考合格率有显著负的影响,对学校毕业生县级数学和语文双课统考合格率有负的影响。该研究也未能控制住学生家庭、社会经济背景和自身因素对学生成绩的影响,可能会存在估计误差问题。

(二) 教育生产函数实证研究快速发展阶段(2006—2010)

从 2006 年开始,国内基础教育生产函数实证研究进入快速发展阶段。主要特点表现在以下几个方面:第一,实证研究数量剧增。第二,计量方法有了较大程度改进,多水平模型方法、数据包络分析方法(DEA)等高级统计方法被大量应用于教育生产函数研究中。第三,研究质量有了明显提高,这主要得益于数据质量的提高使得研究人员能控制更多的变量。

1. 基于普通最小二乘法回归方法的研究

薛海平(2008)采用普通最小二乘法回归方法对我国西部农村

初中教师素质与教育质量的关系进行了实证研究。研究结论显示：教师学历、教师资格、教师职称、教师教龄以及教育项目专家培训对教育质量有显著正影响。孙志军等(2009)利用甘肃省 20 个县小学儿童的数据研究发现，衡量家庭背景的父母教育水平、家庭收入以及衡量学校质量的几个指标均与儿童成绩有显著的正向关系。而且，学校投入的提高，将会缩小儿童因家庭背景的不同而造成的成绩差异。

2. 基于多水平模型方法的研究

马晓强等(2006)利用保定市 90 所普通高中数据，采用增值性评价方法和多水平模型分析方法，分析了个人高考成绩的影响因素。结果发现，学校的教育教学差异大约能解释 20% 的高考校际差异，学校同平均中考成绩对学生高考成绩具有显著正影响。但该研究对个体和学校特征变量控制较少，可能会存在估计误差问题。李琼和倪玉菁(2006)利用福州市 15 所小学样本数据，采用多水平模型探讨了教师变量对小学生数学学习成绩的影响。分析结果显示：教师的学科教学知识、课堂学习任务的认知水平、课堂对话中教师提问问题的类型与对话的权威来源对学生的数学成绩具有显著的影响，而教师的学科知识对学生数学成绩的影响不显著。不足的是，该研究未能控制住学校和学生家庭社会经济背景等因素的影响，可能会导致估计误差问题。

薛海平和闵维方(2008)采用多水平模型的研究结果表明，甘肃农村初中教育质量在个体、班级和学校三个水平上均存在显著差异，教师质量对教育质量有重要影响，班级规模对教育质量有显著负影响，但生均公用经费与教育质量相关关系较弱，实施校内分权管理制度有助于提高教育质量。该研究还考察了同伴因素的影响，结果发现同伴认知水平和父亲评价教育程度对教育质量有显著正影响。薛海平和王蓉(2009,2010)利用中国教育财政科学研究所 2007 年开展的"中国农村义务教育状况调查"数据，采用多水平模型的研究发现我国中东部地区义务教育阶段生均公用经费和教师质量均对教育质量有重要影响，校际间教育质量的差异在较大程度上来源于校际间教育资源配置的不均衡。丁延庆和薛海平(2009a,2009b)使用 2006 年昆明市高中调查数据，采用多水平模型对高三学生的高考成绩的影响因素进行了教育生产函数实证研究。研究发现学生高考成绩的最重要决定因素是学生的认知能力和高中前的学习基础(以中考成绩为代理变量);学校变量对学生高考成绩的影响作用相对较小;学生及其同伴的家庭社会经济背景对高考成绩没有重要影响。研究认为教育生产单元对可控的教育资源的配置和使用在整体上是缺乏效率的。

胡咏梅和杜育红(2008,2009)利用多水平分析模型对西部五省农村小学和初中教育资源配置与教育质量关系的分析表明,农村中小学校际间的教育质量存在显著差异,人力资源、物力资源和财力资源的配置对教育质量的差异有不同程度的显著影响。杨钋(2009)采用北京市3所初中样本,利用"小升初"电脑随机派位产生的同伴特征的随机变化来分析同伴能力等对初中生学业发展的影响。多水平分析结果表明,同伴能力对学生成绩有不显著的正向、非线性影响。此外,该研究还发现学生成绩会因为同伴能力差异的扩大而显著降低。但该研究对学校特征变量基本没有控制,可能会存在估计误差问题。

3. 基于数据包络分析技术(DEA)的研究

近年来,国内也有少数学者开始尝试采用DEA方法开展基础教育生产函数研究。王昕雄(2008)采用了DEA方法对上海市11所寄宿制高级中学以及其余22所市重点中学(非寄宿制对照组)的办学效益进行了评价,他发现现代化寄宿制高级中学的办学效益总体上不如原寄宿制和非寄宿制高级中学,他还发现办学效益的高低与办学规模大小没有显著的相关性。

胡咏梅和杜育红(2008b,2009b)运用DEA方法,对我国西部5省区112所农村小学和76所农村初中的学校资源配置效率状况进行了评估。他们发现西部农村小学和初中学校资源配置效率整体状况良好,生师比、生均教室面积和专任教师学历合格率对西部农村小学学校资源配置技术效率具有相对较大的影响,而对农村初中学校规模效率影响显著的指标是数学统考平均成绩、生均学校面积。

梁文艳和杜育红(2009)以我国西部五省的145所农村小学为样本,建立了以产出为导向的DEA模型,并运用Tobit回归模型进行影响因素分析,他们发现这些学校的办学效率总体较高,学校间办学效率差异较大;村完小效率最高,九年一贯制学校和教学点效率较差;大部分学校存在规模递增现象;生均图书册数对办学效率有显著正影响。

郭俞宏和薛海平(2009)采用 DEA 方法对我国中部湖北、东部江苏两省的 195 所抽样中小学教育资源配置效率进行了分析。结果显示:我国中东部中小学教育资源配置的效率并不理想,大多数学校尚存相当大的效率改进空间。东部地区学校的 DEA 效率普遍要高于中部地区学校,城市学校的 DEA 效率普遍要高于农村学校,初中的 DEA 效率普遍要高于小学。进一步的分析发现无论从技术、规模还是整体效率考虑,专任教师生师比、专任教师具有合格学历所占比和在校学生数都是对中东部中小学教育资源配置效率相对影响程度较大的指标。

4. 关注教育组织和制度因素影响研究

这一阶段,极少数学者开始关注教育组织和教育制度因素对学生成绩的影响。李小土等(2008)分析了教育人事权力结构与教师激励之间的关系,结果表明,人事权力配置的差异会显著改变教师的激励机制,进而影响教学成绩。薛海平(2010)采用多层线性模型方法探讨了我国中东部地区农村义务教育分权管理制度对学生数学成绩的影响,结果发现:教师人事分权制度对农村小学生数学成绩有显著正影响;教育财政分权制度对农村中小学学生数学成绩的影响比较复杂。最后,研究建议应赋予农村中小学校长一定的教师人事自主权和经费使用自主权,同时完善和强化对学校公用经费使用过程的监控机制。

三、国内教育生产函数研究小结

与国外异常丰富的教育生产函数研究相比,国内教育生产函数的研究比较缺乏,教育生产函数研究没有得到教育研究人员足够的重视。2000 年以前国内只有 2 项教育生产函数研究,研究所使用的也是简单的相关分析和方差分析方法。2000 年以后,教育生产函数研究的重要性才逐渐得到认识,教育生产函数研究理论的探讨开始逐步深入,教育生产函数实证研究也开始逐渐多起来,研究的方法也在进步,由简单的线性回归到多层线性回归和数据包络分析方法。

由于国内教育生产函数研究还处于发展阶段,因此不可避免

地存在许多缺陷和不足,主要表现在以下几个方面:

(一)理论与实证研究数量较少

国外教育生产函数理论与实证研究非常丰富,研究的成果早已构成教育经济学理论体系的一个重要组成部分,实证研究的结论也指导了提高教育资源的配置效率的改革。与之相比,国内比较有限的教育生产函数研究实在无法为优化我国教育资源的配置效率提供太多实质性建议。

(二)研究范围比较狭窄

国内教育生产函数研究仅仅集中探讨了学校人力、财务和物力投入以及家庭社会经济背景对学生成绩的影响,其他的一些重要因素,如同伴特征、教育组织因素、教育制度因素等均较少被研究,这些因素对学生成绩的影响如何亟需未来的研究给予证明。

(三)大多数研究所采用的数据质量均比较低

已有大多数研究所采用的数据质量比较低体现在以下几个方面:① 缺乏重要的投入变量。按照经典的教育生产函数理论框架,一项高质量的教育生产函数研究至少需要学校、教师、家庭三个方面比较丰富的变量,否则就会产生遗漏变量所导致的估计偏差问题。目前,现有的大多数国内教育生产函数研究不能满足上述要求。② 样本规模偏小。除少数研究样本规模较大外;现有的大多数教育生产函数研究样本规模都偏小,只限于几个县或少量的学校。目前,全国性样本的教育生产函数研究还没有。

(四)计量方法有待改进

国内学者早期采用相关分析、方差分析、普通最小二乘法回归分析等简单统计方法开展教育生产函数研究。2006年以后,采用多层线性模型和DEA方法的教育生产函数研究逐渐增多。而在国外,工具变量、随机实验、固定效应模型、二阶段模型等高级统计方法被大量应用到教育生产函数研究中来。因此,国内教育生产函数研究应继续引入随机实验、工具变量、两阶段模型、结构方程模型等新的高级统计方法来提高估计结果准确性。

(五)针对发达地区、城市学校的研究十分薄弱

目前,我国基础教育阶段的教育生产函数研究样本大多来自西部欠发达地区的农村学校,这些学校的教育资源比较稀缺,教育质量水平也较低。而发达地区和城市学校教育资源比较充足,教

育质量水平也较高,其教育生产过程可能与西部欠发达地区农村学校不同,其教育投入与教育质量的关系可能也不一样。因此,增加发达地区、城市学校的教育生产函数研究将有助于我们更加全面、准确地理解我国基础教育的生产过程以及教育投入与教育质量的关系。

总之,教育生产函数研究对完善我国教育经济学学科建设、提高教育质量和有限的教育资源配置效率三个方面均具有重要的意义。现阶段我国教育生产函数研究才处于发展阶段,面对我国教育生产函数研究十分薄弱的局面,开展教育生产函数研究将是我国教育研究人员面临的十分紧迫而又艰巨的任务。

第九节　教育生产函数研究展望

前几节已经对国内外教育生产函数研究进行了全面和详细的述评,在此基础上,本节将从教育生产函数研究发展趋势和未来发展方向两个方面对国内外教育生产函数研究进行一个简要的总结。

一、教育生产函数研究发展趋势

从文献回顾来看,教育生产函数研究呈现出如下发展趋势。

（一）教育投入研究范围不断扩展

表2.5简要总结了国内外教育生产函数研究中所采用的教育投入指标。这些投入指标来源于学校、家庭、学生自身和同伴四个方面。教育生产函数研究的发展主要体现在两个方面:一是教育投入因素的扩展,二是计量方法的改进。随着人们对教育生产过程认识的深入,教育投入研究的范围也在不断扩展。例如,从最初的传统的学校教育投入研究,如生均支出、教师工资、班级规模等,扩展到后来的教育管理制度研究;从家庭的社会经济地位研究扩展到家庭规模和结构研究;从教师工资、学历、工作年限、培训等特征研究扩展到教师的语言表达能力、课堂管理能力等行为特征研究等;从忽视学生自身特征的影响到重视学生自身特征研究。教育投入研究范围的一次次扩展反映了教育生产函数研究的不断进步。

表 2.5 教育投入指标

教育投入	
学校投入	教育支出
	班级规模
	教师投入：工作年限、教师教育、教师工资、教师职称、教师培训、其他教师特征
	学校管理制度：竞争制度、分权制度、问责制度
家庭投入	父母受教育程度
	家庭收入
	父母辅导孩子学习的时间
	父母就业状况
	家庭规模
	家庭结构
学生自身投入	学习动机
	自尊
	出生顺序
同伴投入	同伴平均成绩及其标准差
	同伴父母的平均受教育程度
	同伴家庭的平均收入
	民族学生比例
	获得免费或减费午餐的学生比例

(二) 开始重视教育制度研究

早期的教育生产函数研究在探讨一般的学校投入资源的作用时是不考虑教育制度的作用的，然而许多研究结论却显示简单地增加一般的投入并不能提高教育产出。20世纪90年代以来，许多学者开始扩展教育生产函数研究以分析教育制度的作用，先是分析教育中的选择和竞争制度的影响，后来扩展到分权制度和问责制度，结果发现创设一种激励的教育管理制度似乎比简单地增加一般性投入更能提高教育产出。

(三) 计量方法日益精细

早期的教育生产函数研究大多采用普通最小二乘法回归方法，但普通最小二乘法回归容易受到内生性问题和遗漏变量问题的影响，从而导致估计的偏差。20世纪90年代以来，随着统计技术的发展，一批更加精细的计量方法纷纷被引入到教育生产函数研究中来。例如，为了克服内生性问题，采用的计量方法有：工具变量、随机实验、二阶段回归、非连续回归和看似无关回归。为了克服遗漏变量问题,采用的计量方法有:固定效应模型、随机效应模型、多层线性模型。此外,还有一些学者采用了随机边界分析、差异中的差异分析和元分析等计量方法。这些计量方法的引入在很大程度上提高了教育生产函数估计结果的精确度,同时也推动了教育生产函数研究的发展。

(四)来自发展中国家的研究逐渐增多

20世纪90年代以前的教育生产函数研究基本来自美国和欧洲发达国家,进入20世纪90年代以后,来自发展中国家的教育生产函数研究逐渐增多起来,特别是东亚国家教育生产函数研究在明显增加。发展中国家由于经济和教育发展水平与美国和欧洲发达国家存在很大差异,它们之间学校教育投入与产出的关系也会有所不同。有鉴于此,发展中国家的教育生产函数研究的增加将有助于我们更加准确地理解教育的生产过程。尽管如此,来自发展中国家和欠发达国家的教育生产函数研究仍非常缺乏。

(五)跨国比较研究逐渐增多

20世纪90年代以前,由于缺乏可供跨国比较研究的数据,教育生产函数的跨国比较研究基本没有。20世纪90年代以后,随着TMISS和PISA等一批数据的开放,教育生产函数的跨国比较研究逐渐增多起来。与单一的国家研究相比,跨国比较研究有以下方面的优势:① 可以通过比较揭示不同国家教育生产过程的差异,为不同国家提高教育质量和改善教育资源的配置效率提供参考建议。② 有助于研究教育管理制度的影响。在研究教育管理制度的影响时,由于一国内的教育管理制度差异不大,这导致教育管理制度所造成的教育产出差异较小。如果进行跨国比较研究,由于不同国家的教育管理制度差异很大,教育管理制度所造成的不同国家教育产出的差异也会较大,这有助于确认教育管理制度的影响。

二、教育生产函数研究的未来发展方向

前文已经对教育生产函数研究的不足和缺陷进行了详细的论述,这里不再赘述。针对这些研究的不足和缺陷,教育生产函数研究要想取得进一步的发展,必须在以下方面取得进展和突破。

(一)获得更高质量的数据

由于教育生产过程的复杂性,需要控制的因素很多,因此,教育生产函数研究对数据要求比较高。一般来说,一项高质量的教育生产函数研究至少需要学校、教师、家庭三个方面比较丰富且互相匹配的投入变量,否则研究就很可能因为没有控制住重要的变量而遭受到内生性和遗漏变量等问题,这会导致估计出现偏差。然而,要获得高质量的数据通常很难,一个重要的原因是数据调查的成本太高。因此,国外大多数教育生产函数研究所采用的数据质量都不高,经常缺少某些重要的投入变量,结果是这些研究都不可避免地在不同程度上遭受到了内生性和遗漏变量估计偏差问题的影响,这也是许多研究遭受批评指责的重要原因。后来,许多学者采用了许多新的更加复杂的计量方法,如工具变量法、固定效应模型、随机实验法等来试图解决内生性和遗漏变量估计偏差问题,然而效果并不是很理想。许多研究就发现,运用这些方法的结果和普通的普通最小二乘法回归结果没有明显差异,由于这些新的方法的运用需要满足许多限制性条件,因此其自身的有效性值得怀疑。从这个角度上说,解决内生性和遗漏变量估计偏差问题的根本出路还在于获得更高质量的数据,争取尽可能控制住学校、教师和家庭等方面重要的变量。从国内来说,我国教育生产函数研究之所以缺乏,一个重要的原因是没有可用的数据,巧妇难为无米之炊,数据缺乏问题已成为制约我国教育生产函数研究发展的瓶颈。未来,我国教育生产函数研究的顺利开展首先必须解决数据的获得问题。

(二)继续改进教育生产函数研究的计量方法

如上所述,因为缺乏高质量的数据,很多学者采用了许多新的精细的计量方法来克服内生性和遗漏变量问题。计量方法的改进极大地提高了教育生产函数研究的水平,然而这些计量方法的应用也存在许多问题。如工具变量法中要找到一个合适的工具变量是很难的,随机实验成本比较高且很难实施,固定效应模型需要时间序列数据,这些计量方法需要在未来的研究中得到进一步改进。除了这些方法外,未来的教育生产函数研究还应考虑采用以下两种计量方法:

(1)分层线性模型。绝大多数教育生产函数研究没有考虑到数据的层次性,基本上都是分析单一层次变量的数据,这会带来估计结果的偏差。因为,教育投入在多个层面上对学生成绩产生影响,引起学生成绩差异的因素既来自学生个体,也来自班级、学校、学区、州和国家。因此,需要采用分层线性模型的方法估计不同层次的学校投入的影响。

(2) 通径分析方法。学生的成绩受学校、教师、家庭、同伴、自己等多方面因素的影响。这些因素的影响有些是直接的,如家庭社会经济背景可能对学生的成绩产生直接影响;有些是间接的,如家庭社会经济背景可能因选择更好的学校和教师而对学生成绩产生间接影响。由于这种间接影响会导致在估计学校和教师的作用时出现偏差,因此已有的大多数研究都把这种间接影响作为一种内生性问题来处理,采用了各种复杂的计量方法力图控制住这种间接影响,而很少有研究去分析这种间接影响。这样处理的后果是我们无法真正全面理解复杂的教育生产内部过程,也不能分析家庭和学校之间联合生产的机制。为了尽可能真实地反映出教育的生产过程,我们需要估计学校、教师、家庭、同伴、自己等各种因素对学生成绩的各种直接影响和间接影响。对此,前面所提到的各种计量方法已经无能为力,而通径分析的技术正好可以解决这个难题。通径分析的技术不仅能刻画出各种投入的直接影响和间接影响,而且还能够比较容易地解决困扰大多数教育生产函数研究的内生性问题,将各种投入之间的相互影响过程直观反映出来。然而,到目前为止很少有学者在教育生产函数研究中运用通径分析技术,相信通径分析技术将是未来教育生产函数研究方法发展的一个方向。

(三) 进一步扩展教育投入的研究范围

尽管现今教育生产函数研究中研究教育投入的范围较早期研究已有了很大扩展,但随着研究的深入,未来的教育投入研究范围在以下方面仍有进一步扩展的空间。

(1) 学生自身学习行为特征影响研究。学生自身的投入也许是最重要的教育投入,但探讨学生自身投入影响的研究较少,且已有的研究也基本集中在探讨学生心理特征的影响上。由于心理特征极难测量,且主观性较强,相比较而言,行为特征比较容易测量,且客观性较强。未来的教育生产函数研究应关注学生自身学习行为特征的影响,可测量的学生学习行为特征变量有学生的学习时间、学生考勤状况、学生的学习方法等。

(2) 父母心理和行为特征影响的研究。在影响学生成绩的家庭因素中,除家庭社会经济地位外,父母的一些心理特征,如父母对孩子的教育期望,和行为特征,如父母的教育方式,也会影响孩子的在校成绩。但由于父母的心理和行为特征难以有效测量,鲜有学者研究这些特征的影响。未来的教育生产函数研究应探讨父母心理和行为特征的影响。

(3) 教师激励制度的影响研究。为了鼓励教师努力工作,包括中国在内的世界各国设计了各种教师激励制度。这些教师激励制度对学生成绩的影响如何? 什么样的教师激励制度成本最低而效益又最好? 这些问题都需要在教育生产函数分析框架内对教师激励制度进行分析。已有的教育管理制度研究侧重于分析以学校为对象的竞争、分权和问责三方面制度的影响,而对以教师为对象的激励制度的影响研究很少。未来教育生产函数研究在分析教育管理制度的影响时,应把教师激励制度作为一项重要研究内容。

(4) 学校组织因素的影响研究。学校作为一种行政性组织,有其自身的目标和特征,这种目标和特征对学校内的每个人的思想和行为都可能产生深刻影响。例如,有的学校把提高学生的考试成绩作为主要目标,在此目标指引下,教师和学生都会努力去提高考试成绩。相反,有的学校可能把发展学生的能力以及培养健全人格作为主要目标,相应的教师和学生就会努力去培养能力和人格而不是去提高考试成绩。这两种学校目标对学生成绩的影响是很不相同的。同样,如果学校组织特征不同,其对学生成绩的影响也会有很大差异。例如,有的学校学习风气可能比较好,受此风气影响,学生学习比较认真,学习成绩也会较好。相反,有的学校学习风气可能比较差,结果是学生学习不认真,学习成绩也会较差。已有的教育生产函数研究很少考虑学校组织因素的影响,未来的研究应该关注学校组织因素的影响。

(四) 完善教育生产函数研究的计量模型

教育生产函数研究的计量模型可能需要从以下三个方面进行完善。

(1) 考虑非线性回归形式的计量模型。多数教育生产函数研究采用的回归模型都假定是线性的(线性对数)函数形式。这个线性假定隐含着学校投入的边际单位效应在投入的较低和较高水平时是一样的,然而一些研究表明班级规模、家庭收入、同伴的影响是非线性的,这就推翻了线性回归的前提假设。因此,未来的研究可能需要考虑非线性回归形式的计量模型。

(2) 考虑不同投入之间相互作用的计量模型。多数教育生产函数研究没有考察不同投入变量之间的交互影响,然而一些研究发现不同投入之间的相互作用是重要的。如关于班级规模的一些研究发现,班级规模自身也许不重要,但班级规模和其他投入因素的交互作用却对学生成绩有显著影响。因此,未来的研究可能需要在计量模型中考察投入变量之间的交互作用。

(3) 采用更加饱和的计量模型。由于数据的限制,许多教育生产函数研究在计量模型中遗漏了一些重要的投入变量,结果导致估计出现偏差。未来的研究需要采用更加饱和的计量模型以尽可能控制住影响学生成绩的重要投入变量。

(五) 加大发展中国家和欠发达国家教育生产函数研究的力度

教育生产函数的文献研究表明,已有的教育生产函数研究样本大多来自美国和欧洲发达国家,而来自发展中国家和欠发达国家的研究比较少见。尽管进入20世纪90年代以后,来自发展中国家的教育生产函数研究有逐渐增多的趋势,未来仍需要加大来自发展中国家和欠发达国家教育生产函数研究的力度。这种努力对于完善教育生产函数研究具有特殊的意义,主要体现在以下两个方面。

(1) 有助于更加全面地理解教育投入的影响。美国和欧洲发达国家由于经济和教育发展水平比较高,学校投入比较充足,投入的影响可能已经处于教育生产函数的顶点,因此许多研究结果显示继续增加学校投入对学生成绩没有显著影响。此外,由于这些国家居民的受教育程度和收入水平普遍较高,社会保障制度也比较健全,贫困家庭得到的社会救助很多,这也可能导致家庭社会经济背景对学生成绩没有影响或影响很小。而大量的发展中国家由于经济和教育发展水平与美国和欧洲发达国家存在很大差异,它们的学校投入比较缺乏,居民的受教育程度和收入水平普遍较低,社会保障制度也不健全,贫困家庭得到的社会救助也很少,因此发展中国家和欠发达国家的学校投入和家庭社会经济背景对学生成绩的影响可能比较大。实际上,许多来自发展中国家的研究也证实了这一点。一般来说,与发达国家相比,发展中国家的研究结论更多地显示学校投入和家庭社会经济背景对学生成绩有显著的影响。

(2) 有助于处理内生性问题。在发达国家,由于家庭可以在很大程度上选择学校、教师和班级,这就导致了在估计学校投入时必须处理家庭社会经济背景和学校、教师、班级等特征的内生性问题,否则就很可能错误估计了学校投入的作用。解决这种内生性问题非常棘手,许多学者的研究因为处理内生性问题不当而饱受批评。而在许多发展中国家,家庭选择学校、教师和班级的自由度很小,是一个天然的随机实验,估计学校投入的影响时受到内生性问题的影响很小,从这个角度上说,发展中国家和欠发达国家是研究学校、教师和班级投入作用时比较理想的场所。事实上,来自发展中国家的一些研究已经表明了这种优越性。

(六) 重视建立在教育生产函数研究基础上的教育投入成本效益分析

教育投入成本—效益分析指用系统的方法来考虑教育决策方案的成本和效果。它是一种决策工具,可以利用它来确定用哪种方式来达到特定教育目标最为高效(H. M. 列文,1995b)。例如,有许多被选方法来追求诸如提高阅读和数学成绩等目标,其中包括采用新教材或新课程、教师培训、教育电视、计算机辅助教学、减小班级规模等。这一目标实现的成本—效益解决方法是确定每一方案的成本及其在阅读和数学成绩方面的效果,并遴选出在给定资源支出的条件下对学业成绩分数提高最多的那个方案。

教育生产函数研究有两个基本目的:第一,学生成绩的影响因素分析将为旨在提高教育质量的改革提供努力的方向;第二,建立在学校投入与产出的关系研究基础上的教育投入成本效益分析,将为旨在提高教育资源的配置效率的教育财政改革提供指导建议。如果缺乏教育投入的成本效益分析,单纯的学校投入与产出关系研究将无法为既定预算约束下提高教育资源的配置效率提供指导建议,教育生产函数研究的实践意义也将大打折扣。然而文献分析表明,与丰富的教育生产函数研究相比,更进一步的教育投入的成本和效益研究则非常缺乏。因此,未来的教育生产函数研究要重视教育投入的成本效益分析。

第三章 分析框架与研究设计

第一节 研究思路

本书根据教育生产函数的分析框架,运用"甘肃基础教育调查研究"项目于 2000 年的调查数据和 2004 年的追踪调查数据,采用分层线性模型,对影响我国西部甘肃省农村初中学生成绩的因素进行实证研究,在此基础上为提高我国西部农村初中的教育质量提供政策建议。本书研究思路可以用图 3.1 表示。图中的→表示该因素是否对学生成绩有显著影响,它是一种直接影响。图中的┈→表示上层因素作为一种背景因素对下层因素的斜率是否有显著影响,它是一种对学生成绩的间接影响。

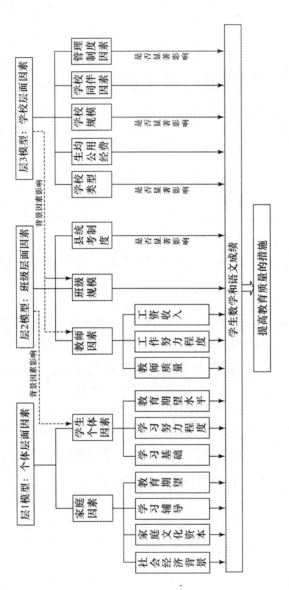

图3.1 本书分析思路

第二节 研究设计

一、数据介绍

本书研究的数据来源于美国宾夕法尼亚大学埃米莉·汉纳姆(Emily Hannum)教授主持的"甘肃基础教育调查研究"项目调查数据。"甘肃基础教育调查研究"项目课题组于 2000 年和 2004 年委托甘肃省统计局进行了两次抽样调查,还在 2002 年进行了一轮深度访谈资料收集工作。

(一) 2000 年的"甘肃基础教育调查研究"调查数据

2000 年的甘肃基础教育调查是由美国斯宾瑟(SPENCER)基金资助,中国西北师范大学和哈佛大学合作进行的,研究目的是了解中国西北农村地区儿童少年教育经历及学业成绩。2000 年的调查采用多阶段分层抽样方法,在甘肃省 20 个县的 100 个村获取 2000 个 9~12 岁的有效儿童样本,并对应调查儿童的母亲、家庭、村长、老师、班主任、校长,分别从不同的角度考察影响儿童学业的因素。在儿童样本中包括 23 个辍学儿童样本,1 个缺失样本,有效样本为 1976 个。调查内容包括家庭、学校、社区的社会经济特征、社会、文化资源以及学习环境等。调查还对学生的语文和数学成绩进行了测验。在随机的基础上,每个村的儿童,一半测试了语文,另一半测试了数学。3 年级及以下的儿童和 4 年级及以上的儿童使用了不同的试卷。试卷由甘肃省教育科学研究所的专家制定,考试内容以国家小学课程标准为参照。除此之外,还对所有的被调查儿童进行了认知水平测试,测试内容也由甘肃省教育科学研究所的专家制定。

(二) 2004 年的追踪调查数据

2004 年的调查研究是由世界银行(World Bank)和美国国家卫生所(NIH)联合资助,中国西北师范大学,美国宾夕法尼亚大学(University of Pennsylvania),密歇根大学(University of Michigan),明尼苏达大学(University of Minnesota),俄亥俄州立大学(The Ohio State University)合作进行。2004 年的调查研究是 2000 年调查的延续,这次调查再次收集了在 2000 年 6 月调查过的儿童、他们的父亲和母亲、他们现在所在的学校校长和老师(如果他们已不再上学,采访他们最后就读的学校),以及他们所在村子的村长数据。此外,本次调查还收集了抽样儿童的弟弟或妹妹的数据,抽样儿童的弟弟妹妹是 1997 年 9 月 1 号之前出生的弟弟妹妹。2004 年的调查研究增加了对儿童父亲的调查,对每个抽样儿童都进行了语文和数学成绩测试。测试试卷由甘肃省教育科学研究所的专家制定,考试内容以国家课程标准为参照,从小学 1 年级开始,每相邻两个年级采用同样的试卷,如小学 1~2 年级使用同样的试卷,小学 3~4 年级使用同样的试卷。

需要指出的是,由于本书将在第 5 章对数据中的样本量和变量进行详细的统计描述,因此这里就不再赘述。

三、理论模型

在汉纳谢克(Hanushek,1986)和贝尔菲尔德(Belfield,2000)建立的教育生产函数理论模型基础上,本书的研究建立了如下的经过部分修正后的教育生产函数扩展性理论模型:

$$A_t = f(T_{t-1}, R_{t-1}, F_{t-1}, P_{t-1}, A_{t-1}, Z_{t-1}, S_{t-1})$$

在这里,A_t 代表教育质量,仍用学生在时间 t 所取得的学业成就来衡量;T_{t-1} 代表教师因素,本书的研究中主要包括教师质量、教师工作努力程度、教师工资收入等;R_{t-1} 代表教师以外的其他学校因素,本书的研究中主要包括生均公用经费、学校规模、班级规模;F_{t-1} 代表家庭因素,本书的研究中主要包括家庭社会经济背景、家庭文化资本、父母的学习辅导、父母对子女的教育期望等;P_{t-1} 是同伴因素,本书的研究中指学校同伴,主要包括同伴的学习基础和家庭社会经济背景;A_{t-1} 则是学生以前的学业情况,在生产函数中纳入这一变量是为了反映学生已有的能力或者学习基础,通过该变量就可以建立教育生产函数的增值模型;Z_{t-1} 代表的是学生个人的学习心理和行为特征因素,本书的研究中主要包括学生个人的教育期望水平和学习努力程度;S_{t-1} 代表教育制度因素,本书的研究中主要包括县统考制度和分权管理制度。

需要指出的是,本书建立的上述教育生产函数理论模型在以下三个方面进一步扩展了贝尔菲尔德(Belfield,2000)所建立的理论模型:① 引入了教师工作努力程度因素以分析教师工作行为对教育质量的影响。② 引入了学生个体的学习心理因素以分析学生自身的学习心理对学习成绩的影响。③ 引入了教育制度因素以分析教育制度对教育质量的影响。

四、研究假设

根据已有的实证研究结论和数据的可得性,本书将运用多水平分析方法对层1、层2和层3模型的主要研究假设进行验证。

(一)关于层1模型的主要研究假设

层1模型分析学生个体层面因素对学生成绩的影响。个体层面因素包括个体因素和家庭因素。在层1模型中主要验证以下研究假设。

① 学生家庭社会经济背景对学生学习成绩有正向的显著影响。

② 学生家庭文化资本对学生学习成绩有正向的显著影响。布尔迪厄的文化资本理论认为家庭中的文化资本通过阶层间的不平等分配,对不同阶层学生的教育成就产生重大影响。[①] 家庭藏书作为一种客体化的家庭文化资本对学生成绩会产生影响。

③ 父母对孩子的教育期望对学生的学习成绩有正向的显著影响。因为父母对孩子较高的教育期望会激励学生更加努力地学习以取得更好的成绩。

④ 学生自身的学习努力程度对学生的学习成绩有正向的显著影响。

⑤ 学生自身的教育期望对学生的学习成绩有正向的显著影响。因为学生自身的较高的教育期望会激励学生更加努力地学习以取得更好的成绩。

(二)关于层2模型的主要研究假设

层2模型分析班级层面因素对学生成绩的影响。班级层面因素包括教师因素、班级因素和县统考制度。在层2模型中主要验证以下研究假设。

① 教师质量对学生学习成绩有正向的显著影响。教师质量用教师学历、教师职称、教师教龄、教师资格、教师培训等指标来衡量。

② 教师工资收入对学生的学习成绩有正向的显著影响。因为包括教师基本工资、教师奖金等在内的教师工资收入经常被学校管理者当做一种激励手段,可以促进教师更加努力地工作以提高教育教学质量。

---

① [澳]马尔科姆·沃特斯.现代社会学理论[M].北京:华夏出版社,2002,78.

③ 教师的工作努力程度对学生的学习成绩有正向的显著影响。

④ 县统考制度对学生的学习成绩有正向的显著影响。因为县统考制度建立起了对校长和教师的工作绩效进行问责的制度,这会给校长和教师的教育教学工作带来强大的压力,促使校长和教师努力提高教育教学质量以应对问责。

⑤ 班级规模对学生的学习成绩有负向的显著影响。

(三) 关于层 3 模型的主要研究假设

层 3 模型分析学校层面因素对学生成绩的影响。学校层面因素包括学校类型、生均公用经费、学校规模、学校同伴因素、学校管理制度因素。在层 3 模型中主要验证以下研究假设:

① 学校生均公用经费对学生的学习成绩有正向的显著影响。

② 学校规模对学生的学习成绩有负向的显著影响。

③ 学校同伴对学生的学习成绩有显著影响。由于样本数据中班级规模过小,无法准确估计班级同伴对学生成绩的影响,故本研究只考察学校同伴对学生学习成绩的影响。事实上,国外许多研究也是估计学校同伴对学生学习成绩的影响。

④ 学校实行分权化管理制度对学生的学习成绩有正向的显著影响。因为分权化的管理制度有助于调动广大教师教育教学工作的积极性以提高教育质量。

表 3.1 详细总结了层 1、层 2 和层 3 模型的主要研究假设和验证假设将采用的自变量。

表 3.1 主要研究假设和自变量

	研究假设	验证假设所采用的自变量
层 1 模型	1. 学生家庭社会经济背景对学生学习成绩有正向的显著影响	学生家庭年人均收入、学生父亲受教育程度
	2. 学生家庭文化资本对学生学习成绩有正向的显著影响	家庭一共有多少本书
	3. 父母对孩子的教育期望对学生的学习成绩有正向的显著影响	父亲希望孩子念书最高到哪一级
	4. 学生自身的学习努力程度对学生的学习成绩有正向的显著影响	你学习语文努力吗、你学习数学努力吗、你家庭作业都完成了吗、这个孩子本学期共缺多少课
	5. 学生自身的教育期望水平对学生的学习成绩有正向的显著影响	你念书想念到哪一级

续表

	研究假设	验证假设所采用的自变量
层2模型	1. 教师质量对学生学习成绩有正向的显著影响	您现在的最高学历、您现在的职称、您的教龄、您现在的教师资格类型、是否参加过提高学历学习、在教师进修学校短期培训的频率、教育项目专家进行的短期培训频率
	2. 教师工资收入对学生的学习成绩有正向的显著影响	您现在每月基本工资、您现在每月的奖金、您现在每月总工资
	3. 教师的工作努力程度对学生的学习成绩有正向的显著影响	您这个学期一共缺了几节课、您每周花几个小时批改作业、每周花几个小时备课、每周花几个小时对学生进行课外辅导、每周花几个小时家访
	4. 县统考制度对学生的学习成绩有正向的显著影响	您所带的这个班是否参加过本县统考
	5. 班级规模对学生的学习成绩有负向的显著影响	这个班有多少人
层3模型	1. 学校生均公用经费对学生的学习成绩有正向的显著影响	学校这学期生均公用经费
	2. 学校规模对学生的学习成绩有负向的显著影响	本学期在校生总数
	3. 学校同伴对学生的学习成绩有显著影响	学校同伴2000年的平均认知能力测试成绩、学校同伴家庭平均年人均收入、学校同伴父亲的平均受教育程度
	4. 学校实行分权化管理制度对学生的学习成绩有正向的显著影响	教师参与学校管理决策程度

五、研究方法

本书将主要采用教育生产函数分析和多层次分析两种定量研究方法,再辅之以统计描述的方法,分析我国西部农村初中教育质量的影响因素。本书第二章已经对教育生产函数分析方法作了比较详细的介绍,这里将不再赘述。下面将重点介绍多层次分析方法。

选择分析单位是教育生产函数计量中的一个非常重要的问题。选择分析的单位是一个国家、一个州、一个地区、一个学区,还是一所学校,一个班级或学生个体,这主要与研究的目标有关,也与研究工具的选择有关。例如学校教育生产函数的早期研究主要集中在宏观层次,许多研究都是以学区或学校层面的数据为分析单位研究学区或学校资源配置与产出之间的关系。这些研究通常采用单一的方程模型,这种单一的方程,只能对涉及某一层数据的问题进行分析,而不能将涉及两层或多层数据问题进行综合分析。然而在研究中,更为重要的和令人感兴趣的正是关于学生层次的变量与班级或学校层变量之间的交互作用问题。比如,学生之间的个体差异在不同班级或学校之间可能是相同的,也可能是不同的。在学生数据层,不同变量之间的关系可能因班级或学校的不同而不同。这些学生层的差异可以解释为班级或学校层的变量的函数。然而,牵扯到两层或三层数据结构的研究问题就不能用传统的统计方法来解决了。后来随着统计学中多层线性模型的发展与应用,教育生产函数研究中开始利用这种方法来研究教育投入与产出问题,使得投入产出的分析更贴近教育现实,也能更全面地分析教育投入与产出的关系。

(一)常规统计方法面对分层数据的困窘

教育生产函数计量中经常面对的是分层的数据结构,这时候如果采用常规的统计方法,就会遇到很大的困难。以两层的数据为例,学生是第一层的分析单位,学校是第二层的分析单位,学生嵌套于学校中。常规的统计方法(如回归分析)只能处理同一分析单位的数据,这种局限性导致在同一模型之中,即在要求同一分析单位的情况下,我们没有办法同时考虑个人层次的变量和学校层次的变量。长期以来,作为没有办法的办法,实际中采用三种不同的做法来处理。虽然这三种做法明显违反了方法论和统计原理,但是往往以"不好的研究要好于不研究"的理由被容忍,一直存在于研究实践当中。其产生的不良后果:一是其方法不严密导致其研究结果可能是错误的;二是久而久之对这些做法会从容忍演变为熟视无睹,甚至还会被当做经典来仿效(郭志刚,2004,第96页)。

就上述这个例子来说,第一种做法是先将学生层次变量全都汇总到学校层次,所有定距变量都可以取平均值,比如因变量现在变成了学校的平均成绩,而分类自变量汇总到学校一级时便成了分类比例。然后,在学校层次建立模型进行分析。为了尊重原来的研究对象,稍讲究一点的分析还会按照学生规模对学校进行加权。但是这仍不能弥补这种做法的缺陷。首先,数据汇总统计属于信息概括,而概括的结果总是在突出重点的同时大量精简信息。但问题是,在这种具体场合"精简"则意味着信息损失。学生成绩一旦汇总为学校的平均成绩便抹杀了同校内的学生之间的差异,这实际占了原来成绩总方差的很大一部分。也就是说,此时模型中因变量上的差异只剩下了学校平均成绩之间的差异。其结果是,汇总变量之间的关系总是显得较为密切,然而这常常与直接分析未曾汇总的变量所反映的情况大相径庭。于是,这种做法不但浪费了信息,使得原生状态的学生成绩差异大打折扣,而且分析结果将只见森林不见树木。如果将以学校为分析单位的分析结果推论到学生,还会产生生态学谬误①(郭志刚,2004,第96页)。因为,没有理由推论汇总层次发生的关系同样存在于个人层次,因为所分析的汇总数据中已经切断了本原性因果关系。比如就学生个人来说,学校的汇总成绩并不代表他自己的成绩,学校的其他汇总特征并不代表他自己的特征。当某一学校的平均成绩较高,同时具有某种其他由学生层次汇总来的显著特征时,并不一定说明该学校的学习成绩好的学生都是具有这种特征的学生。尽管学校提供的学习环境对学生学习过程具有重要影响,但归根到底学习成绩是学生所取得的,而不是学校所取得的,因此对学习成绩的研究不能对学生视而不见。

　　第二种做法是在学生层次进行分析,不再考虑学校层次的变量。显然,这种模型站在简化论②的立场上,因为它完全忽略了学生学习过程的环境。该模型背后的理念是,学校的所有特征都与学生成绩无关,而各个学校平均成绩之间的差异应该完全归结于各个学校的学生在个人特征构成方面的不同。经验告诉我们,个人特征变量与其在较高层次上汇总出来的构成变量的意义是不同的,比如"昔孟母,择邻处",今天的父母也还在请客送礼托人情让孩子进重点学校,这样做的用意并不是旨在改变孩子本人的特征,而是在追求外在环境的改善。因此,对学习成绩的研究中完全忽视学校因素对学生成绩的影响也显得过于偏颇。

---

　　① 根据研究方法论的原则,将微观单位数据的分析结果推论到宏观单位时便犯了"生态学谬误"(ecological fallacy)。
　　② 根据研究方法论的原则,将宏观单位数据的分析结果推论到微观单位时便犯了"简化论"(reductionism)谬误。

第三种做法仍是在学生层次分析,但是企图兼顾学生和学校的特征。具体做法是将学校的特征分赋予所嵌套的学生个人案例中去。这样,影响学生个人成绩的自变量中,既包含个人特征,也包含学校特征。这种做法虽然看起来有道理,并且在实际中十分流行,但是这种模型的回归求解存在统计方法上的问题。由于学生(个人)是从特定学校(环境)中抽出来的样本,而模型中明确定义的学校变量通常只是学校各种特征中的一部分,因此在应用常规最小二乘法回归求解时,所有模型中未明确定义的其他方面的学校特征而产生的环境差异(本来属于学校层次上的未解释差异),现在便进入了学生层次中每一个学生案例的误差项。这意味着,同一个学校的学生在其误差项中有一个相同的部分,使同一学校学生的误差项之间产生了相关。这种情况违反了常规最小二乘法回归的假定条件,即误差项之间独立,而这一假定是计算标准误差和进行统计检验的基础。由于这种处理方法不能保证误差项独立,因此常规回归方法求解的估计有偏,即求出的回归系数值要比真实情况大。此外,这种方法还假定了学校变量对所有学生的影响是一样的,但有时这并不是事实。也就是说,这种模型没有考虑可能存在不同层次变量之间的互动效应,比如学校的制度和风气可能对不同性别、不同智商、不同家庭背景的学生的影响是不同的,而这些很可能正是研究的关注点。

总之,以上三种做法在方法上都存在很大缺陷,不能够很好地解决分层研究框架的问题。并且,有关分析单位的方法论谬误在研究实践中一直能够存在,其原因既有研究人员的方法论素质不够高的问题,也有数据可得性问题,即所能得到的数据只是单一层次,而所要研究的框架确是多层的。但是,在已经拥有多层结构数据的情况下,问题便出在实际上一直没有适当的统计方法能够处理多层次的研究模型。然而,这种情况已经出现改观,近年来分层模型在技术方法上有了重大发展,这一模型在教育科学研究中日益普及。

(二)分层线性模型的创立和发展

美国密歇根大学的斯蒂芬·W.兰登布什(Stephen W. Randenbush)和芝加哥大学的安东尼·S.布雷克(Anthony S. Bryk)是分层线性模型的主要创立者当中的两位杰出人物,他们里程碑式的著作 *Hierarchical Linear Models: Application and Data Analysis*

Methods 自 1992 年出版以后,就引起了许多为分层数据结构困扰的研究者们的强烈回应。后来,兰登布什(Randenbush)和他的同事们还为分层线性模型编制了应用程序 HLM①,使分层线性模型的推广应用得以在一定程度上的流行。2002 年,兰登布什和布雷克又推出了 *Hierarchical Linear Models：Application and Data Analysis Methods* 的第二版,新版较旧版增加了不少内容,应用性也更强。

这一方法的另一个主要杰出开创者,是英国伦敦大学教育学院的哈维·戈尔茨坦(Harvey Goldstein)。戈尔茨坦及其追随者将这种方法称为"Multilevel Analysis"(即"多层分析")。戈尔茨坦关于多层分析的代表作是 1987 年在英国出版的 *Multilevel Models in Educational and Social Research*,这部著作的出版在当时的确是一种研究分层数据结构问题的新思维。1995 年,爱德华·阿诺德(Edward Arnold)出版了戈尔茨坦著作的第二版,但是第二版是以 *Multilevel Statistical Models* 的书名出版的。2003 年,阿诺德(Arnold)出版公司在英国出版了第三版,这次依然是用第二版的书名。同样,戈尔茨坦与他的同事们也编制了多层分析的应用软件 MLWiN,就是在 WINDOWS 平台上使用的多层分析软件。目前看来,MLWiN 和 HLM 在处理分层数据时各有千秋(Harvey Goldstein, 2003, P. 227-230; Tom A. B. Snijder, Roel J. Bosker, 1999, P. 239-251)。

在 20 世纪 80 年代中后期,分层线性模型(hierarchical linear models)的发展开始趋于成熟。这种模型在不同学科有不同称谓。在教育研究中,它被命名为分层线性模型。在社会学研究中,它经常被称为多层线性模型(multi-level linear models)。在生物统计学中被称为"混合效应模型(mixed-effects models)"和"随机效应模型(random-effects models)";计量经济学则称它为"随机系数回归模型(random-coefficient regression models)";统计学文献则称之为协方差成分模型(covariance components models)。

(三) 分层线性模型的功能和原理

这种分析方法可以在一个模型之中同时处理微观层次的个人

---

① 该软件的出版商为国际科技软件公司——Scientific Software International Company, 其主页为:http://www.ssicentral.com。

变量和宏观层次的环境变量。分层线性模型在三个方面优于常规统计方法：一是能够对个体单位取得较好的效应估计；二是可以对各层次之间的效应建立模型并进行假设检验；三是可以分解各层次之间的方差和协方差成分。这种模型不仅在技术上是强大的，而且比传统单一层次的统计技术具有更大的包容性。

本书将采用分层线性模型从学生个体、班级和学校三个层面对影响农村初中学生语文和数学成绩的因素进行分析。因此，下面将对三层线性模型的原理进行介绍。

层1模型：将学生个体的测试成绩表示为学生层面特征变量的函数与一个误差项的和，即

$$Y_{ijk} = \pi_{0jk} + \pi_{1jk}\alpha_{1ijk} + \pi_{2jk}\alpha_{2ijk} + \cdots + \pi_{pjk}\alpha_{pijk} + e_{ijk}$$

$$= \pi_{0jk} + \sum_{p=1}^{p}\pi_{pjk}\alpha_{pijk} + e_{ijk}$$

其中：Y_{ijk} 表示第 k 个学校第 j 个班级第 i 个学生的测试成绩；

π_{0jk} 表示第 k 个学校第 j 个班级的回归截距；

$\alpha_{pijk}, P=1,2,\cdots,P$ 表示学生层面的预测变量；

$\pi_{pjk}, P=1,2,\cdots,P$ 表示学生层面的预测变量 x_{pijk} 对因变量的回归系数，可以在班级层面和学校层面随机变化。

e_{ijk} 为学生层面的随机变异，表示学生的测试成绩与预测变量的差异，假设服从正态分布，平均值为0，方差为 σ^2。

层2模型：学生层面中的每一个回归截距 π_{0jk} 和回归系数 π_{pjk}，$P=1,2,\cdots,P$ 可以看做固定的，非随机变化的或随机的，每一个学生层面的系数 π_{0jk} 和 π_{pjk}，$P=1,2,\cdots,P$ 可以由层2（班级层面）的预测变量预测或解释，因此可将 π_{0jk} 和 π_{pjk}，$P=1,2,\cdots,P$ 表示为班级层面预测变量的函数。层2模型的因变量实际上是层1模型里的回归系数，因此有人又把 HLM 叫做"回归的回归"（张雷，雷雳，郭伯良，2003，第5页）。

$$\pi_{pjk} = \beta_{p0k} + \beta_{p1k}x_{1jk} + \beta_{p2k}x_{2jk} + \cdots + \beta_{pqk}x_{qjk} + r_{pjk}$$

$$= \beta_{p0k} + \sum_{q=1}^{q_p}\beta_{pqk}x_{qjk} + r_{pjk}$$

$P=0,1,\cdots,P,$

其中：β_{p0k} 表示第 k 个学校，班级变量对 π_{pjk} 回归的截距；

β_{pqk} 表示第 k 个学校，班级变量对 π_{pjk} 回归的斜率；

x_{qjk} 表示班级变量的预测变量。

r_{pjk} 表示班级层面的随机误差,描述 π_{pjk} 与预测值之间的差异,假设其服从均值为零的正态分布,误差项之间可以相关,假设 π_{pjk} 与 $\pi_{p'jk}$ 的协方差为 $\tau_{pp'}$,协方差矩阵记为 $\sum\pi$。

层 3 模型:班级层面的回归系数 β_{pqk} 可以看做是固定的、非随机变化的或随机变化的。β_{pqk} 的变化可以由层 3(学校层面)的预测变量解释。因此,若 β_{pqk} 可以表示为学校层面预测变量的函数:

$$\beta_{pqk} = \gamma_{pq0} + \sum_{s=1}^{S_{pq}} \gamma_{pqs} w_{sk} + u_{pqk}$$

其中:γ_{pq0} 表示学校层面变量对回归方程的截距;

γ_{pqs} 表示学校层面变量对回归方程的斜率;

w_{sk} 表示学校层面的预测变量。

u_{pqk} 表示学校层面的随机误差,表示 β_{pqk} 与其预测变量值的差异。假设学校层面的残差服从多元正态分布,平均值为零,协方差矩阵为 $\sum\beta$。

从三层线性模型的各层子模型的表述可以看到,模型比较复杂,但它们的层际逻辑关系是清晰的。其每层都是线性模型,低层变量的变化被来自高层的信息所解释。我们将在第五章中利用这种方法研究学生成绩的影响因素问题,届时再结合研究对此方法的原理进行比较深入的说明。

第三节 期待的研究贡献

基于本书第 2 章对国内外教育生产函数研究不足与局限的分析,结合本书研究设计,本书研究期待在以下三个方面对现有的教育生产函数研究作出贡献。

一、拓展教育生产函数研究内容

文献研究表明,现有的教育生产函数研究基本来自美国和欧洲发达国家,来自发展中国家的教育生产函数研究极度缺乏。由于发达国家和发展中国家经济发展水平和教育发展水平有很大差距,教育生产过程也有很大不同,这可能导致教育投入与学生成绩的关系很不一样,实证研究的结论也可能完全不同。中国是一个发展中的大国,且有着独特而又庞大的教育体系,但迄今为止,中国的教育生产函数研究比较少见。开展中国的教育生产函数研究无疑从研究样本的角度丰富了现有的教育生产函数研究,其研究结论也有助于更加全面地理解教育的生产过程。

早期的教育生产函数研究一直忽视教育制度的影响,直到近年来才有少数国外学者在教育生产函数分析中考察了问责制度、分权制度、竞争制度等学校管理制度对教育质量的影响,研究结论大都显示学校管理制度对教育质量有重要的影响。然而,由于教育管理制度的复杂性,教育管理制度对教育质量的影响仍需要未来更广泛、深入的研究予以评估。尤其需要指出的是,由于中外国情的不同,中国教育管理制度对教育质量的影响需要来自中国的研究予以证明,但迄今为止,这方面的实证研究几乎没有。本书借助教育生产函数的分析框架考察了中国甘肃农村初中的县级统考、校内分权管理和奖惩性教学管理三个方面的教育管理制度对教育质量的影响。相信本书研究是国内到目前为止为数不多的分析教育管理制度对教育质量影响的实证研究,这在一定程度上也扩展了教育生产函数研究中的制度分析范围。

教师质量必须通过教师教育教学工作过程才能对教学质量产生影响,因此,教师的教育教学工作行为对教学质量可能有重要影响。如果说教师质量是一种"显性"的教师投入,那么教师的教育教学工作行为就是一种"隐性"的教师投入。然而,文献研究表明,迄今为止,大多数已有的教育生产函数研究只关注"显性"的教师投入的影响,很少有研究去关注"隐性"的教师投入究竟对学生成绩产生了何种影响。本书分析了教师工作努力程度对学生成绩的影响,这在一定程度上发展了已有的教育生产函数研究。

学生个体的学习心理和行为也许是最重要的教育投入,但它对学习成绩的影响长期以来被教育生产函数研究人员所忽视。汉纳谢克(Hanushek,1986)在他所建立的教育生产函数一般性理论模型中根本没有考虑学生个体因素的影响,贝尔菲尔德(Belfield,2000)在后来建立的教育生产函数扩展性理论模型中虽然将学生以前的学习基础和努力程度纳入进来,但依然忽视了学生个体的学习心理的影响。本书在教育生产函数理论模型中引入了反映学生个体的学习心理和行为的变量：教育期望水平、学习努力程度、上课出勤状况、家庭作业完成状况，注重分析学生个体的学习心理和行为对成绩的影响，这在一定程度上改变了教育生产函数研究中缺乏学生自身投入分析的现状。

二、改进教育生产函数研究方法

教育生产函数研究中面对的数据通常是具有嵌套关系的多层次数据结构，常规的普通最小二乘法回归只能对涉及某一层数据的问题进行分析，而不能将涉及多层数据结构问题进行综合分析。近年来发展起来的多层次数据分析方法将能有效地解决多层数据结构问题，但它对数据的质量和研究人员的方法论素质要求比较高。文献研究表明，迄今为止采用多层次数据分析方法的教育生产函数研究比较少见。大多数教育生产函数研究仍然采用了常规的普通最小二乘法回归，当然，近年来也有一些研究采用了固定效应模型来解决多层数据结构问题，然而固定效应模型仍不能从根本上解决多层数据结构问题。因此，本书采用多层次数据分析中的分层线性模型来进行教育生产函数分析，将使得本书的结论更加精确，在教育生产函数研究的方法上也将有一定的突破。

三、完善教育生产函数研究计量模型

由于教育生产过程的复杂性，需要控制的因素很多，因此教育生产函数研究对数据要求比较高。一般来说，一项高质量的教育生产函数研究至少需要学校、教师、家庭三个方面比较丰富且互相匹配的投入变量，否则，研究就很可能因为没有控制住重要的变量而遭受到内生性和遗漏变量等问题，这会导致估计结果出现偏差。然而，要获得高质量的数据通常很难，一个重要的原因是数据调查的成本太高。因此，文献分析表明已有的大多数教育生产函数研究所采用的数据质量都不高，经常缺少某些重要的投入变量，结果是这些研究都不可避免地在不同程度上遇到了内生性和遗漏变量问题，这也是许多教育生产函数研究遭受批评指责的重要原因。本书所采用数据不仅有学校、教师、家庭三个方面比较丰富且互相匹配的投入变量，而且还含有相互匹配的学生个体特征变量、班级特征变量和学校管理制度特征变量。与大多数已有的教育生产函

数研究相比,高质量的教育投入数据使得本书具有了得天独厚的优势,它允许作者能采用更加饱和的计量模型以尽可能控制住教育生产过程中所涉及的各种重要投入变量,最大限度上减少内生性和遗漏变量问题的干扰,大大提高估计结果的精确性。

第四章 学生成绩影响因素初步分析

影响学生成绩的因素是什么？首先，可以从学生个体层面考虑可能存在的种种因素，如学生自身智力、学习努力程度、家庭社会经济背景、家庭所在社区社会经济背景等。其次，可以从班级层面考虑可能存在的种种因素，如班级规模、班级学习氛围、班级教师质量等。再次，可以从学校层面考虑可能存在的影响因素，如学校办学条件、学校管理制度、学校规模、学校课时安排等。此外，学生成绩还可能受到这三个层面以外的其他因素的影响，如地区教育管理制度、地区经济水平和教育水平等。由于数据的限制，本书将只从这三个层面来分析影响学生成绩的因素。

第一节 学生成绩的个体层面影响因素分析

一、影响学生成绩的自身因素

在影响学生成绩的个体层面因素中，学生自身的因素也许是影响学生成绩的最重要因素。学生自身的主要因素包括性别、民族、智力、学习努力程度、教育期望等。

（一）学生性别与成绩

调查样本中的甘肃农村初中学生的性别构成见表4.1。甘肃农村初中学生样本总数为1674名，其中，男生878名，女生796名。

表 4.1　学生的性别构成

年级	性别	有效样本量	占年级学生样本比例(%)
初一	男生	304	51.44
	女生	287	48.56
初二	男生	327	56.28
	女生	254	43.72
初三	男生	247	49.30
	女生	255	50.70
总体	男生	878	52.45
	女生	796	47.55

甘肃省农村初中三个年级学生的数学和语文成绩的性别差异分析见表4.2①。总体来看,三个年级学生的数学成绩和语文成绩的性别差异不明显。此外,各年级男生和女生的数学和语文平均成绩都偏低,基本都不到卷面满分50分的一半。

表 4.2　学生成绩的性别差异分析

年级	性别	数学平均成绩	数学成绩有效样本量	语文平均成绩	语文成绩有效样本量
初一	男生	12.15	304	21.62	304
	女生	11.85	287	21.14	287
初二	男生	16.18	327	21.14	327
	女生	16.59	254	20.82	254
初三	男生	26.13	247	21.52	247
	女生	24.80	254	21.50	254

(二) 学生民族与成绩

甘肃农村初中学生样本的民族构成见表4.3。汉族学生1657名,占98.98%,民族学生17名,只占1.02%。

表 4.3　学生的民族构成

年级	民族	有效样本量	占年级学生样本比例(%)
初一	汉族	585	98.98
	民族	6	1.02
初二	汉族	574	98.79
	民族	7	1.21

---

① 如没有特殊说明,本章中的学生成绩均为原始成绩,而样本中学生的数学和语文原始成绩的满分均为50分。

续表

年级	民族	有效样本量	占年级学生样本比例(%)
初三	汉族	498	99.20
	民族	4	0.80
总体	汉族	1657	98.98
	民族	17	1.02

甘肃省农村初中三个年级不同民族学生的数学成绩和语文成绩的差异分析见表4.4。除初二年级汉族学生的数学成绩和初三年级汉族学生的语文成绩略低于民族学生外,其他年级的汉族学生数学成绩和语文成绩都明显高于民族学生。

表 4.4　学生成绩的民族差异分析

年级	民族	数学平均成绩	数学成绩有效样本量	语文平均成绩	语文成绩有效样本量
初一	汉族	12.06	585	21.46	585
	民族	6.92	6	14.50	6
初二	汉族	16.34	574	19.53	574
	民族	17.86	7	13.00	7
初三	汉族	25.52	498	21.51	498
	民族	15.33	3	21.75	3

（三）学生学习努力程度与成绩

学生数学和语文的学习努力程度见表4.5。由表4.5可知,样本中的甘肃农村初中大部分学生数学和语文学习总是很努力,只有极少数的学生学习很少努力。

表 4.5　学生学习努力程度

学习努力程度	数学		语文	
	样本量	占全体样本比例(%)	样本量	占全体样本比例(%)
很少努力	80	4.78	71	4.31
有时努力	609	36.38	556	33.76
总是很努力	985	58.84	1047	61.93

不同学习努力程度的学生的数学成绩和语文成绩差异分析见表4.6。总体上,学生学习越努力,成绩就越好。

表 4.6 不同努力程度学生的成绩差异分析

年级	学习努力程度	数学平均成绩	数学成绩有效样本量	语文平均成绩	语文成绩有效样本量
初一	很少努力	11.76	39	18.53	33
	有时努力	10.50	204	20.25	198
	总是很努力	12.91	348	22.27	360
初二	很少努力	11.02	21	15.78	16
	有时努力	15.80	222	19.43	200
	总是很努力	17.06	338	19.62	365
初三	很少努力	27.13	20	18.59	22
	有时努力	24.22	183	20.60	158
	总是很努力	26.10	298	22.15	321

(四) 学生认知水平与成绩

2000 年的第一轮调查中对学生进行了认知能力测试,该测试成绩可以作为反映学生的认知水平变量。按照认知能力测试成绩的五分位数将所有学生分为五个不同的认知水平组。不同认知水平组学生的成绩差异分析见表 4.7。

表 4.7 不同认知水平组学生的成绩差异分析

年级	学生的认知水平	数学平均成绩	数学成绩有效样本量	语文平均成绩	语文成绩有效样本量
初一	低认知水平组	7.58	84	20.80	84
	中等偏下认知水平组	7.40	89	19.57	89
	中等认知水平组	9.29	81	19.09	81
	中等偏上认知水平组	8.62	75	18.28	75
	高认知水平组	9.15	80	19.70	80
初二	低认知水平组	14.25	88	15.06	88
	中等偏下认知水平组	13.67	76	14.36	76
	中等认知水平组	15.69	90	16.27	90
	中等偏上认知水平组	17.88	68	17.82	68
	高认知水平组	18.33	75	20.90	75
初三	低认知水平组	28.32	66	17.13	66
	中等偏下认知水平组	28.97	62	21.69	62
	中等认知水平组	30.99	67	20.25	67
	中等偏上认知水平组	33.78	54	22.57	54
	高认知水平组	32.11	62	20.88	62

就数学成绩来说,如图4.1所示,较高认知水平组的学生的数学成绩要高于较低认知水平组的学生,表明学生自身拥有较高的认知能力将有助于其获得好的成绩。

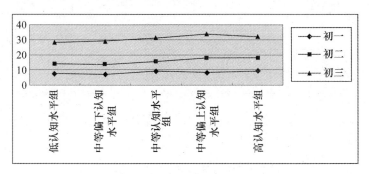

图4.1 不同认知水平组的学生数学成绩差异分析

就语文成绩来说,如图4.2所示,初二年级较高认知水平组的学生语文成绩要高于较低认知水平组的学生,但初一和初三年级学生较高认知水平组的学生语文成绩不一定高于较低认知水平组的学生,这是因为学生成绩还受到了许多认知水平以外的因素的影响。

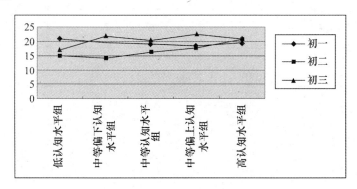

图4.2 不同认知水平组的学生语文成绩差异分析

(五)学生教育期望与成绩

样本中的甘肃农村初中学生的教育期望见表4.8。大约70%的甘肃农村初中学生希望自己念书到大学或更高,显示大部分甘肃农村初中学生都期望上大学。

表 4.8 学生教育期望

念书想念到哪一级	学生样本量	占全体学生样本的比例(%)
小学	14	0.8
初中	72	4.3
高中	209	12.5
中专	53	3.2
大专	160	9.6
大学或更高	1166	69.7

不同教育期望水平的学生的成绩差异分析见表4.9。总体上,具有较高教育期望水平的学生的成绩较好。

表 4.9 教育期望与学生的成绩差异分析

年级	念书想念到哪一级	数学平均成绩	数学成绩有效样本量	语文平均成绩	语文成绩有效样本量
初一	小学	9.00	10	12.12	10
	初中	9.88	27	17.67	27
	高中	9.25	87	18.10	87
	中专	12.08	30	17.36	30
	大专	12.67	59	20.94	59
	大学或更高	12.62	378	22.77	378
初二	小学	10.00	2	14.75	2
	初中	10.40	27	15.09	27
	高中	15.63	61	19.55	61
	中专	15.33	12	22.72	12
	大专	13.95	49	19.15	49
	大学或更高	17.13	430	19.56	430
初三	小学	12.25	2	16.50	2
	初中	19.30	18	17.98	18
	高中	21.60	61	18.75	61
	中专	19.86	11	14.63	11
	大专	22.99	52	21.33	52
	大学或更高	26.91	357	22.36	357

图4.3显示了学生教育期望水平与数学成绩的关系。学生的数学成绩随着学生教育期望水平的上升而提高。

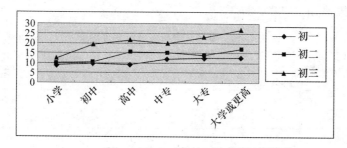

图 4.3　教育期望水平与学生数学成绩差异分析

图 4.4 显示了学生教育期望水平与语文成绩的关系。尽管波动较大,但总体的趋势仍显示具有较高教育期望水平的学生的语文成绩也较高。

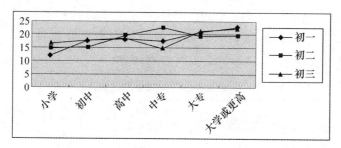

图 4.4　教育期望水平与学生语文成绩差异分析

二、影响学生成绩的家庭因素

在影响学生成绩的个体层面因素中,来自家庭的因素可能会对学生成绩产生重要影响。来自家庭的因素主要包括父母的受教育程度、家庭经济背景、家庭文化资本、父母对孩子的教育期望、父母对孩子的学习辅导等。

（一）父母受教育程度与学生成绩

表 4.10 统计了样本中的甘肃农村初中学生父母亲受教育程度情况。从表 4.10 可知：① 甘肃农村初中学生家长的受教育程度都偏低。甘肃农村初中学生父亲的平均受教育年限为 7.57 年,大部分学生父亲的受教育程度停留在初中阶段；母亲的平均受教育年限为 4.83 年,大部分学生母亲的受教育程度停留在小学阶段。② 甘肃农村初中学生父亲的受教育程度明显高于母亲的受教育程度。甘肃农村初中学生父亲的平均受教育年限比母亲的平均受教

育年限高出 2.74 年。

表 4.10 学生父亲和母亲受教育程度

受教育程度	学生父亲		学生母亲	
	样本量	占总样本量比例(%)	样本量	占总样本量比例(%)
文盲	95	5.7	352	21
小学	472	28.2	804	48
初中	746	44.6	452	27
高中或中专	349	20.8	64	3.8
大专及以上	12	0.7	2	0.1

不同父亲受教育程度和不同母亲受教育程度的学生成绩差异分析分别见表 4.11 和表 4.12。表 4.11 和表 4.12 显示出,来自父母亲的受教育程度较高的家庭的学生成绩不一定较高。其原因可能在于甘肃农村初中学生的家长的受教育水平普遍较低,大多数家长都无法对其子女的学业进行有效辅导。

表 4.11 父亲受教育程度与学生成绩差异分析

年级	父亲受教育程度	数学平均成绩	数学成绩有效样本量	语文平均成绩	语文成绩有效样本量
初一	文盲	9.62	34	21.24	34
	小学	11.61	210	20.32	210
	初中	12.04	255	21.86	255
	高中或中专	13.54	90	22.58	90
	大专及以上	20.00	2	21.50	2
初二	文盲	13.35	34	15.51	34
	小学	16.80	161	19.56	161
	初中	15.92	255	19.40	255
	高中或中专	17.30	126	20.43	126
	大专及以上	21.80	5	20.40	5
初三	文盲	23.83	27	20.26	27
	小学	25.51	101	22.01	101
	初中	25.04	236	20.81	236
	高中或中专	26.56	132	22.79	132
	大专及以上	24.00	5	17.30	5

第四章 学生成绩影响因素初步分析

表 4.12 母亲受教育程度与学生成绩差异分析

年级	母亲受教育程度	数学平均成绩	数学成绩有效样本量	语文平均成绩	语文成绩有效样本量
初一	文盲	10.66	131	21.08	131
	小学	12.97	318	21.31	318
	初中	11.32	126	22.14	126
	高中或中专	9.06	16	19.50	16
初二	文盲	16.95	122	18.93	122
	小学	16.25	292	19.70	292
	初中	16.41	142	19.39	142
	高中或中专	14.46	25	19.42	25
初三	文盲	14.46	99	19.91	99
	小学	24.83	193	22.10	193
	初中	25.17	184	21.67	184
	高中或中专	32.02	23	22.39	23
	大专及以上	29.00	2	18.75	2

(二) 家庭经济背景与学生成绩

按照家庭年人均收入的五分位数将所有样本家庭分为五个收入组,2003 年各收入组家庭年人均收入平均值见表 4.13。由表 4.13 可知:① 甘肃农村初中学生家庭收入水平较低。2003 年甘肃农村初中学生家庭人均收入平均值为 1735.61 元,查中国统计年鉴可知甘肃农村居民家庭 2003 年平均每人纯收入为 1673.05 元①,两者比较接近。中国农村居民家庭 2003 年平均每人纯收入为 2622.24 元②,甘肃农村初中学生家庭年人均收入比全国平均值低 886.63 元。中国城镇居民家庭 2003 年人均可支配收入为 8472.2 元③,大约是甘肃农村初中学生家庭年人均收入的 5 倍。② 甘肃农村初中学生家庭间的收入差距悬殊。低收入组家庭 2003 年人均收入平均值为 155.29 元,高收入组家庭 2003 年人均收入平均值为 4929.60 元,高收入组家庭年人均收入大约是低收入组家庭的 32 倍。

---

① 中华人民共和国国家统计局. 中国统计年鉴—2004[M]. 北京:中国统计出版社,2004,383.

② 同上.

③ 同上,第 369 页.

表 4.13　不同收入组家庭年人均收入　　　　　　　单位：元

	最小值	最大值	平均值	有效样本量
低收入组	0.00	419.17	155.29	335
中等偏下收入组	421.20	930.00	681.72	335
中等收入组	933.60	1451.50	1181.63	335
中等偏上收入组	1453.75	2368.50	1853.40	336
高收入组	2397.50	80655.00	4929.60	322
全体样本	0.00	80655.00	1735.61	1663

不同经济背景家庭的学生成绩差异分析见表 4.14。计算不同收入组家庭学生的平均成绩后发现，总体上，较高收入组家庭的学生成绩较好。

表 4.14　家庭经济背景与学生成绩差异分析

年级	收入组	数学平均成绩	数学成绩有效样本量	语文平均成绩	语文成绩有效样本量
初一	低收入组	10.33	121	20.05	121
	中等偏下收入组	12.38	132	22.27	132
	中等收入组	14.04	115	22.54	115
	中等偏上收入组	11.24	127	19.98	127
	高收入组	12.17	96	22.34	96
初二	低收入组	16.91	141	20.60	141
	中等偏下收入组	16.22	112	19.24	112
	中等收入组	15.38	108	18.22	108
	中等偏上收入组	16.09	117	18.84	117
	高收入组	17.09	103	20.09	103
初三	低收入组	27.50	72	21.73	72
	中等偏下收入组	26.27	91	20.43	91
	中等收入组	25.98	112	20.19	112
	中等偏上收入组	24.50	92	22.39	92
	高收入组	24.03	134	22.61	134

（三）家庭文化资本与学生成绩

文化资本的概念最早是由法国学者布尔迪厄提出的。他认为文化资本是社会各阶级和个体所拥有的知识、技术、气质以及文化背景的总和，是一种有别于经济资本和社会资本，基于对文化资源的占有的资本。家庭文化资本是家庭成员通过相互交流和实践所积累起来的,占有特定的社会资源(如学历、文化商品以及实践中所表现出的文化知识、文化技能、文化修养等),并具有相对稳定的态势,表现于家庭和社会实践活动中,对学生的成长起至关重要的指引、促进乃至阻碍作用。家庭文化资本包括制度化资本(学历等)、客体化资本(书、乐器等)、身体化资本(习惯、教养等)[1]。布尔迪厄的文化资本理论认为,家庭中的文化资本通过阶层间的不平等分配对不同阶层学生的教育成就产生重大影响。家庭藏书作为一种客体化的家庭文化资本对学生成绩会产生影响。一些实证研究发现家庭藏书量对学生成绩有显著正影响(Coleman et al,1966;Hanushek,1992)。

甘肃农村初中学生家庭样本中拥有不同文化资本的家庭所占比例见表4.15。9.4%的家庭没有1本藏书,超过半数的家庭藏书数量不超过10本。

表4.15 拥有不同文化资本的家庭所占比例

家庭藏书量	家庭样本量	占全体家庭样本量的比例(%)
0本	157	9.4
1~5本	397	23.7
6~10本	498	29.7
10~15本	328	19.6
15本以上	294	17.6

表4.16对家庭文化资本与学生成绩的关系进行了分析,总体来看,在甘肃农村初中,拥有较高文化资本的家庭的学生成绩会更好。因为书本不仅可以开拓学生的视野,同时又为学生提供了大量的学习辅助工具,这些都有助于学生取得好成绩。

表4.16 家庭文化资本与学生成绩差异分析

年级	家庭藏书量	数学平均成绩	数学成绩有效样本量	语文平均成绩	语文成绩有效样本量
初一	0本	9.59	67	19.88	67
	1~5本	11.71	166	20.26	166
	6~10本	12.25	177	21.14	177
	10~15本	13.26	93	23.13	93
	15本以上	12.61	88	23.38	88

---

[1] [澳]马尔科姆·沃特斯:现代社会学理论[M].北京:华夏出版社,2002:78.

续表

年级	家庭藏书量	数学平均成绩	数学成绩有效样本量	语文平均成绩	语文成绩有效样本量
初二	0本	18.51	49	16.96	49
	1～5本	16.46	154	20.51	154
	6～10本	17.01	174	20.63	174
	10～15本	15.02	103	19.48	103
	15本以上	15.39	101	16.95	101
初三	0本	23.15	41	20.60	41
	1～5本	24.18	77	20.26	77
	6～10本	25.46	146	20.71	146
	10～15本	25.04	132	21.53	132
	15本以上	28.62	105	22.27	105

图 4.5 显示了在初一和初三年级，来自较高文化资本家庭的学生数学成绩更好。

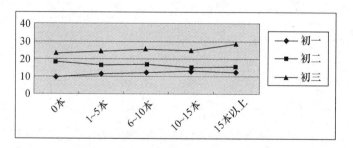

图 4.5 家庭文化资本与学生数学成绩

图 4.6 也显示了在初一和初三年级，来自较高文化资本家庭的学生语文成绩也更好。

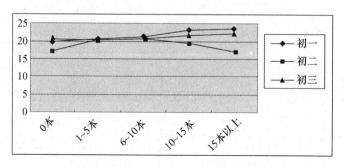

图 4.6 家庭文化资本与学生语文成绩

(四) 父母的教育期望与学生成绩

表4.17和表4.18分别统计了样本中的父亲和母亲对孩子的教育期望水平。父母亲对孩子的教育期望水平用父母亲希望孩子念书最高到哪一级衡量。父母亲希望孩子念书的层级越高,表明父母亲对孩子的教育期望水平越高。由4.17和表4.18可知:① 绝大部分甘肃农村初中学生父亲和母亲对孩子的教育期望水平都很高。88%的父亲和88.8%的母亲都希望孩子上大学或更高。② 甘肃农村初中学生父亲和母亲对孩子的教育期望水平没有明显差异。③ 甘肃农村初中学生父母对孩子的教育期望水平没有明显的性别差异。88.4%的父亲希望男孩上大学或更高,同样也有87.6%的父亲希望女孩上大学或更高。90.2%的母亲希望男孩上大学或更高,同样也有87.3%的母亲希望女孩上大学或更高,两者相差不大。

表4.17 父亲希望孩子念书最高到哪一级　　　　单位:%

		样本量	小学毕业	初中毕业	高中毕业	上大学或更高	其他
学生性别	男	878	0.0	2.1	8.8	88.4	0.8
	女	796	0.3	2.4	8.9	87.6	0.9
总体		1674	0.1	2.2	8.8	88.0	0.8

表4.18 母亲希望孩子念书最高到哪一级　　　　单位:%

		样本量	小学毕业	初中毕业	高中毕业	上大学或更高	其他
学生性别	男	878	0.0	1.4	7.6	90.2	0.8
	女	796	0.0	1.4	10.8	87.3	0.5
总体		1674	0.0	1.4	9.1	88.8	0.7

表4.19对父亲教育期望水平与学生成绩的关系进行了分析[1]。总体来看,在甘肃农村初中,父亲对孩子的教育期望水平越高,其孩子的在校成绩就越好。其原因在于父亲的教育期望对孩子的学习具有极大的激励作用,对孩子教育期望水平高的父亲也会为孩子的学习提供更大的支持。

---

[1] 由于"其他"指代不明确,为了便于比较,本表中将不分析这一选项,下表同。

表 4.19　父亲教育期望水平与学生成绩差异分析

年级	父亲希望孩子念书最高到哪一级	数学平均成绩	数学成绩有效样本量	语文平均成绩	语文成绩有效样本量
初一	小学毕业	6.50	2	4.00	2
	初中毕业	14.94	16	19.28	16
	高中毕业	10.26	58	19.21	58
	上大学或更高	12.14	508	21.69	508
初二	小学毕业	—	0	—	0
	初中毕业	8.22	9	22.19	9
	高中毕业	15.47	54	19.06	54
	上大学或更高	16.62	517	19.47	517
初三	小学毕业	—	0	—	0
	初中毕业	19.33	12	21.03	12
	高中毕业	23.01	36	21.38	36
	上大学或更高	25.81	447	21.57	447

表 4.20 对母亲教育期望水平与学生成绩的关系进行了分析。总体来看,母亲对孩子的教育期望水平越高,其孩子的在校成绩也越好。

表 4.20　母亲教育期望与学生成绩差异分析

年级	母亲希望孩子念书最高到哪一级	数学平均成绩	数学成绩有效样本量	语文平均成绩	语文成绩有效样本量
初一	小学毕业	—	0	—	0
	初中毕业	11.05	9	19.38	9
	高中毕业	11.16	60	20.33	60
	上大学或更高	12.13	521	21.53	521
初二	小学毕业	—	0	—	0
	初中毕业	21.78	7	25.14	7
	高中毕业	13.51	54	19.89	54
	上大学或更高	16.59	514	19.31	514
初三	小学毕业	—	0	—	0
	初中毕业	18.78	7	14.92	7
	高中毕业	24.06	39	21.30	39
	上大学或更高	25.55	451	21.52	451

(五) 父母的学习辅导与学生成绩

父亲和母亲每周辅导孩子做作业的时间分别见表 4.21 和表

4.22。由表 4.21 和表 4.22 可知：① 甘肃农村初中学生很少接受父母的学习辅导。父亲每周辅导孩子做作业的时间仅为 1.17 小时，母亲每周辅导孩子做作业的时间仅为 0.99 小时。② 男生接受父母的学习辅导时间要多于女生。父亲每周辅导男孩子和女孩子做作业的时间分别为 1.30 小时和 1.04 小时，母亲每周辅导男孩子和女孩子做作业的时间分别为 1 小时和 0.97 小时。

表 4.21　父亲每周辅导孩子做作业的时间　　　　单位：小时

		样本量	最小值	最大值	平均值	标准差
学生性别	男	878	0.00	48.00	1.30	4.11
	女	796	0.00	24.00	1.04	2.47
年级	初一	591	0.00	48.00	1.29	3.73
	初二	581	0.00	48.00	1.13	3.19
	初三	502	0.00	48.00	1.08	3.33
总体		1674	0.00	48.00	1.17	3.43

表 4.22　母亲每周辅导孩子做作业的时间　　　　单位：小时

		样本量	最小值	最大值	平均值	标准差
学生性别	男	878	0.00	35.00	1.00	3.09
	女	796	0.00	35.00	0.97	2.59
年级	初一	591	0.00	15.00	0.85	1.91
	初二	581	0.00	35.00	1.16	3.54
	初三	502	0.00	35.00	0.95	2.91
总体		1674	0.00	35.00	0.99	2.86

父母亲对孩子的学习辅导时间分布见表 4.23。由表 4.23 可知大部分甘肃农村初中学生缺乏父亲和母亲的学习辅导。在甘肃农村初中，73.5% 的父亲和 74.6% 的母亲每周辅导孩子做作业的时间为 0 小时，只有 11% 的父亲和 8.1% 的母亲每天辅导孩子做作业的时间在半个小时以上。大部分甘肃农村初中学生缺乏父亲和母亲的学习辅导的一个重要原因在于学生家长的受教育程度都偏低以致根本无法对孩子提供有效的学习辅导。如表 4.10 所示，大部分学生父亲的受教育程度停留在初中阶段，大部分学生母亲的受教育程度停留在小学阶段，只有小学或初中文化程度的父母很难去辅导初中学生做作业。

表 4.23　父母亲对孩子的学习辅导时间分布

每周辅导时间	父亲所占比例(%)	母亲所占比例(%)
0 小时	73.5	74.6
0.1~3.5 小时	15.5	17.3
3.5~7 小时	8.4	5.7
7 小时以上	2.6	2.4

父亲学习辅导与学生成绩的关系分析见表 4.24。父亲学习辅导时间与学生数学和语文成绩的关系波动比较大,没有什么规律性。

表 4.24　父亲学习辅导与学生成绩差异分析

年级	父亲每周辅导孩子做作业的时间	数学平均成绩	数学成绩有效样本量	语文平均成绩	语文成绩有效样本量
初一	0 小时	11.87	412	20.76	412
	0.1~3.5 小时	12.81	115	23.52	115
	3.5~7 小时	11.68	47	21.31	47
	7 小时以上	10.64	17	22.11	17
初二	0 小时	16.66	422	20.01	422
	0.1~3.5 小时	15.12	92	17.82	92
	3.5~7 小时	15.35	58	18.82	58
	7 小时以上	21.22	9	13.77	9
初三	0 小时	25.66	396	22.06	396
	0.1~3.5 小时	27.49	52	19.73	52
	3.5~7 小时	21.28	35	18.50	35
	7 小时以上	23.05	18	20.21	18

母亲学习辅导与学生成绩的关系分析见表 4.25。母亲学习辅导时间与学生数学和语文成绩的关系也没有什么规律性。

表 4.25　母亲学习辅导与学生成绩差异分析

年级	母亲每周辅导孩子做作业的时间	数学平均成绩	数学成绩有效样本量	语文平均成绩	语文成绩有效样本量
初一	0 小时	12.13	428	21.58	428
	0.1~3.5 小时	11.99	124	21.15	124
	3.5~7 小时	9.55	29	20.01	29
	7 小时以上	13.80	10	19.90	10

续表

年级	母亲每周辅导孩子做作业的时间	数学平均成绩	数学成绩有效样本量	语文平均成绩	语文成绩有效样本量
初二	0 小时	16.54	423	19.96	423
	0.1~3.5 小时	15.45	99	17.97	99
	3.5~7 小时	14.97	42	18.89	42
	7 小时以上	18.57	17	13.67	17
初三	0 小时	25.54	395	21.73	395
	0.1~3.5 小时	23.15	66	19.03	66
	3.5~7 小时	31.32	23	23.39	23
	7 小时以上	24.32	17	23.29	17

第二节 学生成绩的班级层面影响因素分析

一、班级规模与学生成绩

影响学生成绩的班级层面因素中,班级规模是一个重要因素。表4.26统计了样本中的甘肃农村初中班级规模状况。

表 4.26 甘肃农村初中班级规模 单位:人

	最小值	最大值	平均值	标准差	班级样本量
初一年级	13	87	51	13.88	265
初二年级	13	96	53	13.79	280
初三年级	17	93	54	11.87	336
公办学校	13	96	54	12.66	829
民办学校	18	75	39	12.90	52
重点校	13	93	55	14.59	244
非重点校	13	96	52	12.48	637
总体	13	96	53	13.16	881

由表4.26可知:① 甘肃农村初中班级规模普遍偏大,且班级规模差异很大。甘肃农村初中班级样本数为881个,平均班级规模为53人,最大的班级规模竟达到了96人,而最小的班级规模只有13人。② 较高年级的班级规模大于较低年级的班级规模。初一年级的班级平均规模为51人,初二年级的班级平均规模为53人,初三年级的班级平均规模为54人,显示出了甘肃农村初中越到高

年级,班级规模越大的特征。③ 公办学校的班级规模明显大于民办学校班级规模。公办学校的班级平均规模为54人,民办学校的班级平均规模为39人,两者相差较大。④ 重点校的班级规模略大于非重点校的班级规模。重点校的班级平均规模为55人,非重点学校的班级平均规模为52人。

表4.27统计了样本中的甘肃农村初中班级规模分布状况。甘肃农村初中班级规模在50人以上的大型班级占到了全体班级的65.4%,而班级规模在70人以上的特大型班级又占到了全体班级的8.3%。

表4.27 甘肃农村初中班级规模分布

班级规模	班级样本量	占全体班级样本量的比例(%)
0~30人	58	6.6
31~40人	88	10.0
41~50人	159	18.0
51~60人	369	41.9
61~70人	134	15.2
70人以上	73	8.3
总体	881	100

不同规模的班级学生成绩差异分析见表4.28。总体上,与较小班级规模的学生相比,在较大班级规模学习的甘肃农村初中学生的数学和语文成绩较低。

表4.28 不同规模的班级学生成绩差异分析

年级	班级规模	数学平均成绩	数学成绩有效样本量	语文平均成绩	语文成绩有效样本量
初一	0~30人	22.18	38	27.35	38
	31~40人	17.41	61	23.19	61
	41~50人	13.18	85	21.89	85
	51~60人	10.75	285	21.51	285
	61~70人	8.22	86	18.88	86
	70人以上	8.09	36	15.81	36

续表

年级	班级规模	数学平均成绩	数学成绩有效样本量	语文平均成绩	语文成绩有效样本量
初二	0～30人	20.84	22	28.59	22
	31～40人	18.71	46	24.34	46
	41～50人	16.76	122	20.27	122
	51～60人	15.87	285	18.53	285
	61～70人	14.70	66	16.96	66
	70人以上	16.20	40	16.96	40
初三	0～30人	24.03	20	28.55	20
	31～40人	20.09	41	24.46	41
	41～50人	28.88	83	22.54	83
	51～60人	26.13	251	21.33	251
	61～70人	24.13	78	19.32	78
	70人以上	21.84	28	16.83	28

从图4.7可知,除了初三年级的班级规模与学生数学成绩的关系存在较大的波动外,初一和初二年级的班级规模与学生数学成绩存在反向变动关系,即班级规模越大,学生的数学成绩就越差。

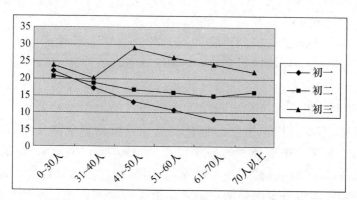

图4.7 班级规模与学生数学成绩

从图4.8可知,初中三个年级的班级规模与学生语文成绩均存在反向变动关系,即班级规模越大,学生的语文成绩就越差。

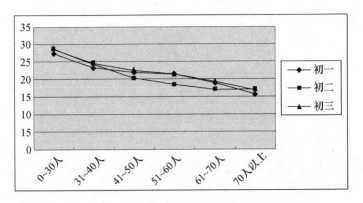

图 4.8 班级规模与学生语文成绩

二、教师因素与学生成绩

由于原有数据无法将语文和数学科任教师与具体的班级学生匹配上,但可以将班主任教师与具体的班级学生匹配。本书用班主任教师代替语文和数学任课教师,这仍可估计教师对学生成绩的影响,原因在于:首先,样本中绝大多数班主任教师都是该班的语文课程教师或数学课程教师。具体来说,47.5%的班主任教师是该班的语文课程教师,几乎占到了班主任教师的一半左右。36.9%的班主任教师是该班的数学课程教师。总的来说,84.4%的班主任教师是该班的语文课程教师或数学课程教师。其次,在我国现有的学校管理体制下,班主任肩负着管理班级学生的学习过程的职责,无论班主任是否担任所在班级的语文教师或数学教师,班主任都会对所在班级学生的学习成绩产生重要影响。基于上述考虑,本书用班主任的特征变量代替所在班级语文和数学教师的特征变量来估计教师对学生成绩的影响,尽管这可能使得对教师各特征影响的估计不是很精确,但具有一定的合理性。此外,考虑到如果将班主任是所在班级的语文教师和班主任是所在班级的数学教师作为两个样本来分别估计语文教师对学生语文成绩的影响和数学教师对学生数学成绩的影响,则会使估计的样本规模偏小。因此,本书不再将班主任教师分成语文教师和数学教师并分别估计他们对学生语文成绩和数学成绩的影响,而是统一估计班主任教师对学生语文成绩和数学成绩的影响。

（一）教师性别与学生成绩

样本中教师性别分布见表4.29。教师样本一共是881名，其中，男教师632名，占71.7%，女教师249名，占28.3%，男教师的比例远高于女教师的比例。

表4.29 教师性别分布表

教师性别	教师样本量	占全部教师样本量的比例(%)
男	632	71.7%
女	249	28.3%
总体	881	100

不同性别的教师所教的班级学生成绩差异分析见表4.30。除初三年级的女教师所教的班级学生数学平均成绩低于男教师所教的班级学生外，其他年级的女教师所教的班级学生数学和语文平均成绩均高于男教师所教的班级学生。总体上，与男教师相比，女教师教的班级学生成绩通常要高些。

表4.30 教师性别与学生成绩差异分析

年级	教师性别	数学平均成绩	数学成绩有效样本量	语文平均成绩	语文成绩有效样本量
初一	女	13.40	180	22.47	180
	男	11.39	411	20.91	411
初二	女	17.45	148	22.31	148
	男	15.99	433	18.47	433
初三	女	23.16	124	23.28	124
	男	26.21	377	20.92	377

（二）教师民族与学生成绩

样本中的教师民族分布见表4.31。教师样本中，汉族教师863名，占98%，民族教师13名，仅占2%。

表4.31 教师民族分布

教师民族	教师样本量	占全部教师样本量的比例(%)
汉族	863	98
民族	13	2
总体	881	100

不同民族的教师所教的班级学生成绩差异分析见表4.32。除

初三年级的民族教师所教的班级学生数学平均成绩略高于汉族教师所教的班级学生外,其他年级的民族教师所教的班级学生数学和语文平均成绩均低于汉族教师所教的班级学生。总体上看,与民族教师相比,汉族教师所教的班级学生成绩通常要高些。

表 4.32 教师民族与学生成绩差异分析

年级	教师民族	数学平均成绩	数学成绩有效样本量	语文平均成绩	语文成绩有效样本量
初一	民族	7.50	11	17.05	11
	汉族	12.09	580	21.47	580
初二	民族	13.76	17	17.71	17
	汉族	16.44	564	19.50	564
初三	民族	26.89	9	14.92	9
	汉族	25.43	492	21.63	492

(三)教师编制与学生成绩

样本中,甘肃农村初中各类学校教师编制的分布见表 4.33。由表 4.33 可知:① 在 2004 年,甘肃农村初中还有相当数量的代课教师,代课教师占全部教师的比例接近 10%。② 甘肃农村初中民办学校代课教师所占比例明显高于公办学校。民办学校代课教师所占比例为 21.2%,公办学校代课教师所占比例为 8.9%,两者差别明显。③ 重点校与非重点校的代课教师比例没有明显差异。

表 4.33 教师编制分布

学校类型	教师样本量	公办教师所占比例(%)	代课教师所占比例(%)
公办学校	829	91.1	8.9
民办学校	52	78.8	21.2
重点校	224	90.2	9.8
非重点校	637	90.4	9.6
总体	881	90.4	9.6

甘肃农村初中有代课教师的学校所占比例见表 4.34。由表 4.34 可知:① 超过半数以上的甘肃农村初中学校存在代课教师。样本中,有代课教师的学校占全部学校的比例为 54%。② 公办学校中有代课教师的学校比例远高于民办学校。62.5% 的公办学校有代课教师,52.8% 的民办学校有代课教师。③ 非重点校中有代课教师的学校比例明显高于重点校。55.7% 的非重点学校有代课

教师,50%的重点校有代课教师。

表 4.34 有代课教师的学校所占比例

学校类型	学校样本量	有代课教师的学校所占比例(%)
公办学校	163	62.5
民办学校	24	52.8
重点校	56	50.0
非重点校	131	55.7
总体	187	54.0

不同类型编制的教师所教的班级学生成绩差异分析见表4.35。初二和初三年级公办编制的教师所教的班级学生平均成绩均高于代课编制的教师所教的班级学生平均成绩。与此相反,初一年级公办编制的教师所教的班级学生平均成绩均低于代课编制的教师所教的班级学生平均成绩。

表 4.35 教师编制与学生成绩差异分析

年级	教师编制	数学平均成绩	数学成绩有效样本量	语文平均成绩	语文成绩有效样本量
初一	公办	11.81	62	20.64	62
	代课	13.67	529	21.47	529
初二	公办	16.59	53	19.79	53
	代课	14.11	528	19.42	528
初三	公办	25.49	30	23.90	30
	代课	25.00	471	21.36	471

(四)教师工资与学生成绩

1. 甘肃农村初中教师工资

表4.36统计了样本中的甘肃农村初中教师2004年月基本工资。由表4.36可知:① 甘肃农村初中教师月基本工资较低。样本中的2004年甘肃农村初中教师月平均基本工资约为611元,合计全年平均基本工资约为7332元。查《中国统计年鉴2005》可知[1],甘肃省2004年全年职工平均工资为13623元,其中教育行业2004年全年职工平均工资为14481元,均远高于甘肃农村初中教师年平

---

[1] 中华人民共和国国家统计局.中国统计年鉴2005[M].北京:中国统计出版社,2005:157.

均基本工资。② 甘肃农村初中公办学校教师月基本工资明显高于民办学校教师。样本中的甘肃农村初中公办学校教师月平均基本工资为613.2元,民办学校教师月平均基本工资为566.42元,甘肃农村初中公办学校教师月平均基本工资比民办学校教师高46.78元。③ 甘肃农村初中重点校教师与非重点校教师的月基本工资没有明显差异。样本中的甘肃农村初中重点校教师的月基本工资为611.73,非重点校教师的月平均基本工资为610.75元,两者相差无几。④ 甘肃农村初中代课教师月基本工资远低于公办教师月基本工资。样本中的甘肃农村初中代课教师月平均基本工资只有342.48元,而公办教师月平均基本工资为639.70元,公办教师月平均基本工资比代课教师高297.22元。

表 4.36 教师月基本工资　　　　　　　单位:元

		教师样本量	最小值	最大值	平均值	标准差
学校类型	公办学校	829	76.00	1512.00	613.82	178.53
	民办学校	52	80.00	964.00	566.42	203.69
	重点校	244	80.00	1272.00	611.73	179.34
	非重点校	637	76.00	1512.00	610.75	180.85
教师编制	公办	796	100.00	1512.00	639.70	153.23
	代课	85	76.00	890.00	342.48	194.15
总体		881	76.00	1512.00	611.02	180.33

表 4.37 统计了样本中的甘肃农村初中教师 2004 年月总工资。由表 4.37 可知:① 甘肃农村初中教师月总工资远高于月基本工资。样本中的甘肃农村初中教师月平均总工资为918.59元,年总工资合计约为11023元。相比之下,2004年甘肃农村地区居民家庭平均每人纯收入约只有1852元①,可以说在甘肃农村,甘肃农村初中教师的总体收入水平较高。此外,甘肃农村初中教师月平均总工资比月平均基本工资多出了307.57元,多出的这部分工资约为基本工资的一半。甘肃农村初中教师月总工资包括基本工资、奖金、福利、补贴和其他收入,因此可以推断大部分甘肃农村初中教师每月除获得基本工资外,还获得了相当可观的奖金、福利、补

---

① 中华人民共和国国家统计局.中国统计年鉴 2005[M].北京:中国统计出版社,2005,361.

贴和其他收入。② 民办学校教师月平均总工资尽管低于公办学校教师，但民办学校教师每月获得的奖金、福利、补贴和其他收入明显多于公办学校教师。样本中的甘肃农村初中民办学校和公办学校教师的月平均总工资分别为 887.30 元和 920.55 元，民办学校和公办学校教师的月平均总工资减去月平均基本工资之差分别为 320.88 元和 306.73 元，说明了民办学校和公办学校教师平均每月获得的奖金、福利、补贴和其他收入分别是 320.88 元和 306.73 元，民办学校教师平均每月获得的奖金、福利、补贴和其他收入比公办学校教师大约多出 14 元。③ 样本中的甘肃农村初中重点校教师与非重点校教师的月基本工资尽管相差无几，但由于重点校教师每月获得的奖金、福利、补贴和其他收入多于非重点校教师，导致重点校教师每月总工资高于非重点校教师。④ 甘肃农村初中代课教师每月只有基本工资，而公办教师每月除基本工资外，还可以获得相当可观的奖金、福利、补贴和其他收入。样本中的甘肃农村初中代课教师月平均基本工资和月平均总工资分别只有 342.48 元和 343.85 元，两者相差无几。样本中的甘肃农村初中公办教师月平均基本工资和月平均总工资分别有 639.70 元和 982.10 元，说明公办教师平均每月获得的奖金、福利、补贴和其他收入高达 342.4 元。公办教师平均每月总工资比代课教师高出 638.25 元。公办教师月基本工资本来就高出代课教师很多，而公办教师每月又可获得相当可观的奖金、福利、补贴和其他收入，甘肃农村初中公办教师和代课教师之间的工资差距进一步被拉大了。

表 4.37　教师月总工资　　　　　　　　　　　单位：元

		教师样本量	最小值	最大值	平均值	标准差
学校类型	公办学校	829	96.00	3200.00	920.55	298.05
	民办学校	52	80.00	1500.00	887.30	383.70
	重点校	244	105.00	1675.00	933.89	296.04
	非重点校	637	80.00	3200.00	912.73	306.48
教师编制	公办	796	100.00	3200.00	982.10	232.45
	代课	85	80.00	1280.00	343.85	241.10
总体		881	80.00	3200.00	918.59	303.60

为了激励教师更加努力工作，农村中小学校长往往运用给教师发奖金、福利、补贴等经济手段对工作绩效高的教师进行奖励，

这些学校支出基本来源于向学生收取的各种费用。从2003年开始,甘肃省农村中小学就普遍推行了"一费制",农村中小学的乱收费行为被禁止,农村中小学也基本失去了乱收费这个重要的收入来源。学校实行"一费制"后,尽管校长可支配的资金大大减少了,但由于以下两个方面的原因,农村中小学校长在短期内可能不会立即停止给教师发奖金、福利、补贴等行为。第一,甘肃农村初中教师基本工资比较低,因此奖金、福利、补贴等基本工资以外的收入就成为了学校管理者和教师共同追求的经济利益,受利益驱动,学校不会轻易停发教师的奖金、福利、补贴。第二,西部农村中小学校长能够用于激励教师努力工作的管理手段很有限,而在这些有限的手段中,给教师发奖金、福利、补贴等经济手段无疑是最为有效的管理手段,为了提高学校教育教学质量,校长也不会轻易放弃这种管理手段。

对于公立中小学,学校实行"一费制"后,在学校公用经费使用缺乏监督的情况下,教师的奖金、福利、补贴等学校支出很可能转而通过挤占学校生均公用经费这一渠道来开支,因为公立中小学学校的公用经费支出是政府每学期按学生数拨付的,这部分支出与教师的基本工资支出是分开的,挤占学校生均公用经费不会影响到教师基本工资的发放,挤占学校生均公用经费给学校教育质量带来的负面影响也很难被监测到,即使挤占学校生均公用经费导致了学校教育质量的下降,公立中小学校长和教师的基本工资也不会受到较大影响。

对于民办中小学,学校的公用经费来源于学校收取学生的学杂费,校长和教师的基本工资和福利都与学校的学杂费收入直接挂钩,而学校的学杂费收入又与学校的教育质量密切相关,如果挤占学校公用经费而导致教育质量下降,学校的学杂费收入将会大大减少,民办中小学校长和教师的基本工资和福利也随之会减少,因此民办中小学校长和教师将不会去寻求挤占学校公用经费。民办中小学校长和教师的奖金、福利、补贴来源于学校其他的经费支出。

样本中的甘肃农村公立初中教师的教师月总工资和月基本工资之差与其所在学校公用经费的皮尔逊相关系数为0.084,该系数通过了0.05的统计显著性水平检验,说明甘肃农村公立初中教师的奖金、福利、补贴与学校公用经费之间存在显著的正相关关系。样本中甘肃农村民办初中教师的教师月总工资和月基本工资之差与其所在学校公用经费的皮尔逊相关系数为 0.014,该系数没有通过 0.1 的统计显著性水平检验,说明了甘肃农村民办初中教师的奖金、福利、补贴与学校公用经费之间不存在显著的正相关关系。这些结论在一定程度上支持了公立学校教师的奖金、福利、补贴等学校支出可能来自于挤占学校生均公用经费的推论。

2. 甘肃农村初中拖欠教师工资状况

拖欠教师工资,是指未按时、足额地支付规定的教师工资报酬,包括基础工资、岗位职务工资、奖金、津贴和其他各种政府补贴等。

表 4.38 教师工资发放状况　　　　单位:元

学校类型		教师样本量	一直按时	经常按时	有时按时	从不按时
学校类型	公办学校	829	36.7%	21.5%	32.6%	9.3%
	民办学校	52	19.2%	19.2%	48.1%	13.5%
教师编制	公办	796	36.1%	21.9%	33.7%	8.4%
	代课	85	31.8%	16.5%	31.8%	20.0%
总体		881	35.6%	21.3%	33.5%	9.5%

表 4.38 统计了 2004 年甘肃农村初中教师样本的工资发放状况。由表 4.38 可知:① 甘肃农村初中教师样本中的大部分教师都不能按时发工资。教师样本中只有 35.6% 的教师能一直按时发工资,高达 64.4% 的教师不能一直按时发工资,其中 9.5% 的教师从不按时发工资。② 与公办学校相比,甘肃农村初中民办学校教师工资发放不按时现象更为严重。民办学校有高达 81.8% 的教师不能一直按时发工资,这一比例远高于公办学校的 63.3%。③ 与公办教师相比,甘肃农村初中代课教师工资发放不按时现象更为严重。68.2% 的代课教师不能一直按时发工资,这一比例明显高于公办教师的 63.9%。20% 的代课教师从不按时发工资,这一比例远高于公办教师的 8.4%。

表 4.39 统计了样本中的甘肃农村初中教师工资拖欠状况。由表 4.39 可知:① 甘肃农村初中在 2004 年仍存在大面积拖欠教师工资问题。在 2004 年,甘肃农村初中全部教师样本中仍有高达 43.6% 的教师被拖欠工资。② 与公办学校相比,甘肃农村民办初

中学校拖欠教师工资问题更为严重。民办学校有高达57.7%的教师被拖欠工资,这一比例远高于公办学校的42.7%。③ 与公办教师相比,甘肃农村初中代课教师工资被拖欠问题较轻。45.6%的公办教师被拖欠工资,这一比例远高于代课教师的24.7%。其原因可能是代课教师人数较公办教师少且代课教师工资很低,因此支付代课教师工资的财政压力要比支付公办教师工资轻很多。

表4.39 教师工资拖欠状况

		教师样本量	到现在还被拖欠工资的教师比例(%)
学校类型	公办学校	829	42.7
	民办学校	52	57.7
教师编制	公办	796	45.6
	代课	85	24.7
总体		881	43.6

表4.40比较了甘肃农村初中被拖欠工资与没有被拖欠工资的教师所教学生的成绩。从表4.40可以发现,甘肃农村初中没有被拖欠工资的教师所教学生的成绩均明显高于被拖欠工资的教师所教学生的成绩,说明了教师工资拖欠问题对甘肃农村初中教育质量有很大的影响。农村教师工资本来就不高,如果再拖欠教师工资,无疑会严重挫伤教师的工作积极性,危害农村义务教育质量。

表4.40 教师工资拖欠与学生成绩

年级	到现在是否还有被拖欠的工资	数学平均成绩	数学成绩有效样本量	语文平均成绩	语文成绩有效样本量
初一	有	12.36	257	22.75	257
	没有	11.73	334	20.34	334
初二	有	17.29	251	20.26	251
	没有	15.65	330	18.83	330
初三	有	27.23	215	21.67	215
	没有	24.12	286	21.38	286

(五)教师质量与学生成绩

本书衡量教师质量的指标包括教师教龄、教师学历、教师职称、教师资格、教师培训。

1. 教师教龄与学生成绩

表4.41统计了样本中的甘肃农村初中各类教师的教龄。由表

4.41可知：① 总体上，甘肃农村初中教师的教龄较长。样本中的甘肃农村初中教师的平均教龄为11.25年，教师教龄最短的为0年，最长的为38年。② 民办学校的教师教龄明显长于公办学校教师的教龄。民办学校的教师平均教龄为15.54年，公办学校的教师平均教龄为10.98年，民办学校的教师平均教龄比公办学校教师平均教龄多4.56年。原因是民办学校教师大多来源于公办学校退休后的教师，故民办学校教师多数教龄比较长。③ 样本中的甘肃农村初中各年级教师平均教龄差别不大，重点校与非重点校的教师平均教龄差别也不大。

表 4.41 教师教龄　　　　　　　　　单位：年

	样本量	最小值	最大值	平均值	标准差
初一年级	265	0.00	37.00	11.21	8.96
初二年级	280	1.00	36.00	11.01	8.38
初三年级	336	1.00	38.00	11.47	8.05
公办学校	829	0.00	37.00	10.98	8.22
民办学校	52	1.00	38.00	15.54	10.43
重点校	244	0.00	35.00	11.53	8.53
非重点校	637	1.00	38.00	11.14	8.39
总体	881	0.00	38.00	11.25	8.43

如果将教师的教龄划分成三个阶段：0~3年为适应阶段，3~8年为成长阶段；8年以上为成熟阶段。样本中的甘肃农村初中不同教龄阶段教师的比例见表4.42。处于成熟阶段的教师占全体教师的比例为52.4%，处于成长阶段的教师占全体教师的比例为26.7%，处于适应阶段的教师占全体教师的比例为20.9%。

表 4.42 教师教龄分布

教师教龄	教师样本量	占全体教师样本量的比例（%）
0~3年	184	20.9
3~8年	235	26.7
8年以上	462	52.4

样本中的甘肃农村初中不同教龄阶段的教师所教的班级学生成绩差异分析见表4.43。初中三个年级中，学生的数学成绩随着教师教龄的增加而提高，而学生的语文成绩与教师教龄的关系没

有规律性。

表 4.43 教师教龄与学生成绩差异分析

年级	教师教龄	数学平均成绩	数学成绩有效样本量	语文平均成绩	语文成绩有效样本量
初一	0～3 年	9.85	160	19.27	160
	3～8 年	10.26	176	22.75	176
	8 年以上	14.55	255	21.76	255
初二	0～3 年	14.52	136	17.78	136
	3～8 年	16.80	143	20.31	143
	8 年以上	16.97	302	19.78	302
初三	0～3 年	21.77	73	21.89	73
	3～8 年	25.36	143	21.68	143
	8 年以上	27.51	285	21.32	285

2. 教师学历与学生成绩

样本中,甘肃农村初中教师的最高学历分布见表 4.44。由表 4.44 可知:① 总体上,甘肃农村初中教师的学历水平不低。甘肃农村初中拥有大专学历的教师占到了全部教师样本的 65.4%,拥有本科学历的教师也占到了全部教师样本的 13.1%,可以说,样本中的绝大部分初中教师都接受了高等教育。表 4.45 比较了教师初任职时和现在的最高学历,结果显示甘肃农村初中教师现在的学历水平比初任职时的学历水平有了一个明显的提升,这应得益于国家近年来大力提升中小学教师学历教育的努力。① ② 甘肃农村初中公办学校教师的学历水平明显高于民办学校教师。公办学校教师中 66.8% 的教师拥有大专学历,13.9% 的教师拥有本科学历,而民办学校教师中只有 42.3% 的教师拥有大专学历,且没有本科学历的教师。③ 甘肃农村初中重点校与非重点校的教师在学历分布上没有明显差异。

---

① 教育部制定的《面向 21 世纪教育振兴行动计划》曾明确提出:"2010 年前后,具备条件的地区力争使小学和初中教师的学历分别提升到专科和本科层次,经济发达地区的高中专任课教师、校长中获硕士学位者应达到一定的比例。"这一目标的确定在很大程度上促进了各地区中小学教师学历的提高。

表 4.44 教师现在最高学历分布　　　　　　　单位：%

学校类型	教师样本量	初中	高中	中专	大专	本科
公办学校	829	0.7	3.1	15.4	66.8	13.9
民办学校	52	1.9	11.5	44.2	42.3	0.0
重点校	244	0.4	4.9	17.6	65.2	11.9
非重点校	637	0.9	3.1	17.0	65.5	13.5
总体	881	0.8	3.6	17.1	65.4	13.1

表 4.45 教师现在与初任职时最高学历分布　　　单位：%

	教师样本量	小学	初中	高中	中专	大专	本科
现在	881	0.0	0.8	3.6	17.1	65.4	13.1
初任职时	881	0.1	2.6	12.5	41.9	40.9	2.0

样本中的甘肃农村初中不同学历教师所教的班级学生成绩差异分析见表 4.46。甘肃农村初中学生的成绩与教师的学历没有一致的规律性。

表 4.46 教师学历与学生成绩差异分析

年级	教师现在的学历	数学平均成绩	数学成绩有效样本量	语文平均成绩	语文成绩有效样本量
初一	初中	19.000	2	21.000	2
	高中	20.200	15	25.500	15
	中专	18.074	107	24.280	107
	大专	10.985	385	20.948	385
	本科	7.195	82	18.914	82
初二	初中	28.500	3	18.333	3
	高中	18.156	16	27.187	16
	中专	18.381	101	23.009	101
	大专	15.748	398	18.589	398
	本科	15.944	63	17.269	63
初三	初中	13.100	5	23.400	5
	高中	22.823	17	27.808	17
	中专	24.666	39	25.352	39
	大专	25.555	352	21.394	352
	本科	26.619	88	18.931	88

3. 教师职称与学生成绩

样本中的甘肃农村初中各类学校教师职称分布见表 4.47。由表 4.47 可知：① 甘肃农村初中教师中有 32.1% 的教师只拥有小教职称，其原因可能在于这些教师是由于工作出色而从小学调入初中的，短期内他们还没有评上中教职称。② 甘肃农村初中公办学校的教师职称明显高于民办学校教师。公办学校中 61.7% 的教师拥有中教职称，而民办校中只有 1.9% 的教师拥有中教职称。③ 甘肃农村初中重点校与非重点校在教师职称分布上没有明显差异，只是重点校拥有少数中教高级职称教师，而非重点校没有中教高级职称教师。

表 4.47 教师职称分布 单位：%

学校类型	教师样本量	见习期	小教二级	小教一级	小教高级	中教三级	中教二级	中教一级	中教高级
公办学校	829	9.4	6.3	16.4	6.2	14.7	33.4	13.4	0.2
民办学校	52	13.5	26.9	40.4	17.3	0.0	1.9	0.0	0.0
重点校	244	9.8	7.4	19.3	8.6	12.3	28.3	13.5	0.8
非重点校	637	9.6	7.5	17.3	6.1	14.4	32.8	12.2	0.0
总体	881	9.6	7.5	17.8	6.8	13.8	31.6	12.6	0.2

样本中，不同职称的教师所教的班级学生成绩差异分析见表 4.48。甘肃农村初中学生的成绩与教师职称的关系没有规律性。

表 4.48 教师职称与学生成绩差异分析

年级	教师职称	数学平均成绩	数学成绩有效样本量	语文平均成绩	语文成绩有效样本量
初一	见习期	12.30	76	18.15	76
	小教二级	13.88	48	24.60	48
	小教一级	16.09	119	24.62	119
	小教高级	21.48	32	28.24	32
	中教三级	9.52	81	20.80	81
	中教二级	8.67	185	19.73	185
	中教一级	10.17	49	18.15	49
	中教高级	17.50	1	19.00	1

续表

年级	教师职称	数学平均成绩	数学成绩有效样本量	语文平均成绩	语文成绩有效样本量
初二	见习期	13.63	79	18.04	79
	小教二级	23.33	44	26.93	44
	小教一级	18.71	80	23.28	80
	小教高级	19.30	30	26.14	30
	中教三级	16.26	88	18.55	88
	中教二级	14.82	179	16.97	179
	中教一级	15.17	80	15.78	80
	中教高级	30.00	1	33.00	1
初三	见习期	28.19	29	23.48	29
	小教二级	18.96	28	26.83	28
	小教一级	22.61	73	25.40	73
	小教高级	17.46	24	26.38	24
	中教三级	27.78	55	22.57	55
	中教二级	26.89	198	19.55	198
	中教一级	26.41	94	18.54	94

4. 教师资格与学生成绩

样本中的甘肃农村初中教师的资格分布见表4.49。由表4.49可知：① 大部分甘肃农村初中教师并没有取得初中教师资格。7%的初中教师没有教师资格，55.3%的初中教师只有小学资格，表明超过60%的甘肃农村初中教师没有获得应具备的初中教师资格。② 甘肃农村初中民办学校获得初中教师资格的教师比例远高于公办学校。甘肃农村初中民办学校获得初中教师资格的教师比例达到了80.8%，而公办学校获得初中教师资格的教师比例只有31.7%，两者相距甚远。但另一方面，民办学校没有教师资格的教师比例也达到了15.4%，远高于公办学校的6.5%。③ 甘肃农村初中重点校与非重点校在教师资格分布上没有明显差异，只是重点校获得高中教师资格的教师比例略高于非重点校。

表 4.49 教师资格分布　　　　　　　　　　单位：%

学校类型	教师样本量	没有资格	小学资格	初中资格	高中资格
公办学校	829	6.5	58.5	31.7	3.3
民办学校	52	15.4	3.8	80.8	0.0
重点校	244	6.6	54.9	34.8	3.7
非重点校	637	7.2	55.4	34.5	2.8
总体	881	7.0	55.3	34.6	3.1

甘肃农村初中拥有不同教师资格的教师所教的班级学生成绩差异分析见表4.50。总体上，甘肃农村初中，拥有初中教师资格的教师所教学生成绩要明显高于其他教师。拥有高中教师资格的教师所教学生成绩普遍要低于拥有初中教师资格的教师，甚至低于拥有小学或无教师资格的教师，其原因可能在于拥有高中教师资格的教师更愿意去高中工作，因此他们在初中学校里工作的努力程度不如其他教师，其结果是他们所教学生的成绩低于其他教师所教学生的成绩。

表 4.50 教师资格与学生成绩差异分析

年级	教师资格类型	数学平均成绩	数学成绩有效样本量	语文平均成绩	语文成绩有效样本量
初一	没有资格	13.58	45	21.18	45
	小学资格	8.99	300	18.68	300
	初中资格	15.82	229	25.30	229
	高中资格	9.47	17	16.82	17
初二	没有资格	14.36	48	20.38	48
	小学资格	15.06	340	16.96	340
	初中资格	19.21	178	23.99	178
	高中资格	18.16	15	18.76	15
初三	没有资格	24.35	21	23.66	21
	小学资格	27.02	341	19.77	341
	初中资格	21.42	125	26.19	125
	高中资格	24.85	14	18.57	14

图4.9显示初一和初二年级拥有初中教师资格的教师所教学生数学成绩明显高于其他教师，但初三年级拥有小学教师资格的教师所教学生数学成绩最高。

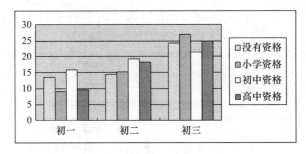

图 4.9　教师资格与学生数学成绩

图 4.10 显示甘肃农村初中各年级拥有初中教师资格的教师所教学生语文成绩均明显高于其他教师。

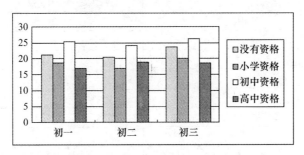

图 4.10　教师资格与学生语文成绩

5. 教师培训与学生成绩

问卷中,甘肃农村初中教师参加的培训主要有两大类:学历提高培训和非学历提高培训。其中,非学历提高培训又主要包括进修学校培训和项目专家培训。

① 教师学历提高培训与学生成绩

表 4.51 统计了样本中的参加过学历提高培训的教师比例。由表 4.51 可知:第一,一半以上的甘肃农村初中教师参加过了学历提高培训。第二,甘肃农村初中男教师中参加过学历提高培训的教师比例略高于女教师。第三,甘肃农村初中公办教师中参加过学历提高培训的教师比例远高于代课教师。第四,甘肃农村初中中等学历教师中参加过学历提高培训的教师比例远高于其他学历水平教师。在具有各级初任职学历水平的教师中,中专学历的教师中参加过学历提高培训的教师比例最高(71%),其次是高中学历的教师(65.8%),最低的是本科学历的教师(27.8%)。第五,甘肃农村民办初中教师参加过学历提高培训的教师比例明显高于公

办学校教师。其原因在于民办学校教师大多数是公办学校退休教师,这些教师在退休前大多参加过学历提高培训。第六,甘肃农村初中重点校参加过学历提高培训的教师比例明显低于非重点校。其原因在于重点校教师的学历水平普遍高于非重点校教师。

表 4.51 参加过学历提高培训的教师比例

		教师样本量	参加过学历提高培训的教师所占比例(%)
教师性别	男	632	55.5
	女	249	52.6
教师编制类型	公办	796	56.4
	代课	85	38.8
教师初任职时最高学历	初中	23	56.5
	高中	110	65.8
	中专	369	71.0
	大专	360	36.1
	本科	18	27.8
学校类型	公办学校	829	54.2
	民办学校	52	63.5
	重点校	244	49.2
	非重点校	637	56.8
总体		881	54.7

表 4.52 对甘肃农村初中参加过提高学历培训的教师所教学生成绩与没参加过提高学历培训的教师所教学生成绩的差异进行了比较。总体上看,参加过提高学历培训的甘肃农村初中教师所教的学生平均成绩要高于没参加过提高学历培训的教师所教的学生平均成绩,这表明甘肃农村初中教师参加学历培训有助于提高其教育教学质量。

表 4.52 教师学历提高培训与学生成绩差异分析

年级	教师是否参加过提高学历培训	数学平均成绩	数学成绩有效样本量	语文平均成绩	语文成绩有效样本量
初一	参加过	12.35	324	21.73	324
	没参加过	11.79	267	20.97	267
初二	参加过	16.66	303	19.57	303
	没参加过	16.04	278	19.32	278
初三	参加过	26.73	292	20.75	292
	没参加过	23.67	209	22.56	209

② 进修学校培训与学生成绩

2003年6月至2004年6月期间,样本中的甘肃农村初中教师参加进修学校短期培训的频率见表4.53。由表4.53可知:第一,甘肃农村初中教师在进修学校接受的培训比较频繁。2003年6月至2004年6月期间,37.7%的甘肃农村初中教师每周一次参加进修学校培训,26.4%的甘肃农村初中教师每月一次参加进修学校培训,仅有2.3%的甘肃农村初中教师没有参加进修学校培训。第二,甘肃农村初中代课教师在进修学校接受的培训频率远高于公办教师。甘肃农村初中代课教师中有61.2%的教师每周一次参加进修学校培训,而公办教师中这一比例只有35.2%。第三,甘肃农村初中重点校教师在进修学校接受的培训频率远高于非重点校教师。甘肃农村初中重点校教师中有45.1%的教师每周一次参加进修学校培训,而非重点校中这一比例为34.9%。

表4.53 教师参加进修学校培训频率　　　　单位:%

		教师样本量	没有	一次	一学期一/两次	每月一次	每周一次
教师性别	男	632	2.7	2.5	31.3	26.7	36.7
	女	249	1.2	2.4	30.5	25.7	40.2
教师编制类型	公办	796	2.4	2.4	32.4	27.6	35.2
	代课	85	1.2	3.5	18.8	15.3	61.2
学校类型	公办学校	829	2.4	2.5	31.0	26.3	37.8
	民办学校	52	0.0	1.9	32.7	28.8	36.5
	重点校	244	2.5	2.0	25.4	25.0	45.1
	非重点校	637	2.2	2.7	33.3	27.0	34.9
总体		881	2.3	2.5	31.1	26.4	37.7

2003年6月至2004年6月期间,在教师进修学校有着不同频率短期培训的甘肃农村初中教师所教学生成绩的差异见表4.54。甘肃农村初中学生成绩与甘肃农村初中教师参加进修学校培训的强度之间的关系不明确。

表 4.54　教师进修学校培训与学生成绩差异分析

年级	2003年6月至2004年6月期间，教师在进修学校短期培训的频率	数学平均成绩	数学成绩有效样本量	语文平均成绩	语文成绩有效样本量
初一	没有	14.83	15	26.80	15
	一次	10.66	22	22.38	22
	一学期一/两次	10.76	176	20.44	176
	每月一次	12.44	159	20.95	159
	每周一次	12.65	219	21.97	219
初二	没有	15.58	6	19.25	6
	一次	10.66	19	16.56	19
	一学期一/两次	14.98	200	17.72	200
	每月一次	18.60	123	21.29	123
	每周一次	16.84	233	20.19	233
初三	没有	34.41	12	26.83	12
	一次	28.36	15	22.43	15
	一学期一/两次	22.20	157	20.17	157
	每月一次	25.19	140	21.33	140
	每周一次	27.69	177	22.38	177

③ 项目专家培训与学生成绩

2003年6月至2004年6月期间，样本中的甘肃农村初中教师参加教育项目专家培训的频率见表 4.55。

表 4.55　教师参加教育项目专家培训频率　　　　　单位:%

		教师样本量	没有	一次	一学期一/两次	每月一次	每周一次
教师性别	男	632	1.3	2.7	16.5	26.7	52.8
	女	249	0.4	0.8	14.9	33.7	50.2
教师编制	公办	796	1.1	2.0	16.2	29.6	51.0
	代课	85	3.5	0.0	14.1	20.0	62.4
学校类型	公办学校	829	1.1	2.2	16.4	29.2	51.1
	民办学校	52	0.0	1.9	9.6	21.2	67.3
	重点校	244	0.8	1.6	16.0	25.4	56.1
	非重点校	637	1.1	2.4	16.0	30.0	50.5
总体		881	1.0	2.2	16.0	28.7	52.1

由表 4.55 可知：第一，甘肃农村初中教师参加教育项目专家培训也比较频繁。2003 年 6 月至 2004 年 6 月期间，每周一次参加教育项目专家培训的教师比例高达 52.1%，没参加教育项目专家培训的教师比例仅为 1%。第二，甘肃农村初中代课教师参加教育项目专家培训的频率明显高于公办教师。代课教师中有 62.4% 的教师每周一次参加教育项目专家培训，而公办教师中这一比例为 51.0%。第三，甘肃农村初中民办学校教师参加教育项目专家培训的频率远高于公办学校教师。民办学校教师中有 67.3% 的教师每周一次参加教育项目专家培训，而公办教师中这一比例为 51.1%。第四，甘肃农村初中重点校教师参加教育项目专家培训的频率明显高于非重点校教师。重点学校教师中有 56.1% 的教师每周一次参加教育项目专家培训，而非重点校教师中这一比例为 50.5%。

2003 年 6 月至 2004 年 6 月期间，接受教育项目专家不同频率短期培训的甘肃农村初中教师所教学生成绩的差异见表 4.56。总体上，甘肃农村初中学生成绩与甘肃农村初中教师参加教育项目专家培训的强度之间的关系也不明确。

表 4.56　教育项目专家培训与学生成绩差异分析

年级	2003 年 6 月至 2004 年 6 月期间教师接受教育项目专家短期培训的频率	数学平均成绩	数学成绩有效样本量	语文平均成绩	语文成绩有效样本量
初一	没有	12.25	2	21.50	2
	一次	14.54	13	28.63	13
	一学期一/两次	10.78	115	19.60	115
	每月一次	10.72	168	20.93	168
	每周一次	13.10	293	22.01	293
初二	没有	17.50	16	18.31	16
	一次	20.13	11	27.43	11
	一学期一/两次	13.25	102	15.91	102
	每月一次	17.62	152	21.45	152
	每周一次	16.57	300	19.40	300
初三	没有	21.35	7	17.14	7
	一次	28.50	12	20.56	12
	一学期一/两次	19.76	75	21.83	75
	每月一次	25.30	160	20.77	160
	每周一次	27.25	247	22.05	247

(六)教师工作努力程度与学生成绩

教师工作努力程度可能与学生成绩紧密相关。因为上课时间是制度规定的教师必需的工作时间,故上课时间无法有效反映出教师的工作努力程度,而上课以外的工作时间则是教师自愿选择的工作时间,较大程度上反映了教师的工作努力程度,因此本书中教师工作努力程度由教师上课以外的工作时间衡量,主要包括:每周批改作业时间、每周备课时间、每周对学生课外辅导时间、每周家访时间。

样本中的甘肃农村初中教师工作努力程度见表4.57。如果每周按5天工作日计算,样本中的甘肃农村初中教师平均每天批改作业和备课2小时左右,平均每天对学生课外辅导1小时左右,平均每天家访25分钟。除上课时间外,教师每天平均工作时间3小时以上,说明了甘肃农村初中教师工作努力程度比较高。如果算上正常的上课时间,甘肃农村初中教师每天的工作时间会比较长,说明了甘肃农村初中教师的工作负担比较重。

表4.57 教师工作努力程度   单位:小时

	最小值	最大值	平均值	标准差
每周批改作业时间	0.00	50.00	10.70	5.81
每周备课时间	1.00	48.00	9.70	4.94
每周对学生课外辅导时间	0.00	30.00	5.46	4.05
每周家访时间	0.00	20.00	2.06	2.15

表4.58比较了各类甘肃农村初中教师的工作努力程度。由表4.58可知:① 甘肃农村初中男教师比女教师工作更加努力。男教师每周批改作业时间、备课时间、对学生课外辅导时间和家访时间均要略多于女教师。② 与代课教师相比,甘肃农村初中公办教师的工作努力程度更高。公办教师每周批改作业时间低于代课教师,但每周备课时间、对学生课外辅导时间和家访时间均要明显多于代课教师。③ 甘肃农村初中重点校教师比非重点校教师工作更加努力。重点校教师每周批改作业时间、备课时间、对学生课外辅导时间和家访时间均要明显多于非重点校教师。

表 4.58　各类教师工作努力程度比较　　　　　单位：小时

		每周批改作业时间	每周备课时间	每周对学生课外辅导时间	每周家访时间
教师性别	男	10.74	9.77	5.52	2.09
	女	10.58	9.54	5.31	2.04
教师编制	公办	10.59	9.81	5.55	2.08
	代课	11.74	8.60	4.52	1.81
年级	初一	11.08	9.98	5.68	2.08
	初二	10.43	9.12	5.04	2.02
	初三	10.54	10.05	5.69	2.05
学校类型	公办学校	10.65	9.68	5.47	2.06
	民办学校	11.54	10.05	5.28	1.83
	重点校	10.88	10.00	5.76	2.15
	非重点校	10.63	9.60	5.69	2.02

甘肃农村初中教师每周批改作业时间、每周备课时间、每周对学生课外辅导时间、每周家访时间与甘肃农村初中学生数学和语文成绩的关系波动都很大，均没有规律性（见图4.11至图4.18）。

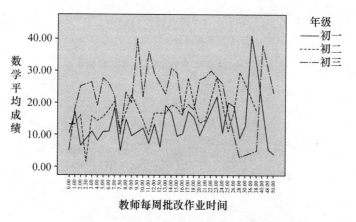

图 4.11　教师每周批改作业时间与学生数学成绩

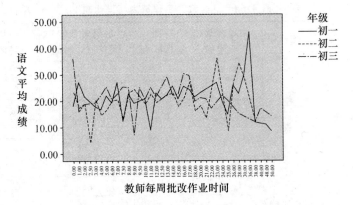

图 4.12 教师每周批改作业时间与学生语文成绩

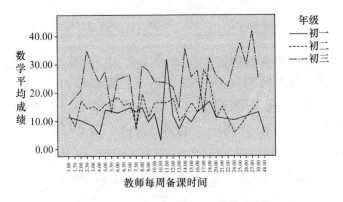

图 4.13 教师每周备课时间与学生数学成绩

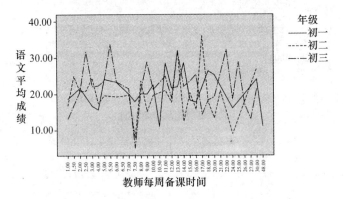

图 4.14 教师每周备课时间与学生语文成绩

第四章 学生成绩影响因素初步分析

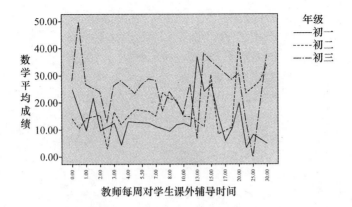

图 4.15 教师每周对学生课外辅导时间与学生数学成绩

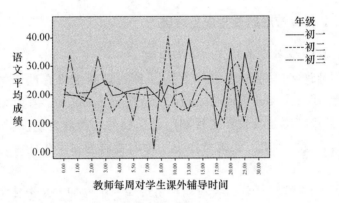

图 4.16 教师每周对学生课外辅导时间与学生语文成绩

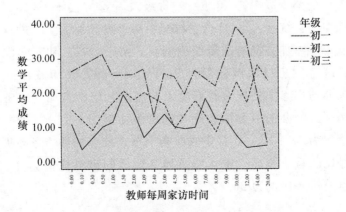

图 4.17 教师每周家访时间与学生数学成绩

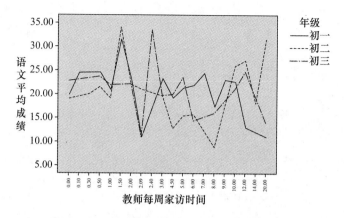

图 4.18 教师每周家访时间与学生语文成绩

三、教育管理制度与学生成绩

1. 县级统考问责制度与学生成绩

国外许多研究表明,统考作为一种问责制度将有助于提高教育质量(Bishop and woessmann,2004;Bishop,2006)。在甘肃农村初中,县级统考是县教育主管部门对学校的一种问责制度,旨在监控学校的教育质量。县统考作为一种问责制度对学生的学习成绩可能会产生重要影响。

表 4.59 统计了甘肃农村初中班级样本中参加了县级统考的班级比例。由表 4.59 可知:① 甘肃农村初中只有少部分班级参加了县统考。全部班级中有 70.6% 的班级没有参加县统考,29.4% 的班级参加了县统考。② 甘肃农村初中高年级参加县统考的班级比例比低年级参加县统考的班级比例高。初一、初二、初三年级参加了县级统考的班级比例分别为 24.5%,28.6%,33.9%。③ 甘肃农村公办初中参加县统考的班级比例比民办初中参加县统考的班级比例高。公办初中参加县统考的班级比例为 29.6%,民办学校这一比例为 26.9%。④ 甘肃农村初中重点校参加县统考的班级比例明显比非重点校高。重点校参加县统考的班级比例为 37.7%,非重点校这一比例为 26.2%。

表 4.59 参加县级统考的班级比例

		班级样本量	参加了县级统考的班级所占比例(%)
年级	初一	265	24.5
	初二	280	28.6
	初三	336	33.9
学校类型	公办学校	829	29.6
	民办学校	52	26.9
	重点校	244	37.7
	非重点校	637	26.2
总体		881	29.4

县统考与甘肃农村初中班级学生成绩的关系分析见表 4.60。参加了县统考的甘肃农村初中班级的学生数学成绩和语文成绩都要明显高于没有参加县统考的甘肃农村初中班级学生。

表 4.60 县统考与学生成绩差异分析

年级	是否参加了县统考	数学平均成绩	数学成绩有效样本量	语文平均成绩	语文成绩有效样本量
初一	没有参加	11.62	472	21.20	472
	参加了	13.53	119	22.12	119
初二	没有参加	15.52	428	18.30	428
	参加了	18.71	153	22.66	153
初三	没有参加	23.78	349	21.14	349
	参加了	29.32	152	22.34	152

2. 学校实施分权管理与学生成绩

表 4.61 统计了甘肃农村初中教师样本中参与了学校管理的教师比例。

表 4.61 参与了学校管理的教师比例

		教师样本量	参与了学校管理的教师所占比例(%)
教师性别	男	632	39.1
	女	249	31.3
教师编制	公办	796	36.9
	代课	85	36.5

续表

		教师样本量	参与了学校管理的教师所占比例(%)
学校类型	公办学校	829	36.1
	民办学校	52	50.0
	重点校	244	35.7
	非重点校	637	37.4
学校规模	1~300人	164	53.7
	301~600人	187	32.5
	601~1000人	212	32.1
	1001~2000人	244	30.3
	2001~4256人	74	35.9
总体		881	36.9

表 4.61 显示：① 甘肃农村初中学校管理分权化程度不高。全体教师样本中只有 36.9% 的教师参与了学校管理工作，大部分的教师仍不能参与到学校的管理过程中来，因此甘肃农村初中学校管理分权化的程度有待提高。② 与女教师相比，甘肃农村初中男教师更多地参与了学校管理。男教师中参与学校管理的教师所占比例为 39.1%，女教师这一比例为 31.3%，两者差距明显。③ 甘肃农村初中公办教师和代课教师在参与学校管理方面没有明显差异。公办教师中参与学校管理的教师所占比例为 36.9%，代课教师这一比例为 36.5%，两者相差无几。④ 甘肃农村民办初中管理分权化的程度明显高于公办初中。公办初中中参与学校管理工作的教师比例为 36.1%，而民办初中中这一比例达到了 50%，与公办初中相比，民办初中中参与学校管理工作的教师比例明显要高，这反映了甘肃农村民办初中管理分权化的程度要高于公办初中。⑤ 甘肃农村初中重点校教师和非重点校教师在参与学校管理方面没有明显差异。⑥ 甘肃农村初中分权化管理的程度与学校规模呈现反向变动趋势。总体上看，学校规模越小，其分权化管理的程度越高。

表 4.62 对甘肃农村初中实施分权化管理与学生成绩的关系进行了分析。甘肃农村初中各年级参与学校管理的教师所教学生成绩明显高于不参与学校管理的教师所教学生的成绩，表明甘肃农村初中实施分权化管理有助于提高教育教学质量。原因在于分权

化管理可以在很大程度上提高教师的工作积极性。

表 4.62 分权管理与学生成绩差异分析

年级	教师是否参与了学校管理	数学平均成绩	数学成绩有效样本量	语文平均成绩	语文成绩有效样本量
初一	是	14.10	212	23.28	212
	否	10.83	379	20.32	379
初二	是	16.90	204	20.66	204
	否	16.06	377	18.79	377
初三	是	25.73	166	21.54	166
	否	24.89	335	21.49	335

3. 奖惩性教学管理与学生成绩

在学校管理实践中,许多校长经常采用奖惩手段对教师的教育教学过程进行管理,希望可以激励教师努力工作。表4.63统计了奖惩性教学管理下的甘肃农村初中教师比例。表4.63显示:① 甘肃农村初中校长在教学管理过程中普遍运用奖惩手段。全体教师样本中,40.3%的教师曾被校长用奖惩手段干预教学。② 甘肃农村初中男教师在教学过程中更容易受到校长的奖惩式管理。42.4%的男教师曾被校长用奖惩手段干预教学,女教师这一比例为34.9%。③ 甘肃农村初中公办教师在教学过程中更容易受到校长的奖惩式管理。41.1%的公办教师曾被校长用奖惩手段干预教学,代课教师这一比例为32.9%。④ 与民办学校校长相比,甘肃农村公办初中校长更广泛地运用奖惩手段对教师的教学过程进行干预。21.2%的甘肃民办初中教师曾被校长用奖惩手段干预教学,而这一比例在甘肃公办初中中达到了41.5%。

表 4.63 奖惩性教学管理下的教师比例

		教师样本量	被校长用奖惩手段干预教学的教师所占比例(%)
教师性别	男	632	42.4
	女	249	34.9
教师编制	公办	796	41.1
	代课	85	32.9

续表

学校类型		教师样本量	被校长用奖惩手段干预教学的教师所占比例(%)
学校类型	公办学校	829	41.5
	民办学校	52	21.2
	重点校	244	40.6
	非重点校	637	40.2
总体		881	40.3

表4.64对学校校长奖惩性教学管理方式与学生成绩的关系进行了分析。甘肃初中三个年级中,校长用奖惩手段影响教学过程的教师所教学生成绩明显低于校长不用奖惩手段影响教学过程的教师所教学生,表明在甘肃农村初中,奖惩手段也许并不是一种有效的提高教育教学质量的教学管理手段。因为尽管奖惩手段在学校管理中可以创造一种竞争的氛围,但同时也不可避免地给教师带来巨大的压力,过度的竞争还会危害教师间团结协作的精神,这些负面影响都可能降低学校的教育教学质量。因此,甘肃农村初中校长在教学管理过程中应慎重采用奖惩手段,如果要采用奖惩手段,也要注意奖惩的方式和方法,努力减轻奖惩式管理带来的负面影响。

表4.64 奖惩性教学管理与学生成绩差异分析

年级	校长是否用奖惩手段影响您的教学	数学平均成绩	数学成绩有效样本量	语文平均成绩	语文成绩有效样本量
初一	是	11.39	226	19.34	226
	否	12.38	365	22.65	365
初二	是	14.88	265	17.78	265
	否	17.59	316	20.85	316
初三	是	25.44	279	20.46	279
	否	25.47	222	22.33	222

第三节 学生成绩的学校层面影响因素分析

一、学校类型与学生成绩

样本中的甘肃农村初中学校类型状况见表4.65。一共有187所甘肃农村初中学校样本,其中,公办学校163所,占87.2%,民办学校24所,占12.8%。重点校有56所,占29.9%,非重点校有131所,占70.1%。

表 4.65 学校类型分布

学校类型		学校样本量	占全体学校样本量的比例(%)
学校所有制类型	公办学校	163	87.2
	民办学校	24	12.8
是否为本地区重点校	重点校	56	29.9
	非重点校	131	70.1
总体		187	100

甘肃农村公办初中与民办初中学生成绩差异分析见表4.66。初中三个年级中来自民办学校的学生样本很少,甘肃农村民办初中学生的数学和语文平均成绩明显高于公办初中学生的数学和语文平均成绩。

表 4.66 公办学校与民办学校学生成绩差异分析

年级	学校所有制类型	数学平均成绩	数学成绩有效样本量	语文平均成绩	语文成绩有效样本量
初一	公办学校	11.23	556	21.08	556
	民办学校	24.20	35	26.15	35
初二	公办学校	16.06	560	18.96	560
	民办学校	24.11	21	32.47	21
初三	公办学校	25.40	480	21.04	480
	民办学校	26.61	21	31.98	21

甘肃农村初中地区重点学校与非重点学校学生成绩差异分析见表4.67。由表4.67可知,甘肃农村初中地区重点学校的学生成绩并不一定高于非重点学校的学生成绩。

表 4.67 地区重点学校与非重点学校学生成绩差异分析

年级	学校是否为本地区重点学校	数学平均成绩	数学成绩有效样本量	语文平均成绩	语文成绩有效样本量
初一	重点学校	13.55	442	22.15	442
	非重点学校	11.48	149	21.29	149
初二	重点学校	16.20	438	19.73	438
	非重点学校	16.41	143	19.35	143
初三	重点学校	25.21	378	22.15	378
	非重点学校	25.53	123	21.29	123

二、学校规模与学生成绩

样本中的各类甘肃农村初中学校的规模见表 4.68,学校规模用在校生人数衡量。由表 4.68 可知:① 甘肃农村初中学校规模较大。甘肃农村初中学校的平均规模是 689 人,2001 年开始的全国农村义务教育学校布局调整是造成甘肃农村初中学校规模较大的一个重要原因。② 甘肃农村初中学校之间的规模差距很大。最小的甘肃农村初中只有 38 人,最大的甘肃农村初中竟达到了 4256 人。③ 甘肃农村公办初中的学校规模明显比民办初中大。甘肃农村民办初中和公办初中的平均规模分别是 243 人和 755 人,公办初中的平均规模大约是民办初中平均规模的 3 倍多。④ 甘肃农村初中重点校的规模明显大于非重点校的规模。甘肃农村初中重点校的平均规模是 880 人,非重点校的平均规模是 608 人。

表 4.68 学校规模

	最小值	最大值	平均值	标准差	样本量
公办学校	38	4256	755	755.14	163
民办学校	57	700	243	176.34	24
重点校	38	4256	880	955.14	56
非重点校	57	3768	608	591.59	131
总体	38	4256	689	728.01	187

甘肃农村初中学校规模结构见表 4.69。样本中,在校生规模为 1~300 人的规模较小的学校所占比例为 39.6%,1000 人以上的较大规模的学校所占比例大约为 20%,2000 人以上的特大规模学校也有 13 所,占全部学校的比例也达到了 7%。

表 4.69 学校规模结构

学校在校生规模	学校样本量	占全体学校样本量的比例(%)
1~300 人	74	39.6
301~600 人	42	22.5
601~1000 人	33	17.6
1001~2000 人	25	13.4
2001 人以上	13	7.0

表 4.70 对不同规模的甘肃农村初中的学生成绩差异进行了分析。总的来看,较大的学校规模将降低甘肃农村初中学生的成绩。

表 4.70　学校规模与学生成绩差异分析

年级	学校在校生规模	数学平均成绩	数学成绩有效样本量	语文平均成绩	语文成绩有效样本量
初一	1~300 人	20.72	111	25.09	111
	301~600 人	11.94	158	22.40	158
	601~1000 人	9.46	175	20.41	175
	1001~2000 人	8.80	121	19.60	121
	2000 人以上	8.57	26	14.15	26
初二	1~300 人	20.19	97	26.71	97
	301~600 人	15.86	149	18.86	149
	601~1000 人	15.59	149	18.84	149
	1001~2000 人	14.93	147	16.62	147
	2000 人以上	14.03	39	16.58	39
初三	1~300 人	21.08	64	25.63	64
	301~600 人	25.81	138	22.65	138
	601~1000 人	26.05	95	20.40	95
	1001~2000 人	26.65	166	20.21	166
	2000 人以上	24.78	38	18.82	38

就数学成绩来说，初一和初二年级的学生数学平均成绩与甘肃农村初中学校规模之间存在反向变动关系，即学校规模越大，学生的数学平均成绩就越低（见图 4.19）。初三年级的学生数学平均成绩与学校规模的关系波动较大。

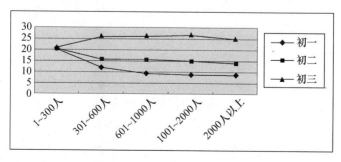

图 4.19　学校规模与学生数学成绩

就语文成绩来说，初中三个年级的学生语文平均成绩与甘肃农村初中学校规模之间存在一致的反向变动关系，即学校规模越大，学生的语文平均成绩就越低（见图 4.20）。

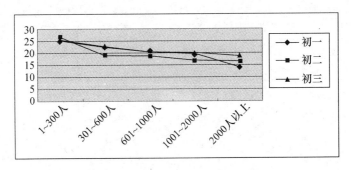

图 4.20　学校规模与学生语文成绩

三、学校生均公用经费与学生成绩

原数据统计了甘肃农村初中学校该学期的以下九类支出：水电取暖费、其他办公费、实验器材费、体育教材费、图书费、教师的奖金或福利、学生奖学金、学校维修费、其他。除去教师的奖金或福利、学生奖学金支出，其他七类支出之和等于学校本学期生均公用经费支出。

表 4.71 统计了甘肃农村初中学校样本中的本学期各类学校的平均生均公用经费。由表 4.71 可知：① 甘肃农村初中生均公用经费严重偏低。甘肃农村初中本学期生均公用经费平均只有 54.50 元，一年的生均公用经费也平均大约只有 110 元左右。查中国教育经费统计年鉴（2005 年）可知，2004 年甘肃农村初中生均预算内公用经费约为 128 元[①]，与本书统计出的生均公用经费值相差不大。全国农村初中 2004 年生均预算内公用经费约为 125 元[②]，略高于甘肃农村初中生均公用经费支出水平。然而，上海和北京 2004 年农村初中生均预算内公用经费分别约为 1488 元和 1089 元[③]，分别约为甘肃农村初中生均公用经费的 14 倍和 10 倍。② 甘肃农村初中各校之间的生均公用经费差距比较悬殊。生均公用经费最低的甘肃农村初中学校只有 2.89 元，而最高的甘肃农村初中学校有 325.45 元，两者相差 322.56 元。③ 甘肃农村民办初中的

[①] 教育部财务司和国家统计局社会和科技统计司编：中国教育经费统计年鉴（2005），中国统计出版社，2006，第 374 页。

[②] 同上。

[③] 同上。

生均公用经费高于甘肃农村公办初中的生均公用经费。④ 甘肃农村初中重点学校的生均公用经费明显高于非重点学校的生均公用经费。

表 4.71 本学期学校生均公用经费   单位：元

	最小值	最大值	平均值	标准差	学校样本量
公办学校	2.89	323.55	54.21	55.76	163
民办学校	4.81	325.45	56.48	86.95	24
重点学校	7.18	325.45	57.30	67.94	56
非重点校	2.89	325.45	53.30	57.06	131
总体	2.89	325.45	54.50	60.36	187

按照样本学校的生均公用经费的五分位数将甘肃农村初中生均公用经费水平分成五组，不同水平的甘肃农村初中的学生成绩差异见表 4.72。总体上，生均公用经费较多的甘肃农村初中的学生成绩低于生均公用经费较少的甘肃农村初中的学生成绩。

表 4.72 学校生均公用经费与学生成绩差异分析

年级	本学期学校生均公用经费	数学平均成绩	数学成绩有效样本量	语文平均成绩	语文成绩有效样本量
初一	2.89～25.35 元	18.48	124	26.43	124
	25.35～36.42 元	12.58	126	21.63	126
	36.42～59.42 元	10.31	102	19.77	102
	59.42～98.36 元	9.21	135	19.28	135
	98.36～786 元	8.87	104	19.38	104
初二	2.89～25.35 元	19.91	120	25.79	120
	25.35～36.42 元	16.77	115	17.22	115
	36.42～59.42 元	12.97	113	16.54	113
	59.42～98.36 元	15.05	133	19.97	133
	98.36～786 元	16.66	100	17.01	100
初三	2.89～25.35 元	27.08	105	24.52	105
	25.35～36.42 元	23.94	109	19.55	109
	36.42～59.42 元	21.62	90	19.71	90
	59.42～98.36 元	26.37	77	20.64	77
	98.36～786 元	27.70	120	22.44	120

就数学成绩来说，初一年级的学生数学平均成绩与学校生均公用经费水平之间存在反向变动关系，即学校生均公用经费越多，

学生的数学平均成绩就越低(见图4.21)。初二和初三年级的学生数学平均成绩与学校生均公用经费水平之间存在U型关系。具体来说,36.42~59.42元区间为拐点,学校生均公用经费水平低于36.42~59.42元区间时,学生的数学成绩与学校生均公用经费之间存在反向变动关系,学校生均公用经费水平高于36.42~59.42元区间时,学生的数学成绩与学校生均公用经费之间存在正向变动关系。

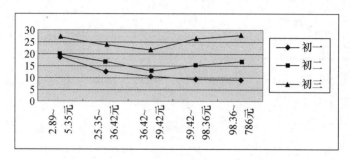

图4.21 学校生均公用经费与学生数学成绩

就语文成绩来说,初一年级学生的语文平均成绩与学校生均公用经费水平之间基本存在反向变动关系,即学校生均公用经费越多,学生的语文平均成绩就越低(见图4.22)。初二年级学生的语文平均成绩与学校生均公用经费水平之间的关系比较复杂。初三年级学生的语文平均成绩与学校生均公用经费水平之间存在U型关系。

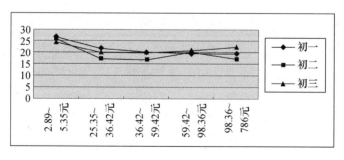

图4.22 学校生均公用经费与学生语文成绩

第五章　学生成绩影响因素的多层次分析

　　第四章的分析表明,影响学生成绩的因素有很多,且这些因素之间具有层次结构。如个体的因素嵌套于班级的因素、班级的因素嵌套于学校的因素、学校的因素嵌套于更上层单位的因素等。由于常规的统计方法(如功能强大的回归分析)只能处理同一分析单位的数据,如以学生个体为分析单位(以每个学生为案例,以学生的各种特征为变量),或以班级为分析单位(以每个班级为案例,以班级的各种特征为变量),或以学校为分析单位(以每个学校为案例,以学校的各种特征为变量),而没有办法同时考虑学生个体层次、班级层次和学校层次的变量。如果采用常规的统计方法来处理这种分层的数据结构,不但会产生估计的偏差,而且也不能分析上层背景变量对下层自变量的影响,而这又是研究者非常关心的问题。多层次分析方法将能很好解决常规的统计方法所遇到的困难,由于本书所获得的数据具有个体、班级、学校三个层次的结构,因此本章将利用三层的分层线性模型(HLM3)研究学生成绩的影响因素。本书所采用的统计软件为HLM6.0版本。

第一节 学生成绩影响因素三层线性模型中的变量选择

一、因变量的选择

原始数据中有初中三个年级的学生语文测试成绩和数学测试成绩,初一和初二年级使用的是相同的测试试卷。考虑到年级的差异,将初中三个年级的学生语文测试成绩和数学测试成绩全部按照年级进行标准化,得到三个年级学生标准化的语文测试成绩和数学测试成绩,这两个变量作为因变量。

二、自变量的选择

(一) 第一层自变量的选择

本书在第一层即学生个体层面选择了以下一些变量。

学生的人口特征变量:学生性别,女学生赋值为0,男学生赋值为1,以女学生为基准;学生民族,少数民族学生赋值为0,汉族学生赋值为1,以少数民族学生为基准。

学生的认知能力变量:2000年的第一轮调查中对学生进行了认知能力测试,该测试成绩可以作为反映学生的认知能力和先前学习基础的变量,利用该变量可以建立增值(value-added)模型。

学生学习努力程度变量:学生本学期共缺多少课;数学学习努力程度;语文学习努力程度。

学生自己的教育期望水平:念书想念到哪一级。

学生家庭社会经济背景变量:父亲文化程度[①];家庭2003年人均收入。

学生家长的教育期望水平变量:父亲希望孩子念书最高到哪一级。

学生家长对孩子的学习辅导变量:父亲每星期花几个小时辅导他/她做作业。

---

① 第四章的统计分析表明甘肃农村初中学生父亲的文化程度普遍高于母亲文化程度,由于父亲的文化程度和母亲的文化程度高度相关(两者的皮尔逊相关系数为0.342,通过了0.01的显著性水平检验),为了避免共线性问题,故本章只用父亲的文化程度来衡量学生父母的教育背景。同理,以下都用父亲的期望和辅导衡量学生父母的期望和辅导。

学生家庭文化资本变量：家庭一共有多少本书。

（二）第二层自变量的选择

本书在第二层即学生班级层面选择了以下一些变量。

班级规模变量：该班有多少人。以前的绝大多数研究以校生师比这一变量替代实际的班级规模变量，这忽视了学校内不同班级的班级规模存在差异的事实，有可能导致对班级规模作用估计出现偏差。本书以实际测得的班级规模作为变量，将使得对班级规模作用的估计更加准确。

统考变量：本班是否参加过县级统考，没有参加过赋值为0，参加过赋值为1，以没有参加过县级统考为基准。该变量旨在考察县级统考这种教育质量问责制度对学生成绩产生何种影响。

教师的人口特征变量：教师性别，女教师赋值为0，男教师赋值为1，以女教师为基准；教师民族，少数民族教师赋值为0，汉族教师赋值为1，以少数民族教师为基准。

教师现在的最高学历变量：初中、高中、中专、大专、本科，以高中学历作为基准。

教师现在的资格变量：没有资格、小学资格、初中资格、高中资格，以初中资格作为基准。

教师现在的职称变量：见习期、小教二级、小教一级、小教高级、中教三级、中教二级、中教一级、中教高级，以中教三级作为基准。

教师编制类型变量：公办教师赋值为1，代课教师赋值为0，以代课教师作为基准。

教师现在工作年限变量：教龄。

教师工资待遇变量：您现在每月基本工资；您现在每月的奖金。

教师工作努力程度变量：您这个学期一共缺了几次课；每周花几个小时批改作业；每周花几个小时备课；每周花几个小时对学生进行课外辅导；每周花几个小时家访；是否兼教科目，不兼教赋值为0，兼教赋值为1，以不兼教为基准。

教师培训变量：是否参加过提高学历学习，没参加过赋值为0，参加过赋值为1，以没参加过作为基准；在教师进修学校短期培训的频率；教育项目专家进行的短期培训频率。

教师管理变量：是否让我参与学校管理，否赋值为0，是赋值

1,以否作为基准;校长是否采用奖惩手段影响我的教学,否赋值为0,是赋值为1,以否作为基准。

此外,第二层本来还要包括班级同伴的变量,但由于平均每一个班级的学生样本数很少,所计算出来的班级同伴的变量很可能导致对班级同伴影响的估计出现偏差,因此,在第二层将不考察同伴的影响,而将在第三层考察同伴的影响。

(三)第三层自变量的选择

本书在第三层即学校层面选择了以下一些变量。

学校类型变量:学校是否为公办学校,公办学校赋值为1,民办学校赋值为0,以民办学校为基准。

学校质量变量:学校是否为本地区重点学校,重点学校赋值为1,非重点学校赋值为0,以非重点学校为基准。

学校规模变量:这一学期学校共有多少学生。

学校支出变量:这学期生均公用经费支出。

课程变量:学校是否实行了新课程,是赋值为1,否赋值为0,以否为基准。

学校管理变量:这学期有多少老师缺过勤;学校分权管理的程度,根据校内教师对"校长让我参与学校管理"这一问题的回答值的平均值计算出;奖惩性教学管理的程度,根据校内教师对"校长采用奖惩手段影响我的教学"这一问题的回答值的平均值计算出。

学校同伴变量:学校同伴平均认知能力,根据校内每个学生认知能力测试成绩的平均值计算出;学校同伴平均父亲文化程度,根据校内每个学生父亲文化程度的平均值计算出;学校同伴平均家庭年人均收入,根据校内每个学生家庭年人均收入的平均值计算出。为了考察学校规模是否会对同伴的作用产生影响,引入了以下一个交互变量:校同伴平均认知能力 * 校规模。

第二节 学生成绩影响因素方差分析模型分析

一、方差分析模型简介

(一)方差分析模型基本结构

首先来研究分层线性模型的方差分析模型(也叫零模型,The

Null Model),在此情形中,第一层、第二层和第三层模型里都没有预测变量,它只注重区别被研究对象的个体差异和背景差异的比较,而暂时不考虑控制相关变量对因变量的影响。由于研究对象是甘肃农村初中学生,他们来自不同的学校、班级、村和家庭,背景肯定是有所不同的,因此他们成绩的差异就不可看成是由同一层次的因素造成的。所以,零模型的主要目的就是将学生成绩的总方差分解为学生个人、班级和学校三个层次,以检验各层方差(特别是第二层和第三层方差)的比例是否显著,它决定了在此方面研究中分层模型分析是否有意义。如果说学生成绩的方差被分解到班级层次的比例很大,就有理由认为学生成绩的变异受班级层次因素的影响很大,反之,班级层次的因素对学生成绩的影响则很小。同理,如果学生成绩的方差被分解到学校层次的比例很大,就有理由认为学生成绩的变异受学校层次因素的影响很大,反之,学校层次的因素对学生成绩的影响则很小。零模型的基本结构如下:

第一层:零模型

$$Y_{ijk} = \beta_{0jk} + r_{ijk} \tag{5.1}$$

$$\text{Var}(r_{ijk}) = \sigma^2 \tag{5.2}$$

β_{0jk} 是第一层的截距,r_{ijk} 是随机误差项,σ^2 是第一层的截距的方差。

第二层:零模型

$$\beta_{0jk} = \gamma_{00k} + \mu_{0jk} \tag{5.3}$$

$$\text{Var}(\mu_{0jk}) = \tau_{\beta 00} \tag{5.4}$$

γ_{00k} 是第二层的截距,μ_{0jk} 是随机误差项,$\tau_{\beta 00}$ 是第二层的截距的方差。

第三层:零模型

$$\gamma_{00k} = \pi_{000} + e_{00k} \tag{5.5}$$

$$\text{Var}(e_{00k}) = \tau_{\pi 00} \tag{5.6}$$

π_{000} 是第三层的截距,e_{00k} 是随机误差项,$\tau_{\pi 00}$ 是第三层的截距的方差。

三层模型所包含的复杂性大多数可能都是来自下标。在 π_{000} 中,前两个 0 代表结果变量是第二层的截距 γ_{00k},第三个 0 代表当前统计量为一个第三层的截距。在 e_{00k} 中,两个 0 代表的是当前随机项是与第二层的统计量 γ_{00k} 有关的。下标 k 代表的是第三层的单位。

(二) 辅助统计量一：组内相关(Intra-class Correlation)

在三层的零模型中，一个主要的研究目的是要确定的总体变异有多大的比例是由第二层和第三层背景因素的差异所造成的，在分层线性模型里，这样的度量通常采用组内相关[①] ρ 来表示：

第一层占总方差比例：$\rho_1 = \sigma^2 / (\sigma^2 + \tau_{\beta 00} + \tau_{\pi 00})$ (5.7)

第二层占总方差比例：$\rho_2 = \tau_{\beta 00} / (\sigma^2 + \tau_{\beta 00} + \tau_{\pi 00})$ (5.8)

第三层占总方差比例：$\rho_3 = \tau_{\pi 00} / (\sigma^2 + \tau_{\beta 00} + \tau_{\pi 00})$ (5.9)

从组内相关系数的表达式可以看出，所要比较的实际上就是第二层或第三层随机项的方差占总变异的比例，也就是说总变异的多大比例是由第二层或第三层因素引起的。组内相关是在分层线性模型里常用的一个辅助统计量。

(三) 辅助统计量二：信度(Reliability)

信度，或称可靠性，指参数统计估计的精确性，信度是一个用于衡量分层线性模型中最小二乘估计可靠程度的辅助统计量。信度的统计值 λ，代表着一个第一层或第二层上观测到的参数估计的变异有多少是由于该层单位的"真实"差异（或真正的组的差异）造成的，而不是估计错误造成的（张雷等，2003：p.18）。信度的计算公式可以简单地表示为：

$$\lambda_j = (参数方差)/(参数方差 + 误差方差) \quad (5.10)$$

信度的值域为(0,1)，1为完全可靠。通常，较低的信度并不证明所进行的统计分析是无效的，只有当信度非常小时（比如小于0.05时）才预示着在研究中最好将随机系数视为固定系数，也就是将随机项去掉，以利于后面的模型分析(Raudenbush et al.,2002:p.97)。

(四) 辅助统计量三：偏差度(Deviance)

模型的偏差度统计值 D 用于检验简化模型与扩展模型的差异显著性，其计算公式为：

$$D = -2LL \quad (5.11)$$

D 值服从卡方分布，自由度为两模型系数数目差。

[①] 组内相关这一辅助统计量主要是用于度量我们研究对象均值的变异有多大比例是由高层的背景差异所引起的，在 Raudenbush 和 Bryk 的 *Hierarchical Linear Models* 的第72页里有详细的解释。

二、数学和语文成绩方差分析结果

表5.1和表5.2分别是数学和语文成绩零模型带有稳健标准误(with robust standard error)的方差成分估计结果：

表 5.1 数学零模型层际方差成分表

随机效应	标准差	方差成分	组内相关	自由度	χ^2	P 值
层3随机项	0.473	0.223	20.84%	186	492.875	0.000
层2随机项	0.479	0.229	21.39%	694	1222.553	0.000
层1随机项	0.787	0.620				

从表5.1可知，层3和层2随机项方差估计的卡方检验P值均小于0.01，这表明甘肃农村初中学生的数学成绩在第二层(班级层面)和第三层(学校层面)存在非常显著的差异，也就是说班级背景因素和学校背景因素对学生成绩的变异有很大影响，为此，需要在第二层和第三层模型中增加一些解释数学成绩的预测变量。

利用公式(5.7)、(5.8)、(5.9)可计算出第一层、第二层、第三层方差占总方差的比例分别为57.77%、21.39%和20.84%，这说明了甘肃农村初中学生的数学成绩大约58%的差异来源于个体和家庭间的差异，约21%的差异来源于班级间的差异，约21%的差异来源于校际间的差异。从另一个角度说，个体层面的因素约解释了甘肃农村初中学生数学成绩变异的58%，而班级和学校层面的因素均约解释了甘肃农村初中学生数学成绩变异的21%。因此，可以说甘肃农村初中学生数学成绩的差异主要在于个体层面的因素，班级和学校层面因素的影响程度相差不大，但均不可忽视。

从表5.2可知，层3和层2随机项方差估计的卡方检验P值均小于0.01，这表明甘肃农村初中学生的语文成绩在第二层(班级层面)和第三层(学校层面)也存在非常显著的差异，为此，也需要在第二层和第三层模型中增加一些解释语文成绩的预测变量。

表 5.2 语文零模型层际方差成分表

随机效应	标准差	方差成分	组内相关	自由度	χ^2	P 值
层3随机项	0.640	0.404	38.27%	186	980.094	0.000
层2随机项	0.389	0.151	14.31%	694	1074.494	0.000
层1随机项	0.708	0.501				

利用组内相关公式计算出的第一层、第二层、第三层方差占总方差的比例分别为 47.42%、14.31% 和 38.27%，这说明了甘肃农村初中学生的语文成绩大约 48% 的差异来源于个体和家庭间的差异，约 14% 的差异来源于班级间的差异，约 38% 的差异来源于校际间的差异。也就是说，个体层面的因素约解释了甘肃农村初中学生的语文成绩变异的 48%，班级和学校层面的因素分别约解释了甘肃农村初中学生的语文成绩变异的 14% 和 38%。因此，可以说甘肃农村初中学生语文成绩的差异同样主要在于个体层面的因素，其次是学校层面的因素。与班级和学校层面因素对数学成绩的影响程度相差不大有所不同，学校层面因素对语文成绩的影响程度明显大于班级层面的因素。

值得一提的是，艾伯特·帕克和叶米利·汉纳姆（Albert Park and Emily Hannum,2001）的研究表明甘肃农村小学生数学成绩 39% 的差异来源于校际间的差异，而农村小学生语文成绩 38% 的差异来源于校际间的差异。本书结论与他们的语文成绩研究结论比较一致，而与他们的数学成绩研究结论相差较大，这可能因为两者研究的对象不同的缘故，一个是初中生，另一个是小学生。此外，克雷默斯和雷西特（Creemers and Reezigt,1996）根据英国和其他西方国家的数据分析认为，大约 10% 到 20% 的学生成绩差异受到了学校因素的影响。与西方国家相比，在中国西部农村初中，学校因素对学生成绩的影响更大。

数学和语文成绩零模型的主要统计结果见表 5.3。数学成绩的截距 β_{0jk} 和 γ_{00k} 的信度分别是 0.376 和 0.509，语文成绩的截距 β_{0jk} 和 γ_{00k} 的信度分别是 0.333 和 0.681，这些信度都比较高，说明用甘肃农村初中学生样本的数学和语文成绩均值作为真实的甘肃农村初中学生数学和语文成绩是较为可靠的。π_{000} 是甘肃农村初中学校平均成绩的平均数，甘肃农村初中学校数学平均成绩的平均数是 0.171，甘肃农村初中学校语文平均成绩的平均数是 0.253。

表 5.3　数学和语文成绩零模型的主要统计结果

成绩			数学	语文
信度	截距 β_{0jk}		0.376	0.333
	截距 γ_{00k}		0.509	0.681
固定效应	截距 π_{000} 系数		0.171	0.253
	标准误 SE		0.048	0.056
	T 比率		3.541	4.488
	自由度 D.F.		186	186
	P 值		0.001	0.000
随机效应	层 1：r_{ijk}	标准差 S.D.	0.787	0.708
		方差成分 σ^2	0.620	0.501
	层 2：μ_{0jk}	标准差 S.D.	0.479	0.389
		方差成分 $\tau_{\beta 00}$	0.229	0.151
		χ^2	1222.553	1074.494
		P 值	0.000	0.000
	层 3：e_{00k}	标准差 S.D.	0.473	0.636
		方差成分 $\tau_{\pi 00}$	0.223	0.404
		χ^2	492.875	980.094
		P 值	0.000	0.000
模型估计参数 L_0			4	4
离差统计量 D_0			4545.652	4225.213

注：本表中固定效应部分的结果是基于稳健估计标准误(robust standard error)得到的。

由于方差分析模型是完全无条件模型(full unconditional model)，没有将个体层次、班级层次和学校层次对学生成绩的具体影响因素纳入，因此尚未对可能影响甘肃农村初中学生数学和语文成绩具体因素的效应开展分析。但它表明了在下一步的模型中有必要考虑班级层次和学校层次因素对甘肃农村初中学生数学和语文成绩的影响，需要增加一些新的、有助于解释大量第二层和第三层方差成分的预测变量。

第三节　学生成绩影响因素高层模型自变量探索性分析

一、高层模型自变量的探索性分析简介

在分层线性模型中，零模型中高层子模型的自变量往往是通

过探索分析在被选变量集合中选择的。这样可以最大限度地找出那些真正对因变量的变化起影响作用的自变量。所以在分层线性模型中，利用零模型分析了层际方差比例后，就会对零模型的二层、三层作探索分析，以便找到那些潜在的自变量。探索分析在选择适合的潜在变量时，是依据"t-to-enter"的 T 值进行判断的，并在分析结果里选出 $|T|$ 较大值所对应的变量，从大到小依次选取。但如果 $|T|$ 值接近 1 或者小于 1，这样的变量就不是好的潜在变量（Randenbush and Bryk, 2002: pp. 270~271；张雷等，2003: pp. 122~126）。由于软件 HLM 在探索分析（Exploratory Analysis）时一次只能对 12 个变量进行分析，所以在第二层、第三层上的探索分析将分多次进行，结果不会受到分次的影响。

此外，通过 HLM 的探索分析分析哪些潜在的变量是可以被层 2 所接受的，然后进一步利用似然比检验，看看零模型的离差统计量 D_0 与被选模型离差统计量 D_1 组成的偏差统计量 $H=D_0-D_1$ 是否足够大。如果 H 足够大，说明零模型对真实数据的拟合较差，被选的模型就比较好。H 服从于自由度为 L_1-L_0 的卡方分布。可以在计算出 H 值后查卡方分位表确定它究竟是否接受零假设 H_0，如果拒绝了 H_0，就可以说零模型对于数据的描述过于简单（Randenbush and Bryk 2002: pp. 64-65, 84-85）！

二、层 2 变量的探索性分析

层 2 即班级层面潜在变量的探索分析结果见表 5.4。

通过对甘肃农村初中学生数学成绩的零模型的探索分析，会发现 $|T|$ 值在 3.0 以上的只有 1 个变量：县统考。$|T|$ 值如此之大，说明了县统考对学生的数学成绩有极大的影响。$|T|$ 值介于 2.0 和 3.0 之间的有 2 个变量：中专、进修学校培训和项目专家培训，说明教师学历和培训对甘肃农村初中学生的数学成绩有很大的影响。T 值介于 1.0 和 2.0 之间的有以下变量：班级规模、教师性别、大专、没有资格、小学资格、见习期、小教一级、小教高级、中教一级、月基本工资、月奖金、公办教师、教龄、学历学习、教师缺课、课外辅导、参与管理、奖惩教学，这些层 2 变量对甘肃农村初中学生的数学成绩有较大的影响。

通过对甘肃农村初中学生语文成绩的零模型的探索分析,发现 t 值在 3.0 以上的有 2 个变量:县统考和小教二级,说明了县级统考和教师职称对甘肃农村初中学生的语文成绩有极大的影响。t 值介于 2.0 和 3.0 之间的有 3 个变量:小学资格、月奖金、奖惩教学,这 3 个层 2 变量对甘肃农村初中学生的语文成绩有很大的影响。t 值介于 1.0 和 2.0 之间的有以下变量:班级规模、教师民族、见习期、小教一级、小教高级、中教高级、课外辅导、家访,这些层 2 变量对甘肃农村初中学生的语文成绩有较大的影响。

表 5.4　层 2 潜在变量的探索分析结果

变量名	变量	数学成绩		语文成绩	
		T 值	系数	T 值	系数
bansize	班级规模	−1.527*	−0.002	−1.408*	−0.001
tongkao	县统考	5.031***	0.110	4.280***	0.073
jsxbie	教师性别	1.604*	0.039	0.588	0.011
jsminzu	教师民族	0.418	0.031	1.952*	0.111
tedu1	初中	−0.341	−0.041	−0.456	−0.042
tedu2	高中	基准变量		基准变量	
tedu3	中专	2.834*	0.091	0.454	0.011
tedu4	大专	−1.148*	−0.027	−0.015	−0.000
tedu5	本科	−0.417	−0.013	0.413	0.010
zige1	没有资格	−1.407*	−0.058	−0.649	−0.021
zige2	小学资格	−1.879*	−0.052	2.470**	0.052
zige3	初中资格	基准变量		基准变量	
zige4	高中资格	−0.075	−0.004	−0.469	−0.020
zhichen1	见习期	−1.538*	−0.054	−1.701*	−0.046
zhichen2	小教二级	0.912	0.039	3.397***	0.113
zhichen3	小教一级	−1.031*	−0.032	−1.432*	−0.034
zhichen4	小教高级	−1.455*	−0.070	1.399*	0.052
zhichen5	中教三级	基准变量		基准变量	

续表

变量名	变量	数学成绩		语文成绩	
		T 值	系数	T 值	系数
zhichen6	中教二级	0.826	0.019	−0.151	−0.003
zhichen7	中教一级	1.529*	0.047	−0.507	−0.012
zhichen8	中教高级	0.818	0.186	−1.154*	−0.202
jsjbgz	月基本工资	1.210*	0.000	0.168	0.000
jsjiangj	月奖金	−1.070*	−0.000	−2.932**	−0.001
gongban	公办教师	1.346*	0.051	−0.225	−0.007
jiaoling	教龄	1.870*	0.003	−0.320	−0.000
jianjiao	兼教科目	−0.195	−0.028	−0.465	−0.008
yxltrain	学历学习	1.559*	0.033	−0.204	−0.003
jsqueke	教师缺课	−1.084*	−0.004	0.428	0.001
pigaizy	批改作业	0.934	0.002	−0.424	−0.001
beike	备课	0.945	0.002	−0.897	−0.001
kewaifd	课外辅导	1.522*	0.004	1.280*	0.002
jiafang	家访	−0.702	−0.003	−1.891*	−0.007
jxtrain	进修学校培训	2.061**	0.022	−0.696	−0.006
zhjtrain	项目专家培训	2.408**	0.029	−0.651	−0.006
jscanyu	参与管理	1.068*	0.023	0.916	0.015
jsjcheng	奖惩教学	−1.002*	−0.021	−2.075**	−0.033

注：T 值的绝对值大于 3,说明非常显著(在 T 值右上角标有 ***),其对应的变量极应该纳入层 2 模型当中。T 值的绝对值介于 2 与 3 之间,说明很显著(在 T 值右上角标有 **),其对应的变量也应该纳入层 2 模型中来。T 值的绝对值介于 1 与 2 之间,说明也是比较显著的(在 T 值右上角标有 *),其对应的变量同样应该纳入层 2 模型中。

三、层 3 变量的探索性分析

层 3 即学校层面潜在变量的探索分析结果见表 5.5。

甘肃农村初中学生数学成绩的零模型的探索分析发现|T|值在 3.0 以上的有 1 个变量：学校类型,说明学校类型对甘肃农村初中学生的数学成绩有极大的影响。|T|值介于 2.0 和 3.0 之间的有 1 个变量：同伴认知,该变量对甘肃农村初中学生的数学成绩有很大的影响。|T|值介于 1.0 和 2.0 之间的有以下变量：学校规模、生均公用经费、分权管理、奖惩性教学管理、同伴父教育、同伴家年收入,这些层 3 变量对甘肃农村初中学生的数学成绩有较大的影响。

甘肃农村初中学生语文成绩的零模型的探索分析发现|T|值在 3.0 以上的有 1 个变量：学校规模，说明学校规模对甘肃农村初中学生的语文成绩有极大的影响。|T|值介于 2.0 和 3.0 之间的有 3 个变量：学校类型、分权管理、校同伴平均认知能力＊校规模，这 3 个层 3 变量对甘肃农村初中学生的语文成绩有很大的影响。|T|值介于 1.0 和 2.0 之间的有以下变量：生均公用经费、奖惩性教学管理、同伴认知、同伴父教育、同伴家年人均收入，这些层 3 变量对甘肃农村初中学生的语文成绩有较大的影响。

表 5.5 层 3 潜在变量的探索分析结果

变量名	变量	数学成绩		语文成绩	
		T 值	系数	T 值	系数
xiaotype	学校类型	−3.327***	−0.247	−2.981**	−0.102
xiaosize	学校规模	−1.937*	−0.000	−3.230***	−0.000
zhongdian	地区重点	0.376	0.020	0.357	0.030
agyjf	生均公用经费	−1.647*	−0.001	−1.830*	−0.001
jsqueqin	教师缺勤	−0.367	−0.010	−0.856	−0.019
chzhbili	城镇学生比例	−0.831	−0.001	−0.689	−0.001
xiaoxinkg	新课程	0.755	0.042	−0.811	−0.071
xiaocany	分权管理	1.414*	0.050	2.815**	0.154
xiaojche	奖惩性教学管理	−1.046*	−0.036	−1.684*	−0.090
xiaorzhi	同伴认知	2.493**	0.014	1.755*	0.016
xrzhisiz	校同伴平均认知能力＊校规模	−0.726	−0.000	−2.209**	−0.000
xiaofedu	同伴父教育	1.980*	0.011	1.812*	0.031
xiaasrlx	同伴家年人均收入	1.071*	−0.000	1.226*	−0.000

注：T 值的绝对值大于 3，说明非常显著(在 T 值右上角标有＊＊＊)，其对应的变量极应该纳入层 3 模型当中。T 值的绝对值介于 2 与 3 之间，说明很显著(在 t 值右上角标有＊)，其对应的变量也应该纳入层 3 模型中来。T 值的绝对值介于 1 与 2 之间，说明也是比较显著的(在 T 值右上角标有＊)，其对应的变量同样应该纳入层 3 模型中。

第四节 学生成绩影响因素单层模型分析

一、半条件模型简介

方差分析模型与完整模型(The Full Model)之间可以有很多

变量的变化,比如可以构成协方差分析模型、随机效应回归模型等。而且,每一类模型还有很多不同的形式,在模型中包含不同的变量时,它就是不同的模型,也有着对研究目标的不同解释。在零模型中加入控制变量后,就成了条件模型,由于三层线性模型的层及其变量的变化复杂,有时层1是无条件的,有时层2是无条件的,有时层3是无条件的。笔者将这些模型称之为半条件模型(Semi-conditional Models),以示模型条件的变化是介于零模型和完全模型之间。对于三层线性模型,半条件模型形式变化比较丰富,对其一一进行分析太烦琐,也无必要。本节将分析三类主要的半条件模型:第一类是层1有控制变量,而层2、层3无控制变量的模型;第二类是层2有控制变量,而层1、层3无控制变量的模型;第三类是层3有控制变量,而层1、层2无控制变量的模型。

二、只关注个体层面影响因素的半条件模型分析

只关注个体层面影响因素的半条件模型也称为第一类半条件模型,这是层1有控制变量,而层2、层3无控制变量的模型。由于没有控制住班级层面和学校层面的变量,第一类半条件模型只专注于分析学生个体层面变量中影响学生成绩的因素。层1模型里自变量的选择没有什么定势,通常的做法是利用相关性分析和经验研究相结合(Randenbush and Bryk, 2002:Chaper 4-8)。根据以前的研究和本书数据中可得的变量,本节分别建立了数学和语文成绩的第一类半条件模型。

(一)数学成绩的第一类半条件模型

层1模型为: (5.12)

数学成绩 $= P_0 + P_1^*$(缺课)$+ P_2^*$(性别)$+ P_3^*$(民族)$+ P_4^*$(数学努力)$+ P_5^*$(自期望)$+ P_6^*$(父受教育程度)$+ P_7^*$(家庭年人均收入的对数)$+ P_8^*$(父期望)$+ P_9^*$(藏书量)$+ P_{10}^*$(父辅导)$+ P_{11}^*$(认知水平)$+ E$

层2模型为: (5.13)

$P_0 = B_{00} + R_0$

$P_1 = B_{10} + R_1$

$P_2 = B_{20}$

$P_3 = B_{30}$

$P_4 = B_{40} + R_4$

$P_5 = B_{50} + R_5$

$P_6 = B_{60} + R_6$

$P_7 = B_{70} + R_7$

$P_8 = B_{80} + R_8$

$P_9 = B_{90} + R_9$

$P_{10} = B_{100} + R_{10}$

$P_{11} = B_{110}$

层 3 模型为： (5.14)

$B_{00} = G_{000} + U_{00}$

$B_{10} = G_{100}$

$B_{20} = G_{200}$

$B_{30} = G_{300}$

$B_{40} = G_{400}$

$B_{50} = G_{500}$

$B_{60} = G_{600}$

$B_{70} = G_{700} + U_{70}$

$B_{80} = G_{800}$

$B_{90} = G_{900}$

$B_{100} = G_{1000}$

$B_{110} = G_{1100}$

层 1 模型中，除了虚拟变量外，其他的自变量都进行了对组平均数（group mean）的中心化（centering，也有叫做"对中"和"定位"）的（Randenbush and Bryk, 2002: pp. 31-35；张雷等, 2003: p. 17）。"对中"后，层 1 模型的截距 P_0 就代表了上层单位（班级）的平均数学成绩。

在运行数据时，如果模型的随机项太多，HLM 软件将无法处理，会提示删掉一些随机项。上述层 1 模型中，除性别、民族和认知水平外，其他变量在层 2 模型中均设了随机项，其假设是这些变量对数学成绩的影响在层 2 中存在随机变异。层 1 截距和家庭年人均收入的对数斜率在层 3 模型中设了随机项，其他变量在层 3 模型中都设了固定项，其假设是这些变量对数学成绩的影响在层 3 中不存在随机变异。

此外，如果模型中的自变量之间存在严重的共线性问题时，HLM 软件也将无法处理并提示自变量之间存在严重的共线性问题。层 1 模型在 SPSS13.0 的统计结果显示这些自变量的共线性检验指标 VIF 值均小于 3,表明层 1 模型中自变量之间不存在严重的共线性问题。

数学成绩的第一类半条件模型的随机系数信度统计结果见表 5.6。层 1 截距和层 2 截距两个随机系数的信度值都很高,这反映了样本数据的班级数学平均成绩和学校数学平均成绩分别代表真实的甘肃农村初中学生的班级数学平均成绩和学校数学平均成绩很可靠。自期望随机系数的信度值也大于 0.05。其他变量的随机系数的信度值都小于 0.05,这提示着在下一步的模型构建中将这些随机系数设为固定系数。

表 5.6 数学成绩的第一类半条件模型的随机系数信度统计结果

	变量名	随机系数	信度
层 1	层 1 截距	P_0	0.839
	缺课	P_1	0.008
	数学努力	P_4	0.025
	自期望	P_5	0.118
	父受教育程度	P_6	0.026
	家庭人均年收入对数	P_7	0.014
	父期望	P_8	0.013
	藏书量	P_9	0.001
	父辅导	P_{10}	0.001
层 2	层 1 截距/层 2 截距	B_{00}	0.616
	家庭人均年收入对数/层 2 截距	B_{70}	0.037

数学成绩的第一类半条件模型的固定效应部分主要统计结果见表 5.7。① 学生缺课对甘肃农村初中学生的数学成绩有显著的负影响,其原因在于缺课会导致学生漏掉课堂上教师所讲的一些重要知识,使得学生掌握的知识不系统。值得一提的是在西部农村中小学中,由于各种原因,学生缺课的现象经常出现,因此,采取措施提高学生的出勤率将有助于提高甘肃农村初中的教育质量。② 家庭年人均收入的对数对甘肃农村初中学生数学成绩有显著正的影响,其原因在于较富裕的家庭一方面可以保证儿童衣食无忧,

使其安心学习。① 另一方面,较富裕的家庭为其孩子的学习创造更好的条件,如购买更多的学习用书、送其孩子上课外辅导班等。③ 自期望对甘肃农村初中学生的数学成绩有显著正的影响。学生对自己的教育期望水平越高,其学习努力程度随之会越高,其数学成绩也就越高。④ 家庭藏书量对甘肃农村初中学生的数学成绩有显著正影响,表明家庭文化资本有助于提高甘肃农村初中学生的数学成绩。家庭文化资本高的家庭文化氛围比较浓厚,掌握的知识也比较多,这无疑对学生的学习过程会产生积极影响。其他因素对甘肃农村初中学生数学成绩的影响都不显著。

表 5.7 数学成绩的第一类半条件模型的固定效应部分主要统计结果

变量名	固定效应		变量名	固定效应	
	系数	P 值		系数	P 值
截距	−0.006	0.985	自期望	0.043*	0.094
性别	0.059	0.170	家庭年人均收入的对数	0.030**	0.032
民族	0.156	0.459	父受教育程度	0.007	0.597
认知水平	0.003	0.544	父期望	0.065	0.383
缺课	−0.007**	0.011	藏书量	0.002**	0.012
数学努力	0.005	0.922	父辅导	0.009	0.388

注:本表中固定效应部分的结果是基于稳健估计标准误得到的。
*** $P<0.001$,** $P<0.05$,* $P<0.1$。

数学成绩的第一类半条件模型的随机效应部分主要统计结果见表 5.8。层 1 截距的随机效应卡方统计量 P 值小于 0.01,这表明在控制住层 1 变量后,甘肃农村初中班级间的平均数学成绩仍存在显著差异,需要引入新的变量进行解释。缺课斜率、数学努力斜率、自期望斜率的随机效应卡方统计量 P 值均小于 0.05,这表明缺课、数学努力、自期望对数学成绩的作用在班级间存在显著差异,需要引入新的变量进行解释。层 1 截距在层 2 的截距的随机效应卡方统计量 P 值小于 0.01,这表明在控制住层 1 变量后,学校间的平均数学成绩仍存在显著差异,需要引入新的变量进行解释。其他变量的随机效应卡方统计量 P 值均大于 0.1,这表明这些变量对

---

① Shengchao Yu 和 Emily Hannum 在中国甘肃农村的一项研究就发现儿童的营养状况对儿童的数学和语文成绩有显著的影响(Shengchao Yu 和 Emily Hannum,2002)。

数学成绩的作用在班级或学校间不存在显著差异,不需要引入新的变量进行解释。

表 5.8 数学成绩的第一类半条件模型的随机效应部分主要统计结果

随机项			随机效应		
			方差成分	χ^2	P 值
层 1		E	0.553		
层 2	层 1 截距	R_0	0.273	16.624	0.000
	缺课斜率	R_1	0.0007	5.982	0.017
	数学努力斜率	R_4	0.027	6.532	0.020
	自期望斜率	R_5	0.012	5.7795	0.015
	父受教育程度斜率	R_6	0.001	1.144	0.284
	家庭人均年收入对数斜率	R_7	0.002	0.573	>0.500
	父期望斜率	R_8	0.019	1.172	0.278
	藏书量斜率	R_9	0.00002	0.626	>0.500
	父辅导斜率	R_{10}	0.0004	2.222	0.132
层 3	层 1 截距/层 2 截距	U_{00}	0.227	495.716	0.000
	家庭人均年收入对数/层 2 截距	U_{70}	0.001	119.584	>0.500

数学成绩的第一类半条件模型的拟合优度统计结果见表 5.9。拟合优度卡方检验的 P 值大于 0.5,表明数学成绩的第一类半条件模型对数学成绩的解释度不显著优于数学零模型。这也预示着需引入层 2 和层 3 变量以改进模型。

表 5.9 数学成绩的第一类半条件模型的拟合优度统计结果

	离差统计量	估计参数	偏差统计量	自由度	P 值
数学成绩零模型	4519.822	4	11.079	57	>0.500
数学成绩的第一类半条件模型	4534.572	61			

(二)语文成绩的第一类半条件模型

层 1 模型为: (5.15)

语文成绩 = $P_0 + P_1^*$(缺课)$+ P_2^*$(性别)$+ P_3^*$(民族)$+ P_4^*$(语文努力)$+ P_5^*$(自期望)$+ P_6^*$(父受教育程度)$+ P_7^*$(家庭年人均收入的对数)$+ P_8^*$(父期望)$+ P_9^*$(藏书量)$+ P_{10}^*$(父辅导)$+ P_{11}^*$(认知水平)$+ E$

层 2 模型为: (5.16)

$$P_0 = B_{00} + R_0$$
$$P_1 = B_{10} + R_1$$
$$P_2 = B_{20}$$
$$P_3 = B_{30}$$
$$P_4 = B_{40} + R_4$$
$$P_5 = B_{50} + R_5$$
$$P_6 = B_{60} + R_6$$
$$P_7 = B_{70} + R_7$$
$$P_8 = B_{80} + R_8$$
$$P_9 = B_{90} + R_9$$
$$P_{10} = B_{100} + R_{10}$$
$$P_{11} = B_{110}$$

层 3 模型为: (5.17)

$$B_{00} = G_{000} + U_{00}$$
$$B_{10} = G_{100}$$
$$B_{20} = G_{200}$$
$$B_{30} = G_{300}$$
$$B_{40} = G_{400}$$
$$B_{50} = G_{500}$$
$$B_{60} = G_{600}$$
$$B_{70} = G_{700} + U_{70}$$
$$B_{80} = G_{800}$$
$$B_{90} = G_{900}$$
$$B_{100} = G_{1000}$$
$$B_{110} = G_{1100}$$

语文成绩的第一类半条件模型的随机系数信度统计结果见表 5.10。层 1 截距和层 2 截距两个随机系数的信度值都比较高，这反映了样本数据的班级语文平均成绩和学校语文平均成绩分别较好地代表了真实的甘肃农村初中学生的班级语文平均成绩和学校语文平均成绩。自期望的随机系数的信度值大于 0.05。其他变量的随机系数的信度值都小于 0.05，这提示着在下一步的模型构建中将这些随机系数设为固定系数。

表 5.10　语文成绩的第一类半条件模型的随机系数信度统计结果

	变量名	随机系数	信度
层 1	层 1 截距	P_0	0.824
	缺课	P_1	0.025
	语文努力	P_4	0.010
	自期望	P_5	0.118
	父受教育程度	P_6	0.025
	家庭人均年收入对数	P_7	0.001
	父期望	P_8	0.016
	藏书量	P_9	0.003
	父辅导	P_{10}	0.001
层 2	层 1 截距/层 2 截距	B_{00}	0.689
	家庭人均年收入对数/层 2 截距	B_{70}	0.021

语文成绩的第一类半条件模型的固定效应部分主要统计结果见表 5.11。① 学生自身的认知水平、语文学习努力程度和受教育期望均对甘肃农村初中学生的语文成绩有显著正影响,表明甘肃农村初中学生自身的学习心理和行为对其语文成绩有重要影响。② 家庭年人均收入的对数对甘肃农村初中学生的语文成绩有显著正影响。③ 反映家庭文化资本的家庭藏书量对甘肃农村初中学生的语文成绩也有显著正影响。④ 缺课对甘肃农村初中学生语文成绩也有显著负影响。其他因素对甘肃农村初中学生语文成绩的影响都不显著。

表 5.11　语文成绩的第一类半条件模型的固定效应部分主要统计结果

变量名	固定效应		变量名	固定效应	
	系数	P 值		系数	P 值
截距	0.143	0.412	自期望	0.100***	0.000
性别	−0.040	0.290	家庭年人均收入的对数	0.017**	0.047
民族	0.126	0.438	父受教育程度	0.002	0.340
认知水平	0.014***	0.000	父期望	0.008	0.228
缺课	−0.010*	0.091	父辅导	0.011	0.362
语文努力	0.099***	0.007	藏书量	0.005**	0.012

注:本表中固定效应部分的结果是基于稳健估计标准误得到的。
*** $P<0.001$,** $P<0.05$,* $P<0.1$。

语文成绩的第一类半条件模型的随机效应部分主要统计结果见表 5.12。层 1 截距的随机效应卡方统计量 P 值小于 0.01,这表明在控制住层 1 变量后,甘肃农村初中班级间的平均语文成绩仍存在显著差异,需要引入新的变量进行解释。缺课斜率、语文努力斜率、自期望斜率的随机效应卡方统计量 P 值均小于 0.1,这表明缺课、语文努力、自期望对语文成绩的作用在甘肃农村初中班级间存在显著差异,需要引入新的变量进行解释。层 1 截距在层 2 的截距的随机效应卡方统计量 P 值小于 0.01,这表明甘肃农村初中学校间的平均语文成绩存在显著差异,需要引入新的变量进行解释。其他变量的随机效应卡方统计量 P 值均大于 0.1,这表明这些变量对语文成绩的作用在甘肃农村初中班级或学校间不存在显著差异,不需要引入新的变量进行解释。

表 5.12 语文成绩的第一类半条件模型的随机效应部分主要统计结果

随机项			随机效应		
			方差成分	χ^2	P 值
层 1		E	0.418		
层 2	层 1 截距	R_0	0.196	14.573	0.000
	缺课斜率	R_1	0.072	3.632	0.067
	语文努力斜率	R_4	0.081	5.042	0.023
	自期望斜率	R_5	0.009	14.715	0.000
	父受教育程度斜率	R_6	0.0007	2.085	0.145
	家庭人均年收入对数斜率	R_7	0.0009	3.953	0.157
	父期望斜率	R_8	0.018	0.887	>0.500
	藏书量斜率	R_9	0.00003	0.542	>0.500
	父辅导斜率	R_{10}	0.0004	6.176	0.212
层 3	层 1 截距/层 2 截距	U_{00}	0.410	983.814	0.000
	家庭人均年收入对数/层 2 截距	U_{70}	0.0005	90.049	>0.500

语文成绩的第一类半条件模型的拟合优度统计结果见表 5.13。拟合优度卡方检验的 P 值大于 0.05,表明语文成绩的第一类半条件模型对语文成绩的解释度不显著优于语文零模型。这也预示着需引入层 2 和层 3 变量以改进模型。

表 5.13 语文成绩的第一类半条件模型的拟合优度统计结果

	离差统计量	估计参数	偏差统计量	自由度	P 值
语文成绩零模型	4225.213	4	44.107	57	>0.500
语文成绩的第一类半条件模型	4181.105	61			

(三) 教育效率与公平

兰登布什和布雷克(Randenbush and Bryk)在其分析中,明确提出可以将分层模型的回归截距看做效率的标志,而将分层模型的斜率作为公平的标志(Randenbush and Bryk,2002: p.18)。

1. 甘肃农村初中班级教育效率与公平

在本书中,层1截距为甘肃农村初中班级平均成绩,它反映了甘肃农村初中班级教育质量,因此,可以代表甘肃农村初中班级效率;家庭人均年收入对数的斜率表示班级内学生家庭经济地位对成绩的影响,因此,可以反映甘肃农村初中班级公平性。在此情况下,甘肃农村初中班级的行为模式有四种(如图5.1所示):

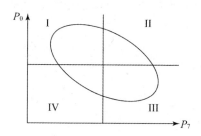

图 5.1 班级行为模式

Ⅰ:有效且公平。这种班级的平均成绩较高,且班级内的学生家庭经济地位对学生成绩的影响较小。

Ⅱ:有效但不公平。这种班级的平均成绩较高,但班级内的学生家庭经济地位对学生成绩的影响较大。

Ⅲ:无效且不公平。这种班级的平均成绩较低,且班级内的学生家庭经济地位对学生成绩的影响较大。

Ⅳ:无效但公平。这种班级的平均成绩较低,但班级内的学生家庭经济地位对学生成绩的影响较小。

在具体分析中,可以通过层1截距和家庭人均年收入对数的斜率的协方差符号判断甘肃农村初中班级的行为模式类型。若协方差$(Cov)(P_0, P_7) > 0$,即平均成绩较高的班级中,家庭经济地位对成绩的影响较大,反映出一种甘肃农村初中班级教育不公平;若$Cov(P_0, P_7) < 0$,即平均成绩较高的班级中,家庭经济地位对成绩的影响较小,反映出一种甘肃农村初中班级教育公平。

对甘肃农村初中学生的数学成绩来说,$Cov(P_0, P_7) = -0.414$

＜0，这表明在数学平均成绩较高的班级中，家庭经济地位对数学成绩的影响较小，体现了"有教无类"的教育公平思想。这也表明了在甘肃农村初中班级内，对于来自不同家庭经济背景的学生来说，甘肃农村初中教育是比较公平的。对甘肃农村初中学生的语文成绩来说，$\mathrm{Cov}(P_0, P_7) = -0.832 < 0$，同样反映了在甘肃农村初中班级内，甘肃农村初中教育比较公平的现状。

总之，对于来自不同家庭经济背景的学生来说，甘肃农村初中教育在班级内是比较公平的，其原因可能有两个：其一，同一个班级内的学生家庭经济背景具有同质性，相差不大；其二，同一个班级内的学生所接受的教师质量和其他的学校资源基本上是相同的。然而，需要指出的是，由于样本数据中，甘肃农村初中班级内部的学生数量比较小，这使得班级内部的学生家庭经济背景差异不大，结果可能导致甘肃农村初中学生家庭经济背景对成绩的影响较小。

2. 甘肃农村初中学校教育效率与公平

在本书中，层2截距为甘肃农村初中学校平均成绩，它反映了甘肃农村初中学校教育质量，因此，代表甘肃农村初中学校效率；家庭人均年收入对数的斜率在层2的截距表示学校内的学生家庭经济地位对成绩的影响，因此，可以代表甘肃农村初中学校公平性。在此情况下，如同班级行为模式一样，甘肃农村初中学校的行为模式也有四种（如图5.2所示）：

Ⅰ：有效且公平。这种学校的平均成绩较高，且学校内的学生家庭经济地位对学生成绩的影响较小。

Ⅱ：有效但不公平。这种学校的平均成绩较高，但学校内的学生家庭经济地位对学生成绩的影响较大。

Ⅲ：无效且不公平。这种学校的平均成绩较低，且学校内的学生家庭经济地位对学生成绩的影响较大。

Ⅳ：无效但公平。这种学校的平均成绩较低，但学校内的学生家庭经济地位对学生成绩的影响较小。

在具体分析中，可以通过层1截距在层2的截距以及家庭人均年收入对数的斜率在层2的截距的协方差符号判断甘肃农村初中学校的行为模式类型。若$\mathrm{Cov}(B_{00}, B_{70}) > 0$，即平均成绩较高的甘肃农村初中学校中，家庭经济地位对成绩的影响较大，反映出了一种甘肃农村初中学校教育不公平；若 $Cov(B_{00}, B_{70}) < 0$，即平均成绩较高的学校中，家庭经济地位对成绩的影响较小，反映出了一种甘肃农村初中学校教育公平。

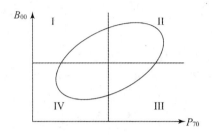

图 5.2　学校行为模式

对甘肃农村初中学生的数学成绩来说，$Cov(B_{00}, B_{70}) = 0.835 > 0$，这表明在数学平均成绩较高的甘肃农村初中学校中，家庭经济地位对数学成绩的影响较大。对语文成绩来说，$Cov(B_{00}, B_{70}) = 0.142 > 0$，这表明在语文平均成绩较高的甘肃农村初中学校中，家庭经济地位对语文成绩的影响也比较大。这体现了在甘肃农村初中学校内、不同班级间，"有教有类"的教育不公平现状。

总之，在学校内、不同班级间，对于来自不同家庭经济背景的学生来说，甘肃农村初中教育是缺乏公平的。其原因可能有两个：其一，不同班级间的学生家庭经济背景具有异质性，家庭经济背景较好的学生更多地进入了教育质量较高的班级，即我们通常所说的"快班"或"重点班"。与此相反，家庭经济背景较差的学生更多地进入了教育质量较低的班级，即我们通常所说的"慢班"或"普通班"。其二，学校内、不同班级所配备的教师质量和其他学校资源通常是不一样的。学校管理者往往在学校内的不同班级实行不公平的政策，给"快班"或"重点班"配备的教师质量和其他学校资源通常优于"慢班"或"普通班"。

三、只关注班级层面影响因素的半条件模型分析

只关注班级层面影响因素的半条件模型也称为第二类半条件模型，第二类半条件模型是层 2 有控制变量，而层 1、层 3 无控制变量的模型。由于没有控制住个体层面和学校层面的变量，第二类半条件模型只专注于分析班级层面变量中影响学生成绩的因素。

根据前面对数学成绩和语文成绩的层2变量探索性分析结果见表5.4,下面分别建立了数学和语文成绩的第二类半条件模型。

(一)数学成绩的第二类半条件模型

层1模型为: (5.18)

数学成绩 = $P_0 + E$

层2模型为: (5.19)

$P_0 = B_{00} + B_{01}^*$(班级规模)$+ B_{02}^*$(县统考)$+ B_{03}^*$(教师性别)$+ B_{04}^*$(中专)$+ B_{05}^*$(大专)$+ B_{06}^*$(没有资格)$+ B_{07}^*$(小学资格)$+ B_{08}^*$(教师缺课)$+ B_{09}^*$(见习期)$+ B_{010}^*$(小教一级)$+ B_{011}^*$(小教高级)$+ B_{012}^*$(中教一级)$+ B_{013}^*$(月基本工资)$+ B_{014}^*$(月奖金)$+ B_{015}^*$(公办教师)$+ B_{016}^*$(教龄)$+ B_{017}^*$(学历学习)$+ B_{018}^*$(课外辅导)$+ B_{019}^*$(进修学校培训)$+ B_{020}^*$(参与管理)$+ B_{021}^*$(奖惩教学)$+ R_0$

层3模型为: (5.20)

$B_{00} = G_{000} + U_{00}$

$B_{01} = G_{010} + U_{01}$

$B_{02} = G_{020}$

$B_{03} = G_{030}$

$B_{04} = G_{040} + U_{04}$

$B_{05} = G_{050} + U_{05}$

$B_{06} = G_{060}$

$B_{07} = G_{070}$

$B_{08} = G_{080} + U_{08}$

$B_{09} = G_{090}$

$B_{010} = G_{0100}$

$B_{011} = G_{0110}$

$B_{012} = G_{0120}$

$B_{013} = G_{0130} + U_{013}$

$B_{014} = G_{0140} + U_{014}$

$B_{015} = G_{0150} + U_{015}$

$B_{016} = G_{0160}$

$B_{017} = G_{0170} + U_{017}$

$B_{018} = G_{0180} + U_{018}$

$B_{019} = G_{0190} + U_{019}$

$$B_{020} = G_{0200} + U_{020}$$
$$B_{021} = G_{0210} + U_{021}$$

数学成绩的第二类半条件模型的随机系数信度统计结果见表 5.14。需要解释的是"层 1 截距/班级规模"表示班级规模对层 1 截距的影响，其他层 2 变量的解释同理。除公办教师和课外辅导的随机系数信度值小于 0.05 外，其他变量的随机系数信度值均大于 0.05。表明对这些变量子数的估计结果具有较高的可靠性。

表 5.14 数学成绩的第二类半条件模型的随机系数信度统计结果

	变量名	随机系数	信度
层 1	层 1 截距	P_0	0.149
层 2	层 1 截距/层 2 截距	B_{00}	0.094
	层 1 截距/班级规模	B_{01}	0.056
	层 1 截距/中专	B_{04}	0.106
	层 1 截距/大专	B_{05}	0.086
	层 1 截距/教师缺课	B_{08}	0.052
	层 1 截距/月基本工资	B_{013}	0.173
	层 1 截距/月奖金	B_{014}	0.070
	层 1 截距/公办教师	B_{015}	0.028
	层 1 截距/学历学习	B_{017}	0.158
	层 1 截距/课外辅导	B_{018}	0.042
	层 1 截距/进修学校培训	B_{019}	0.251
	层 1 截距/参与管理	B_{020}	0.135
	层 1 截距/奖惩教学	B_{021}	0.128

数学成绩的第二类半条件模型的固定效应部分主要统计结果见表 5.15。班级规模对甘肃农村初中学生数学成绩有显著负影响。甘肃农村初中大班学生的数学成绩低于小班学生的数学成绩。县统考对甘肃农村初中学生数学成绩有显著正影响，表明参加县级统考的班级学生数学成绩显著高于没参加县级统考的班级学生数学成绩。

中专学历对甘肃农村初中学生数学成绩有显著正影响，表明与具有高中学历的甘肃农村初中教师相比，具有中专学历的甘肃农村初中教师所教的学生数学成绩要显著高，这可能是因为具有中专学历的教师大多接受了中等师范教育。教师教龄对甘肃农村初中学生数学成绩有显著正影响。学历学习对甘肃农村初中学生数学成绩有显著正影响，表明与没有参加学历学习的甘肃农村初中教师相比,参加了学历学习的甘肃农村初中教师所教的学生数学成绩显著要高。尽管没有通过显著性检验,但进修学校培训的符号为正表明甘肃农村初中教师参加进修学校培训的次数越多,其学生的数学成绩也越高。课外辅导对数学成绩有显著正的影响,表明甘肃农村初中教师对学生的课外辅导时间越长,学生的数学成绩就越好。与不参与学校管理的甘肃农村初中教师相比,参与学校管理的甘肃农村初中教师所教的学生数学成绩显著要高,它反映了让甘肃农村初中教师参与学校管理可以调动教师的工作积极性,最终促进教学质量的提高。

表 5.15 数学成绩的第二类半条件模型的固定效应部分主要统计结果

变量名	固定效应		变量名	固定效应	
	系数	P 值		系数	P 值
截距	-0.245^*	0.089	小教高级	-0.028	0.860
班级规模	-0.007^*	0.079	中教一级	-0.039	0.634
县统考	0.296^{***}	0.000	月基本工资	0.0002	0.479
教师性别	0.039	0.502	月奖金	-0.0006	0.330
中专	0.373^{***}	0.003	公办教师	0.149	0.149
大专	0.090	0.193	教龄	0.004^*	0.077
没有资格	-0.058	0.598	学历学习	0.120^{**}	0.025
小学资格	0.011	0.883	课外辅导	0.016^{**}	0.023
教师缺课	-0.004	0.744	进修学校培训	0.052	0.120
见习期	-0.016	0.853	参与管理	0.018^*	0.053
小教一级	-0.002	0.982	奖惩教学	-0.073	0.199

注:本表中固定效应部分的结果是基于稳健估计标准误得到的。

*** $P<0.001$,** $P<0.05$,* $P<0.1$。

教师的月基本工资对甘肃农村初中学生数学成绩有不显著的正影响,但教师的月奖金对甘肃农村初中学生数学成绩有不显著的负影响。本书假设教师的奖金对学生成绩有正影响,因为奖金作为一种激励手段,可以调动教师的工作积极性。教师的月奖金对甘肃农村初中学生数学成绩产生负影响,这违背了研究假设,其原因可能在于甘肃农村初中教师的奖金来源于挤占学校的公用经费,而学校公用经费对学生成绩有重要影响。关于教师奖金和学校公用经费对甘肃农村初中学生成绩的影响,将在后文中有更详细的探讨。

数学成绩的第二类半条件模型的随机效应部分主要统计结果

见表 5.16。层 1 截距在层 2 的截距、班级规模、教师缺课、月奖金、奖惩教学的随机效应卡方统计量 P 值均小于 0.1，表明这些变量的斜率在甘肃农村初中班级间存在显著差异，需要引入层 3 的变量对造成这种斜率的差异的原因进行解释。其他变量的随机效应卡方统计量 P 值均大于 0.1，表明这些变量的斜率在甘肃农村初中班级间不存在显著差异，不需要引入层 3 的变量对造成这种斜率的差异的原因进行解释。

表 5.16 数学成绩的第二类半条件模型的随机效应部分主要统计结果

	随机项		随机效应		
			方差成分	χ^2	P 值
层 1		E	0.599		
层 2	层 1 截距	R_0	0.059	自由度太少无法计算	
层 3	层 1 截距/层 2 截距	U_{00}	0.414	5.540	0.061
	层 1 截距/班级规模	U_{01}	0.002	3.783	0.058
	层 1 截距/中专	U_{04}	0.559	1.475	>0.500
	层 1 截距/大专	U_{05}	0.089	2.054	0.359
	层 1 截距/教师缺课	U_{08}	0.003	4.075	0.082
	层 1 截距/月基本工资	U_{013}	0.00001	1.529	>0.500
	层 1 截距/月奖金	U_{014}	0.003	2.958	0.045
	层 1 截距/公办教师	U_{015}	0.081	0.104	0.139
	层 1 截距/学历学习	U_{017}	0.078	4.505	0.183
	层 1 截距/课外辅导	U_{018}	0.001	3.845	0.265
	层 1 截距/进修学校培训	U_{019}	0.027	2.036	0.362
	层 1 截距/参与管理	U_{020}	0.104	2.185	0.336
	层 1 截距/奖惩教学	U_{021}	0.074	3.875	0.056

数学成绩的第二类半条件模型的拟合优度统计结果见表 5.17。拟合优度卡方检验结果的 P 值大于 0.1，表明数学成绩的第二类半条件模型对甘肃农村初中学生数学成绩的解释度不显著优于数学零模型。这也预示着需进一步引入层 1 和层 3 变量以改进模型。

表 5.17　数学成绩的第二类半条件模型的拟合优度统计结果

	离差统计量	估计参数	偏差统计量	自由度	P 值
数学成绩零模型	4519.822	4	104.933	111	>0.500
数学成绩的第二类半条件模型	4440.718	115			

（二）语文成绩的第二类半条件模型

层 1 模型为： (5.21)

语文成绩 $= P_0 + E$

层 2 模型为： (5.22)

$P_0 = B_{00} + B_{01}^*$（班级规模）$+ B_{02}^*$（县统考）$+ B_{03}^*$（教师民族）$+ B_{04}^*$（小学资格）$+ B_{05}^*$（见习期）$+ B_{06}^*$（小教二级）$+ B_{07}^*$（小教一级）$+ B_{08}^*$（小教高级）$+ B_{09}^*$（中教高级）$+ B_{010}^*$（月奖金）$+ B_{011}^*$（课外辅导）$+ B_{012}^*$（家访）$+ B_{013}^*$（参与管理）$+ B_{014}^*$（奖惩教学）$+ R_0$

层 3 模型为： (5.23)

$B_{00} = G_{000} + U_{00}$

$B_{01} = G_{010} + U_{01}$

$B_{02} = G_{020}$

$B_{03} = G_{030}$

$B_{04} = G_{040} + U_{04}$

$B_{05} = G_{050}$

$B_{06} = G_{060}$

$B_{07} = G_{070}$

$B_{08} = G_{080}$

$B_{09} = G_{090}$

$B_{010} = G_{0100} + U_{010}$

$B_{011} = G_{0110} + U_{011}$

$B_{012} = G_{0120} + U_{012}$

$B_{013} = G_{0130} + U_{013}$

$B_{014} = G_{0140} + U_{014}$

语文成绩的第二类半条件模型的随机系数信度统计结果见表 5.18。层 1 截距、层 2 截距、小学资格、课外辅导的随机系数信度值均大于 0.05，其他变量的随机系数信度值均小于 0.05。

表 5.18　语文成绩的第二类半条件模型的随机系数信度统计结果

	变量名	随机系数	信度
层 1	层 1 截距	P_0	0.240
层 2	层 1 截距/层 2 截距	B_{00}	0.123
	层 1 截距/班级规模	B_{01}	0.048
	层 1 截距/小学资格	B_{04}	0.150
	层 1 截距/月奖金	B_{010}	0.024
	层 1 截距/课外辅导	B_{011}	0.088
	层 1 截距/家访	B_{012}	0.044
	层 1 截距/参与管理	B_{013}	0.046
	层 1 截距/奖惩教学	B_{014}	0.011

语文成绩的第二类半条件模型的固定效应部分主要统计结果见表 5.19。班级规模对甘肃农村初中学生语文成绩有显著负影响。参加县级统考的甘肃农村初中班级学生语文成绩显著高于没参加县级统考的班级学生语文成绩。

表 5.19　语文成绩的第二类半条件模型的固定效应部分主要统计结果

变量名	固定效应		变量名	固定效应	
	系数	P 值		系数	P 值
截距	0.001	0.996	小教高级	0.290**	0.024
班级规模	−0.007**	0.013	中教高级	0.408	0.370
县统考	0.210***	0.001	月奖金	−0.002***	0.000
教师民族	0.380**	0.044	课外辅导	0.015**	0.017
小学资格	−0.176**	0.032	家访	−0.030	0.327
见习期	−0.054*	0.063	参与管理	0.072**	0.041
小教二级	0.301	0.221	奖惩教学	−0.098**	0.026
小教一级	0.042	0.620			

注：本表中固定效应部分的结果是基于稳健估计标准误得到的。
　　*** $P<0.001$，** $P<0.05$，* $P<0.1$。

甘肃农村初中汉族教师的学生语文成绩显著高于少数民族教师的学生语文成绩，这可能因为汉族教师的汉语水平通常高于少数民族教师，而语文教材基本上是用汉语编写的。与具有初中师资格的教师相比，只有小学资格的甘肃农村初中教师的学生语文成绩显著要低。与具有中教三级职称的甘肃农村初中教师相比，具有见习期职称教师的学生语文成绩显著要低，具有小教高级职称的教师的学生语文成绩则显著要高。值得注意的是，教师的月奖金对甘肃农村初中学生语文成绩有显著负影响，如前讨论，这可能是因为甘肃农村初中教师的奖金来源于挤占学校的公用经费，这种推断将在后面的模型中加以证实。课外辅导对甘肃农村初中学生语文成绩有显著正影响，表明甘肃农村初中教师对学生的课外辅导时间越长，学生的语文成绩就越好。

教师参与管理对甘肃农村初中学生的语文成绩有显著的影响，反映了让甘肃农村初中教师参与学校管理是一种有效的激励手段，可以调动教师的工作积极性，最终促进教学质量的提高。奖惩教学对甘肃农村初中学生语文成绩有显著负影响，表明被学校管理者用奖惩手段影响教学的甘肃农村初中教师所教的学生语文成绩显著要低。如前所述，这是因为尽管奖惩手段在学校管理中可以创造一种竞争的氛围，但同时也不可避免地给教师带来巨大的压力，过度的竞争还会危害教师间团结协作的精神，这些负面影响都可能降低学校的教育教学质量。因此，用奖惩作为一种学校教学管理手段的有效性值得商榷。

语文成绩的第二类半条件模型的随机效应部分主要统计结果见表5.20。层1截距在层2的截距、班级规模、月奖金、课外辅导、参与管理的随机效应卡方统计量 P 值均小于0.1，其他变量的随机效应卡方统计量 P 值均大于0.1。

表5.20 语文成绩的第二类半条件模型的随机效应部分主要统计结果

随机项			随机效应		
			方差成分	χ^2	P 值
层1		E	0.505		
层2	层1截距	R_0	0.093	自由度太少无法计算	
层3	层1截距/层2截距	U_{00}	0.877	5.812	0.050
	层1截距/班级规模	U_{01}	0.036	9.003	0.043
	层1截距/小学资格	U_{04}	0.085	6.712	>0.500
	层1截距/月奖金	U_{010}	0.089	4.263	0.059
	层1截距/课外辅导	U_{011}	0.004	13.131	0.071
	层1截距/家访	U_{012}	0.0005	5.752	>0.500
	层1截距/参与管理	U_{013}	0.018	7.378	0.045
	层1截距/奖惩教学	U_{014}	0.004	5.419	>0.500

语文成绩的第二类半条件模型的拟合优度统计结果见表 5.21。拟合优度卡方检验结果的 P 值小于 0.01，表明语文成绩的第二类半条件模型对甘肃农村初中学生语文成绩的解释度显著优于语文零模型。

表 5.21 语文成绩的第二类半条件模型的拟合优度统计结果

	离差统计量	估计参数	偏差统计量	自由度	P 值
语文成绩零模型	4225.213	4	90.426	49	0.000
语文成绩的第二类半条件模型	4134.786	53			

四、只关注学校层面影响因素的半条件模型分析

只关注学校层面影响因素的半条件模型也称为第三类半条件模型，这第三类半条件模型是层 3 有控制变量，而层 1、层 2 无控制变量的模型。由于没有控制住个体层面和班级层面的变量，第三类半条件模型只专注于分析学校层面变量中影响学生成绩的因素。根据前面对数学成绩和语文成绩的层 3 变量探索性分析结果（见表 5.5），下面分别建立了数学和语文成绩的第三类半条件模型。

（一）数学成绩的第三类半条件模型

层 1 模型为： (5.24)

数学成绩 $= P_0 + E$

层 2 模型为： (5.25)

$P_0 = B_{00} + R_0$

层 3 模型为： (5.26)

$B_{00} = G_{000} + G_{001}$（学校类型）$+ G_{002}$（学校规模）$+ G_{003}$（生均公用经费）$+ G_{004}$（分权管理）$+ G_{005}$（奖惩性教学管理）$+ G_{006}$（同伴认知）$+ G_{007}$（同伴父教育）$+ G_{008}$（同伴家年人均收入）$+ U_{00}$

数学成绩的第三类半条件模型的随机系数信度统计结果见表 5.22。层 1 截距和层 2 截距的随机系数信度分别为 0.386 和 0.360，均比较高。

表 5.22 数学成绩的第三类半条件模型的随机系数信度统计结果

	变量名	随机系数	信度
层 1	层 1 截距	P_0	0.386
层 2	层 1 截距/层 2 截距	B_{00}	0.360

表 5.23　数学成绩的第三类半条件模型的固定效应部分主要统计结果

变量名	固定效应		变量名	固定效应	
	系数	P 值		系数	P 值
截距	-0.250	0.517	奖惩管理	-0.040	0.523
学校类型	-0.649^{***}	0.001	同伴认知	0.031^{***}	0.006
学校规模	-0.00009^{*}	0.088	同伴父教育	0.050^{*}	0.056
生均公用经费	-0.002^{*}	0.066	同伴家年人均收入	0.000003	0.578
分权管理	0.081^{*}	0.090			

注：本表中固定效应部分的结果是基于稳健估计标准误得到的。
*** $P<0.001$, ** $P<0.05$, * $P<0.1$。

数学成绩的第三类半条件模型的固定效应部分主要统计结果见表 5.23。学校类型对甘肃农村初中学生数学成绩有显著负影响，影响系数-0.649，表明公办学校的学生平均数学成绩显著低于民办学校。学校规模对甘肃农村初中学生数学成绩有显著负影响，[1]表明甘肃农村初中学校规模越大，其学生的数学成绩就越差。较意外的是学校生均公用经费与甘肃农村初中学生数学成绩之间存在负的回归关系，[2]这违背了原研究假设，其原因将在后文中进行讨论。分权管理对甘肃农村初中学生数学成绩有显著正影响，表明甘肃农村初中教师参与学校管理的程度越高，学校学生的数学成绩也越高，这是因为让教师参与学校管理的分权管理方式极大地激励了教师去努力工作以提高教育教学质量。学校同伴认知对甘肃农村初中学生数学成绩有显著正影响，表明学校同伴认知能力越高，甘肃农村初中学生数学成绩受到的正向影响也就越大。同伴父亲的受教育程度也对甘肃农村初中学生的数学成绩产生显著正影响。此外，为了考察甘肃农村初中学校规模是否会对学校同伴的作用强度产生影响，[3]本书也引入了校同伴平均认知能力*校规模这一交互变量以分析校同伴平均认知能力与校规模的交互

---

[1] 为了确定合适的学校规模，开始将学校规模的 2 次方纳入方程中来，结果 HLM 软件无法处理并提示自变量之间存在严重的共线性问题，最后只得删掉学校规模的 2 次方变量。

[2] 值得一提的是，邓小涛（2005）利用中英甘肃基础教育项目 1999 年的基线调查数据也发现甘肃农村小学学校生均公用经费对学校毕业生县级数学统考合格率有显著负的影响，对学校毕业生县级数学和语文双课统考合格率有负的影响。

[3] 一个假设是学校规模越大，同伴的作用就越小，因为大学校里同伴之间的交往或互动可能不如小学校里频繁。

作用,结果HLM软件无法处理并提示自变量之间存在严重的共线性问题,这可能是因为校同伴平均认知能力 * 校规模与校规模之间存在共线性,最后只得删掉这一交互变量。

数学成绩的第三类半条件模型的随机效应部分主要统计结果见表5.24。层1截距和层2截距的随机效应卡方统计量 P 值小于0.01,这表明在控制住层3变量后,甘肃农村初中班级之间的数学平均成绩和学校之间的数学平均成绩均存在显著差异,需要引入层1和层2的变量对这种显著差异进行解释。

表 5.24 数学成绩的第三类半条件模型的随机效应部分主要统计结果

随机项			随机效应		
			方差成分	χ^2	P 值
层1		E	0.622		
层2	层1截距	R_0	0.240	1358.455	0.000
层3	层1截距/层2截距	U_{00}	0.107	364.359	0.000

数学成绩的第三类半条件模型的拟合优度统计结果见表5.25。拟合优度卡方检验结果的 P 值小于0.1,表明数学成绩的第三类半条件模型对甘肃农村初中学生数学成绩的解释度显著优于数学零模型。

表 5.25 数学成绩的第三类半条件模型的拟合优度统计结果

	离差统计量	估计参数	偏差统计量	自由度	P 值
数学成绩零模型	4519.822	4	14.646	8	0.066
数学成绩的第三类半条件模型	4505.175	12			

(二)语文成绩的第三类半条件模型

层1模型为: (5.27)

语文成绩 $= P_0 + E$

层2模型为: (5.28)

$P_0 = B_{00} + R_0$

层3模型为: (5.29)

$B_{00} = G_{000} + G_{001}$(学校类型)$+ G_{002}$(学校规模)$+ G_{003}$(生均公用经费)$+ G_{004}$(分权管理)$+ G_{005}$(奖惩性教学管理)$+ G_{006}$(同伴认知)$+ G_{007}$(同伴父教育)$+ G_{008}$(同伴家年人均收入)$+ U_{00}$

语文成绩的第三类半条件模型的随机系数信度统计结果见表5.26。层1截距和层2截距的随机系数信度分别为0.334和0.590,均比较高。

表 5.26 语文成绩的第三类半条件模型的随机系数信度统计结果

	变量名	随机系数	信度
层1	层1截距	P_0	0.334
层2	层1截距/层2截距	B_{00}	0.590

语文成绩的第三类半条件模型的固定效应部分主要统计结果见表5.27。甘肃农村公办初中的学生平均语文成绩显著低于民办初中学生平均语文成绩,学校类型的系数-0.527。学校规模对甘肃农村初中学生语文成绩有显著负影响,学校规模越大,甘肃农村初中学生的语文成绩就越差。甘肃农村初中学生语文成绩与学校生均公用经费同样存在负的回归关系。分权管理对甘肃农村初中学生语文成绩也有显著正影响。校长用奖惩手段去影响教师教学的管理方式对甘肃农村初中学生语文成绩有不显著的负影响。学校同伴认知能力对甘肃农村初中学生语文成绩也有显著正影响。同伴父亲的受教育程度也对甘肃农村初中学生的语文成绩产生显著正影响。

表 5.27 语文成绩的第三类半条件模型的固定效应部分主要统计结果

变量名	固定效应		变量名	固定效应	
	系数	P值		系数	P值
截距	-0.550	0.223	奖惩管理	-0.086	0.251
学校类型	-0.527**	0.013	同伴认知	0.024*	0.072
学校规模	-0.0002***	0.000	同伴父教育	0.090***	0.001
生均公用经费	-0.001**	0.032	同伴家年人均收入	0.000004	0.621
分权管理	0.208***	0.006			

注:本表中固定效应部分的结果是基于稳健估计标准误得到的。
*** $P<0.001$,** $P<0.05$,* $P<0.1$。

语文成绩的第三类半条件模型的随机效应部分主要统计结果见表5.28。层1截距和层2截距的随机效应卡方统计量P值小于0.01,这表明在控制住层3变量后,甘肃农村初中班级之间的语文平均成绩和学校之间的语文平均成绩均存在显著差异,需要引入层1和层2的变量对这种显著差异进行解释。

表5.28 语文成绩的第三类半条件模型的随机效应部分主要统计结果

随机项			随机效应		
			方差成分	χ^2	P值
层1		E	0.503		
层2	层1截距	R_0	0.152	1104.322	0.000
层3	层1截距/层2截距	U_{00}	0.252	653.954	0.000

语文成绩的第三类半条件模型的拟合优度统计结果见表5.29。拟合优度卡方检验结果的 P 值小于0.01，表明语文成绩的第三类半条件模型对甘肃农村初中学生语文成绩的解释度显著优于语文零模型。

表5.29 语文成绩的第三类半条件模型的拟合优度统计结果

	离差统计量	估计参数	偏差统计量	自由度	P值
语文成绩零模型	4225.213	4	50.471	8	0.000
语文成绩的第三类半条件模型	4174.741	12			

第五节 学生成绩影响因素完全模型分析

一、完全模型简介

前面已经分析了三类主要的半条件模型，在此基础上，本节将建立完全条件模型以全面了解变量之间的关系和模型整体的解释力。在完全模型里，层1、层2、层3都将引入自变量，因此对造成甘肃农村初中学生数学和语文成绩差异的原因解释将更加全面和准确。本节将要建立的完全条件模型包括两类模型：第一类完全模型对截距进行解释，但不对斜率进行解释，可称为完全截距模型；第二类完全模型对截距和斜率都进行解释，可称为完全斜率模型。在建立完全模型过程中，为避免出现信度过小、对高层模型离差统计量无法分析等问题的出现，以及为计算随机效应方差成分等目的，尽量对每个高层模型的建模过程给予充分的讨论，以减少随意出现的模型随机项。

二、完全截距模型分析

完全截距模型是层1、层2、层3都有控制变量的模型,建立该模型的目的在于侧重分析影响层1截距(本书指甘肃农村初中班级平均成绩)和层2截距(本书指甘肃农村初中学校平均成绩)的因素,但它不分析影响层1和层2各自变量斜率的因素。根据前面对数学成绩和语文成绩三类半条件模型的分析结果,本节分别建立了数学成绩和语文成绩的完全截距模型。

(一)数学成绩的完全截距模型

根据本章第四节的数学成绩的第一类半条件模型的随机系数信度统计结果(见表5.6)和数学成绩的第二类半条件模型的随机系数信度统计结果(见表5.14),在本模型构建中,对那些随机系数的信度值都小于0.05的变量的随机系数全设为固定系数。构建的模型如下:

层1模型为: (5.30)

数学成绩 $= P_0 + P_1^*$(缺课) $+ P_2^*$(性别) $+ P_3^*$(民族) $+ P_4^*$(数学努力) $+ P_5^*$(自期望) $+ P_6^*$(父受教育程度) $+ P_7^*$(家庭年人均收入的对数) $+ P_8^*$(父期望) $+ P_9^*$(藏书量) $+ P_{10}^*$(父辅导) $+ P_{11}^*$(认知水平) $+ E$

层2模型为: (5.31)

$P_0 = B_{00} + B_{01}^*$(班级规模) $+ B_{02}^*$(县统考) $+ B_{03}^*$(教师性别) $+ B_{04}^*$(中专) $+ B_{05}^*$(大专) $+ B_{06}^*$(没有资格) $+ B_{07}^*$(小学资格) $+ B_{08}^*$(教师缺课) $+ B_{09}^*$(见习期) $+ B_{010}^*$(小教一级) $+ B_{011}^*$(小教高级) $+ B_{012}^*$(中教一级) $+ B_{013}^*$(月基本工资) $+ B_{014}^*$(月奖金) $+ B_{015}^*$(公办教师) $+ B_{016}^*$(教龄) $+ B_{017}^*$(学历学习) $+ B_{018}^*$(课外辅导) $+ B_{019}^*$(进修学校培训) $+ B_{020}^*$(参与管理) $+ B_{021}^*$(奖惩教学) $+ R_0$

$P_1 = B_{10}$

$P_2 = B_{20}$

$P_3 = B_{30}$

$P_4 = B_{40}$

$P_5 = B_{50} + R_5$

$P_6 = B_{60}$

$P_7 = B_{70}$

$P_8 = B_{80}$

$P_9 = B_{90}$

$P_{10} = B_{100}$

$P_{11} = B_{110}$

层 3 模型为： (5.32)

$B_{00} = G_{000} + G_{001}$（学校类型）$+ G_{002}$（学校规模）$+ G_{003}$（生均公用经费）$+ G_{004}$（分权管理）$+ G_{005}$（奖惩性教学管理）$+ G_{006}$（同伴认知）$+ G_{007}$（同伴父教育）$+ G_{008}$（同伴家年人均收入）$+ U_{00}$

$B_{01} = G_{010} + U_{01}$

$B_{02} = G_{020}$

$B_{03} = G_{030}$

$B_{04} = G_{040} + U_{04}$

$B_{05} = G_{050} + U_{05}$

$B_{06} = G_{060}$

$B_{07} = G_{070}$

$B_{08} = G_{080} + U_{08}$

$B_{09} = G_{090}$

$B_{010} = G_{0100}$

$B_{011} = G_{0110}$

$B_{012} = G_{0120}$

$B_{013} = G_{0130} + U_{013}$

$B_{014} = G_{0140} + U_{014}$

$B_{015} = G_{0150}$

$B_{016} = G_{0160}$

$B_{017} = G_{0170} + U_{017}$

$B_{018} = G_{0180}$

$B_{019} = G_{0190} + U_{019}$

$B_{020} = G_{0200} + U_{020}$

$B_{021} = G_{0210} + U_{021}$

$B_{10} = G_{100}$

$B_{20} = G_{200}$

$B_{30} = G_{300}$

$B_{40} = G_{400}$

$B_{50} = G_{500}$

$B_{60} = G_{600}$

$B_{70} = G_{700}$

$B_{80} = G_{800}$

$B_{90} = G_{900}$

$B_{100} = G_{1000}$

$B_{110} = G_{1100}$

数学成绩的完全截距模型的随机系数信度统计结果见表5.30。所有变量的信度值都比较高。

表5.30 数学成绩的完全截距模型的随机系数信度统计结果

	变量名	随机系数	信度
层1	层1截距	P_0	0.319
	自期望	P_5	0.053
层2	层1截距/层2截距	B_{00}	0.107
	层1截距/班级规模	B_{01}	0.098
	层1截距/中专	B_{04}	0.147
	层1截距/大专	B_{05}	0.301
	层1截距/教师缺课	B_{08}	0.058
	层1截距/月基本工资	B_{013}	0.398
	层1截距/月奖金	B_{014}	0.230
	层1截距/学历学习	B_{017}	0.234
	层1截距/进修学校培训	B_{019}	0.138
	层1截距/参与管理	B_{020}	0.216
	层1截距/奖惩教学	B_{021}	0.233

数学成绩的完全截距模型的固定效应部分主要统计结果见表5.31。在层3变量中：① 对甘肃农村初中学生的数学成绩有显著负作用的变量有学校类型、学校规模、生均公用经费。② 对甘肃农村初中学生的数学成绩有显著正作用的变量有分权管理和同伴认知。

在层2变量中：① 对甘肃农村初中学生的数学成绩有显著正作用的变量有县统考、中专学历、公办教师、教龄、学历学习、课外辅导、进修学校培训和参与管理。② 班级规模对甘肃农村初中学生的数学成绩有显著负作用，值得注意的是教师的月奖金在数学成绩的第二类半条件模型中有不显著的负影响,但在本模型中有显著负影响。

在层1变量中:① 学生缺课对甘肃农村初中学生的数学成绩有显著的负作用。② 自期望、家庭年人均收入的对数、藏书量对甘肃农村初中学生的数学成绩有显著正作用。③ 性别在数学成绩的第一类半条件模型中有不显著的正影响,但在本模型中有显著正作用,表明甘肃农村初中男生的数学成绩显著高于女生。

表 5.31 数学成绩的完全截距模型的固定效应部分主要统计结果

	变量名	固定效应		变量名	固定效应	
		系数	P 值		系数	P 值
层3	截距	−0.578	0.217	奖惩管理	−0.049	0.423
	学校类型	−0.629***	0.000	同伴认知	0.030***	0.005
	学校规模	−0.0001*	0.076	同伴父教育	0.037	0.142
	生均公用经费	−0.001*	0.092	同伴家年人均收入	0.00004	0.618
	分权管理	0.079*	0.057			
层2	班级规模	−0.007	0.056	小教高级	−0.028	0.860
	县统考	0.283***	0.000	中教一级	−0.039	0.634
	教师性别	0.039	0.862	月基本工资	0.0001	0.479
	中专	0.350***	0.006	月奖金	−0.0005*	0.067
	大专	0.090	0.251	公办教师	0.156*	0.066
	没有资格	−0.108	0.193	教龄	0.004*	0.079
	小学资格	0.011	0.598	学历学习	0.096*	0.064
	教师缺课	−0.005	0.883	课外辅导	0.015**	0.032
	见习期	−0.016	0.711	进修学校培训	0.096*	0.063
	小教一级	−0.002	0.853	参与管理	0.002*	0.053
				奖惩教学	−0.047	0.499
层1	性别	0.082*	0.050	自期望	0.041*	0.084
	民族	0.141	0.459	家庭年人均收入的对数	0.030**	0.023
	认知水平	0.003	0.544	父受教育程度	0.009	0.697
	缺课	−0.007**	0.017	父期望	0.067	0.383
	数学努力	0.005	0.922	藏书量	0.002**	0.021
				父辅导	0.006	0.288

注:本表中固定效应部分的结果是基于稳健估计标准误差得到的。
*** $P<0.001$,** $P<0.05$,* $P<0.1$。

数学成绩的完全截距模型的随机效应部分主要统计结果见表5.32。所有变量的随机效应的卡方统计量 P 值均大于0.1，这表明这些变量对甘肃农村初中学生的数学成绩的影响在班级内或班级间不存在显著差异。

表5.32 数学成绩的完全截距模型的随机效应部分主要统计结果

随机项			随机效应		
			方差成分	χ^2 成分	P 值
层1		E	0.586		
层2	层1截距	R_0	0.089	自由度太少无法计算	
	自期望	R_5	0.007	255.467	0.102
层3	层1截距/层2截距	U_{00}	0.075	自由度太少无法计算	
	层1截距/班级规模	U_{01}	0.0002	1.554	>0.500
	层1截距/中专	U_{04}	0.700	7.075	>0.500
	层1截距/大专	U_{05}	0.092	1.054	>0.500
	层1截距/教师缺课	U_{08}	0.001	1.016	>0.500
	层1截距/月基本工资	U_{013}	0.00001	7.529	>0.500
	层1截距/月奖金	U_{014}	0.003	2.079	>0.500
	层1截距/学历学习	U_{017}	0.054	2.505	>0.500
	层1截距/进修学校培训	U_{019}	0.022	2.970	>0.500
	层1截距/参与管理	U_{020}	0.051	1.006	>0.500
	层1截距/奖惩教学	U_{021}	0.079	8.434	0.856

数学成绩的完全截距模型的拟合优度统计结果见表5.33。拟合优度卡方检验结果的 P 值均小于0.01，表明数学成绩的完全截距模型对甘肃农村初中学生数学成绩的解释度显著优于数学成绩的第一类半条件模型和第二类半条件模型。拟合优度卡方检验结果的 P 值大于0.1，表明数学成绩的完全截距模型对甘肃农村初中学生数学成绩的解释度不显著优于数学成绩的第三类半条件模型。总体上，模型拟合优度卡方检验结果表明在都加入层1、层2、层3变量后，模型的拟合度显著提高了。

表 5.33 数学成绩的完全截距模型的拟合优度统计结果

	离差统计量	估计参数	偏差统计量	自由度	P 值
数学成绩的 完全截距模型	4404.564	112			
数学成绩的 第一类半条件模型	4534.572	61	130.007	51	0.000
数学成绩的 第二类半条件模型	4440.718	115	36.706	3	0.000
数学成绩的 第三类半条件模型	4505.175	12	100.610	100	0.464

（二）语文成绩的完全截距模型

根据本章第四节语文成绩的第一类半条件模型的随机系数信度统计结果（见表 5.10）和语文成绩的第二类半条件模型的随机系数信度统计结果（见表 5.18），在本模型构建中，对那些随机系数的信度值都小于 0.05 的变量的随机系数全设为固定系数。构建的模型如下：

层 1 模型为： (5.33)

语文成绩 $= P_0 + P_1^*$（缺课）$+ P_2^*$（性别）$+ P_3^*$（民族）$+ P_4^*$（语文努力）$+ P_5^*$（自期望）$+ P_6^*$（父受教育程度）$+ P_7^*$（家庭年人均收入的对数）$+ P_8^*$（父期望）$+ P_9^*$（藏书量）$+ P_{10}^*$（父辅导）$+ P_{11}^*$（认知水平）$+ E$

层 2 模型为： (5.34)

$P_0 = B_{00} + B_{01}^*$（班级规模）$+ B_{02}^*$（县统考）$+ B_{03}^*$（教师民族）$+ B_{04}^*$（小学资格）$+ B_{05}^*$（见习期）$+ B_{06}^*$（小教二级）$+ B_{07}^*$（小教一级）$+ B_{08}^*$（小教高级）$+ B_{09}^*$（中教高级）$+ B_{010}^*$（月奖金）$+ B_{011}^*$（课外辅导）$+ B_{012}^*$（家访）$+ B_{013}^*$（参与管理）$+ B_{014}^*$（奖惩教学）$+ R_0$

$P_1 = B_{10}$

$P_2 = B_{20}$

$P_3 = B_{30}$

$P_4 = B_{40}$

$P_5 = B_{50} + R_5$

$P_6 = B_{60}$

$P_7 = B_{70}$

$P_8 = B_{80}$

$P_9 = B_{90}$

$P_{10} = B_{100}$

$P_{11} = B_{110}$

层 3 模型为： (5.35)

$B_{00} = G_{000} + G_{001}$（学校类型）$+ G_{002}$（学校规模）$+ G_{003}$（生均公用经费）$+ G_{004}$（分权管理）$+ G_{005}$（奖惩性教学管理）$+ G_{006}$（同伴认知）$+ G_{007}$（同伴父教育）$+ G_{008}$（同伴家年人均收入）$+ U_{00}$

$B_{01} = G_{010}$

$B_{02} = G_{020}$

$B_{03} = G_{030}$

$B_{04} = G_{040} + U_{04}$

$B_{05} = G_{050}$

$B_{06} = G_{060}$

$B_{07} = G_{070}$

$B_{08} = G_{080}$

$B_{09} = G_{090}$

$B_{010} = G_{0100}$

$B_{011} = G_{0110} + U_{011}$

$B_{012} = G_{0120}$

$B_{013} = G_{0130}$

$B_{014} = G_{0140}$

$B_{10} = G_{100}$

$B_{20} = G_{200}$

$B_{30} = G_{300}$

$B_{40} = G_{400}$

$B_{50} = G_{500}$

$B_{60} = G_{600}$

$B_{70} = G_{700}$

$B_{80} = G_{800}$

$B_{90} = G_{900}$

$B_{100} = G_{1000}$

$B_{110} = G_{1100}$

语文成绩的完全截距模型的随机系数信度统计结果见表 5.34。所有变量的随机系数信度值均高于 0.05。表明对这些变量系数的估计结果具有教育可靠性。

表 5.34 语文成绩的完全截距模型的随机系数信度统计结果

	变量名	随机系数	信度
层 1	层 1 截距	P_0	0.441
	自期望	P_5	0.074
层 2	层 1 截距/层 2 截距	B_{00}	0.111
	层 1 截距/小学资格	B_{04}	0.136
	层 1 截距/课外辅导	B_{011}	0.051

语文成绩的完全截距模型的固定效应部分主要统计结果见表 5.35。在层 3 变量中：① 对甘肃农村初中学生的语文成绩有显著负作用的变量有学校类型、学校规模和生均公用经费。② 对甘肃农村初中学生的语文成绩有显著正作用的变量有分权管理、同伴认知、同伴父教育。

在层 2 变量中：① 对甘肃农村初中学生的语文成绩有显著正作用的变量有县统考、教师民族、小教高级、课外辅导和参与管理。② 对甘肃农村初中学生的语文成绩有显著负作用的变量有班级规模、小学资格、见习期、月奖金和奖惩教学。

在层 1 变量中：① 对甘肃农村初中学生的语文成绩有显著正作用的变量有认知水平、语文努力、自期望、家庭年人均收入的对数和藏书量。② 缺课对甘肃农村初中学生的语文成绩有显著负作用。

表 5.35 语文成绩的完全截距模型的固定效应部分主要统计结果

	变量名	固定效应		变量名	固定效应	
		系数	P 值		系数	P 值
层 3	截距	−0.870*	0.068	奖惩管理	−0.060	0.251
	学校类型	−0.389*	0.054	同伴认知	0.022*	0.091
	学校规模	−0.0001**	0.030	同伴父教育	0.083***	0.002
	生均公用经费	−0.001**	0.046	同伴家年人均收入	0.00005	0.672
	分权管理	0.127*	0.092			

距模型对甘肃农村初中学生语文成绩的解释度均显著优于语文成绩的第一类半条件模型、第二类半条件模型和第三类半条件模型，这表明在都加入层 1、层 2、层 3 变量后，模型的拟合度显著提高了。

表 5.37　语文成绩的完全截距模型的拟合优度统计结果

	离差统计量	估计参数	偏差统计量	自由度	P 值
语文成绩的 完全截距模型	4063.274	48			
语文成绩的第一类 半条件模型	4181.105	61	116.222	13	0.000
语文成绩的第二类 半条件模型	4134.786	53	69.688	5	0.000
语文成绩的第三类 半条件模型	4174.741	12	110.009	36	0.000

三、完全斜率模型分析

完全斜率模型也是层 1、层 2、层 3 都有控制变量的模型，它与完全截距模型的区别在于它分析上层变量对下层变量斜率的影响，而完全截距模型不分析这种影响。可以说，完全斜率模型由于注重探讨上层背景因素与下层变量之间的关系而最能体现多层次分析方法的特点。完全斜率模型既包括了对截距的影响因素分析，也包括了对斜率的影响因素分析，因此，完全斜率模型是最完整的模型。根据前面对数学成绩和语文成绩三类半条件模型的分析结果，下面分别建立了数学成绩和语文成绩的完全斜率模型。

（一）数学成绩的完全斜率模型

同数学成绩的完全截距模型一样，根据前文中的数学成绩的第一类半条件模型的随机系数信度统计结果（见表 5.6）和数学成绩的第二类半条件模型的随机系数信度统计结果（见表 5.14），在本模型构建中，对那些随机系数的信度值都小于 0.05 的变量的随机系数全设为固定系数。

此外，根据前文中的数学成绩的第一类半条件模型的随机效应部分主要统计结果（见表 5.8）和数学成绩的第二类半条件模型的随机效应部分主要统计结果（见表 5.16），在本模型构建中，对那些随机效应的卡方检验 P 值小于 0.1 的变量进行解释。在第一类半条件模型的随机效应部分主要统计结果中（见表 5.8），层 1 截距、缺课斜率、数学努力斜率、自期望斜率、层 1 截距在层 2 的截距的随机效应的卡方检验 P 值均小于 0.1,这表明缺课、数学努力、自期望对学生数学成绩的作用在班级间存在显著差异,需要引入新的班级层面变量对这种差异进行解释。层 1 截距以及层 1 截距在层 2 的截距已经进行了解释,现在,只需要对缺课斜率、数学努力斜率、自期望斜率进行解释。对缺课斜率、数学努力斜率、自期望斜率的影响因素,作出如下研究假设:

① 缺课斜率会受到班级规模和教师缺课的影响;

② 数学努力斜率会受到班级规模、教师的课外辅导的影响;

③ 自期望斜率会受到班级规模、教师的课外辅导的影响。

在第二类半条件模型的随机效应部分主要统计结果中(见表 5.16),班级规模、教师缺课、月奖金、奖惩教学的随机效应的卡方检验 P 值均小于 0.1,这表明班级规模、教师缺课、月奖金、奖惩教学对班级平均数学成绩(即层 1 截距)的作用在学校间存在显著差异,需要引入新的学校层面变量对这种差异进行解释。对班级规模、教师缺课、月奖金、奖惩教学斜率的影响因素,作出如下研究假设:

① 班级规模的斜率会受到学校类型和学校规模的影响;

② 教师缺课的斜率会受到学校类型和学校公用经费的影响;

③ 月奖金斜率会受到学校公用经费的影响;

④ 奖惩教学斜率会受到学校类型和学校公用经费的影响。

最后,构建的模型如下:

层 1 模型为: (5.36)

数学成绩 $= P_0 + P_1^*$ (缺课) $+ P_2^*$ (性别) $+ P_3^*$ (民族) $+ P_4^*$ (数学努力) $+ P_5^*$ (自期望) $+ P_6^*$ (父受教育程度) $+ P_7^*$ (家庭年人均收入的对数) $+ P_8^*$ (父期望) $+ P_9^*$ (藏书量) $+ P_{10}^*$ (父辅导) $+ P_{11}^*$ (认知水平) $+ E$

层 2 模型为: (5.37)

$P_0 = B_{00} + B_{01}^*$ (班级规模) $+ B_{02}^*$ (县统考) $+ B_{03}^*$ (教师性别) $+ B_{04}^*$ (中专) $+ B_{05}^*$ (大专) $+ B_{06}^*$ (没有资格) $+ B_{07}^*$ (小学资格) $+ B_{08}^*$ (教师缺课) $+ B_{09}^*$ (见习期) $+ B_{010}^*$ (小教一级) $+ B_{011}^*$ (小教高级) $+ B_{012}^*$ (中教一级) $+ B_{013}^*$ (月基本工资) $+ B_{014}^*$ (月奖金) $+ B_{015}^*$ (公办教师) $+ B_{016}^*$ (教龄) $+ B_{017}^*$ (学历学习) $+ B_{018}^*$ (课外辅导) $+ B_{019}^*$ (进修学校培训) $+ B_{020}^*$ (参与管理) $+ B_{021}^*$ (奖惩教学) $+ R_0$

$P_1 = B_{10} + B_{11}^*$ (班级规模) $+ B_{12}^*$ (教师缺课)

$P_2 = B_{20}$

$P_3 = B_{30}$

伴认知对甘肃农村初中学生数学成绩有显著正影响,甘肃农村初中学校同伴认知测试成绩每增加1分,甘肃农村初中学生的数学成绩就上升0.03个标准分。

在层2变量中:① 班级规模在层3的截距表示班级规模对样本中学生数学平均成绩的回归系数,由该回归系数可知班级规模对甘肃农村初中学生数学成绩有显著负影响,甘肃农村初中班级规模每多增加1人,班级学生的数学平均成绩就下降0.014个标准分。学校类型对班级规模斜率的影响不显著,这表明班级规模对学生数学成绩的影响在甘肃农村公立初中和民办初中间不存在显著差异。学校规模对班级规模斜率有显著负的影响,说明甘肃农村初中学校规模加强了甘肃农村初中班级规模对学生数学成绩的负影响,[①]这可能是因为学校规模越大,班级规模就会随之越大的缘故。② 县统考对甘肃农村初中学生的数学成绩有显著正作用,参加县统考的甘肃农村初中班级的学生数学成绩要比没有参加县统考的甘肃农村初中班级学生的数学成绩平均高出0.277个标准分。③ 甘肃农村初中中专学历教师所教的学生数学成绩要比高中学历教师的学生数学成绩显著地高出0.352个标准分,这可能是因为有中专学历的教师大都来自中师毕业生,他们接受过系统的师范教育训练,故比普通高中毕业生更擅长于教育教学工作。甘肃农村初中大专学历教师所教的学生数学成绩也要比高中学历教师的学生高,但没有通过显著性检验。④ 值得一提的是,教师的月奖金在数学成绩的完全截距模型中对数学成绩有显著的负影响,当时推测的一个可能原因是教师奖金来源于公用经费,这种"挤占"效应导致了教师奖金对甘肃农村初中学生数学成绩的作用方向发生了改变。在本模型中,这种推测得到了数据的证实。在引入层3的学校生均公用经费变量对教师月奖金的斜率进行解释后,发现生均公用经费对教师月奖金的斜率有显著负影响,在控制住这种影响后,教师月奖金对甘肃农村初中学生数学成绩的影响方向发生了转变,也就是说,在控制住这种"挤占"效应后,教师月奖金对

---

① 当某个第三层变量的系数和相应第二层的系数符号相同时,说明该第三层变量能加强第二层上该系数所表示的关联强度,加强的方向与系数符号表示的方向一致。当两层系数符号相反时,则说明该第三层变量削弱影响第二层上该系数所表示的关联强度,但影响方向与第二层系数的符号所表示的方向相反(张雷等,2003,第53页)。

甘肃农村初中学生数学成绩就有正的影响,但生均公用经费削弱了这种正的影响。学校生均公用经费每增加1元,教师月奖金的斜率就下降0.02,最终,教师月奖金对甘肃农村初中学生数学成绩的正影响就下降0.000016个标准分。⑤ 公办教师对甘肃农村初中学生的数学成绩有显著正作用,甘肃农村初中公办教师所教学生的数学成绩要比代课教师所教学生的数学成绩高出0.156个标准分。⑥ 教师教龄对甘肃农村初中学生的数学成绩有显著正作用,教师教龄每增加1年,甘肃农村初中学生的数学成绩就提高0.006个标准分。⑦ 甘肃农村初中教师的学历学习对学生数学成绩有显著的正影响,接受过学历学习的甘肃农村初中教师所教学生的数学成绩要比没接受过学历学习的教师所教学生的数学成绩高0.106个标准分。⑧ 甘肃农村初中教师参加进修学校培训对学生数学成绩有显著正影响,表明甘肃农村初中教师接受进修学校培训的频率越高,其所教学生的数学成绩也要越高。⑨ 甘肃农村初中教师的课外辅导对学生的数学成绩有显著正影响,甘肃农村初中教师对学生每周的课外辅导时间增加1小时,学生的数学成绩就上升0.015个标准分,这反映了甘肃农村初中教师的工作努力程度对学生成绩有显著正影响。⑩ 参与学校管理的甘肃农村初中教师所教学生数学成绩要比没参加学校管理的教师所教学生的数学成绩显著高出0.001个标准分。

在层1变量中:① 性别对甘肃农村初中学生的数学成绩有显著正作用,甘肃农村初中男生的数学成绩显著高于女生0.083个标准分。② 甘肃农村初中学生的缺课对数学成绩有显著负作用,甘肃农村初中学生本学期缺课次数每增加1次,学生的数学成绩就下降0.003个标准分。班级规模对学生缺课斜率有显著负的影响,说明甘肃农村初中班级规模加强了学生缺课对数学成绩的负影响。③ 甘肃农村初中学生自己的教育期望对数学成绩有显著正影响。甘肃农村初中学生教育期望水平越高,其数学成绩就越高。班级规模和课外辅导对自期望的斜率有显著正的影响,表明甘肃农村初中班级规模和教师的课外辅导加强了学生的教育期望对数学成绩正的影响。④ 甘肃农村初中学生家庭年人均收入的对数对数学成绩有显著的正影响。⑤ 反映家庭文化资本的甘肃农村初中学生的家庭藏书量对数学成绩有显著的正影响。甘肃农村初中学生的

(二)语文成绩的完全斜率模型

同语文成绩的完全截距模型一样,根据前文中的语文成绩的第一类半条件模型的随机系数信度统计结果(见表 5.10)和语文成绩的第二类半条件模型的随机系数信度统计结果(见表 5.18),在本模型构建中,对那些随机系数的信度值都小于 0.05 的变量的随机系数全设为固定系数。

此外,根据前文中的语文成绩的第一类半条件模型的随机效应部分主要统计结果(见表 5.12)和语文成绩的第二类半条件模型的随机效应部分主要统计结果(见表 5.20),在本模型构建中,对那些随机效应的卡方检验 P 值小于 0.1 的变量进行解释。在第一类半条件模型的随机效应部分主要统计结果中(见表 5.12),层 1 截距、缺课斜率、语文努力斜率、自期望斜率、层 1 截距在层 2 的截距的随机效应的卡方检验 P 值均小于 0.1,这表明缺课、语文努力、自期望对甘肃农村初中学生语文成绩的作用在班级间存在显著差异,需要引入新的班级层面变量对这种差异进行解释。对缺课斜率、语文努力斜率、自期望斜率的影响因素,作出如下研究假设:

① 缺课斜率会受到班级规模和教师家访的影响;
② 语文努力斜率会受到班级规模、教师的课外辅导的影响;
③ 自期望斜率会受到班级规模、教师的课外辅导的影响。

在第二类半条件模型的随机效应部分主要统计结果中(见表 5.20),班级规模、月奖金、课外辅导和参与管理的随机效应的卡方检验 P 值均小于 0.1,这表明班级规模、月奖金、课外辅导和参与管理对班级平均语文成绩(即层 1 截距)的作用在甘肃农村初中学校间存在显著差异,需要引入新的学校层面变量对这种差异进行解释。对班级规模、月奖金和参与管理的斜率的影响因素,作出如下研究假设:

① 班级规模的斜率会受到学校类型和学校规模的影响;
② 月奖金斜率会受到学校公用经费的影响;
③ 参与管理斜率会受到学校规模的影响。

最后,构建的模型如下:

层 1 模型为: (5.39)

语文成绩 = $P_0 + P_1^*$(缺课) + P_2^*(性别) + P_3^*(民族) + P_4^*(语文努力) + P_5^*(自期望) + P_6^*(父受教育程度) + P_7^*(家庭年人均收入的对数) + P_8^*(父期望) + P_9^*(藏书量) + P_{10}^*(父辅导) +

P_{11}^*(认知水平)$+E$

层 2 模型为： (5.40)

$P_0 = B_{00} + B_{01}^*$(班级规模)$+ B_{02}^*$(县统考)$+B_{03}^*$(教师民族)$+B_{04}^*$(小学资格)$+B_{05}^*$(见习期)$+B_{06}^*$(小教二级)$+B_{07}^*$(小教一级)$+ B_{08}^*$(小教高级)$+B_{09}^*$(中教高级)$+B_{010}^*$(月奖金)$+B_{011}^*$(课外辅导)$+ B_{012}^*$(家访)$+B_{013}^*$(参与管理)$+B_{014}^*$(奖惩教学)$+ R_0$

$P_1 = B_{10} + B_{11}^*$(班级规模)$+ B_{12}^*$(家访)

$P_2 = B_{20}$

$P_3 = B_{30}$

$P_4 = B_{40} + B_{41}^*$(班级规模)$+ B_{42}^*$(课外辅导)

$P_5 = B_{50} + B_{51}^*$(班级规模)$+ B_{52}^*$(课外辅导)$+ R_5$

$P_6 = B_{60}$

$P_7 = B_{70}$

$P_8 = B_{80}$

$P_9 = B_{90}$

$P_{10} = B_{100}$

$P_{11} = B_{110}$

层 3 模型为： (5.41)

$B_{00} = G_{000} + G_{001}$(学校类型)$+G_{002}$(学校规模)$+ G_{003}$(生均公用经费)$+G_{004}$(分权管理)$+G_{005}$(奖惩性教学管理)$+G_{006}$(同伴认知)$+G_{007}$(同伴父教育)$+G_{008}$(同伴家年人均收入)$+U_{00}$

$B_{01} = G_{010} + G_{011}$(学校类型)$+G_{012}$(学校规模)

$B_{02} = G_{020}$

$B_{03} = G_{030}$

$B_{04} = G_{040} + U_{04}$

$B_{05} = G_{050}$

$B_{06} = G_{060}$

$B_{07} = G_{070}$

$B_{08} = G_{080}$

$B_{09} = G_{090}$

$B_{010} = G_{0100} + G_{0101}$(生均公用经费)

$B_{011} = G_{0110} + U_{011}$

$B_{012} = G_{0120}$

师带来巨大的压力,过度的竞争还会危害教师间团结协作的精神并造成教师间的人际关系紧张等,这些负面影响都可能降低学校的教育教学质量。因此,甘肃农村初中校长在教学管理过程中应慎重采用奖惩手段,如果要采用奖惩手段,也要注意奖惩的方式和方法,努力减轻奖惩式教学管理带来的负面影响。

表 5.43 语文成绩的完全斜率模型的固定效应部分主要统计结果

	变量名		固定效应		变量名		固定效应	
			系数	P 值			系数	P 值
层 3		截距	−0.997**	0.040		奖惩管理	−0.066	0.251
		学校类型	−0.419*	0.051		同伴认知	0.021*	0.092
		学校规模	−0.0001***	0.007		同伴父教育	0.083***	0.003
		生均公用经费	−0.001**	0.046		同伴家年人均收入	0.00004	0.641
		分权管理	0.123*	0.094				
层 2	班级规模	层 3 截距	−0.017*	0.083		小教高级	−0.252*	0.054
		学校类型	−0.020	0.095		中教高级	−0.408	0.370
		学校规模	−0.0001	0.915	月奖金	层 3 截距	0.001	0.148
	县统考		0.228***	0.000		生均公用经费	−0.0008**	0.014
	教师民族		0.320	0.124		课外辅导	0.014**	0.031
	小学资格		−0.138*	0.095		家访	−0.029	0.475
	见习期		−0.054*	0.065	参与管理	层 3 截距	0.073*	0.061
	小教二级		−0.249	0.292		学校规模	0.000003	0.956
	小教一级		0.042	0.621		奖惩教学	−0.091**	0.047
层 1		性别	−0.026	0.290	自期望	层 3 截距	0.085***	0.000
		民族	0.106	0.438		班级规模	0.005	0.175
		认知水平	0.013***	0.000		课外辅导	0.013*	0.080
	缺课	层 3 截距	−0.004*	0.088		家庭年人均收入的对数	0.020**	0.015
		班级规模	−0.0009**	0.032		父受教育程度	0.002	0.340
		家访	0.004	0.441		父期望	0.064	0.328
	语文努力	层 3 截距	0.074**	0.043		父辅导	0.008	0.255
		班级规模	0.008	0.315		藏书量	0.005**	0.017
		课外辅导	0.021**	0.047				

注:本表中固定效应部分的结果是基于稳健估计标准误得到的。

*** $P<0.001$,** $P<0.05$,* $P<0.1$。

在层 1 变量中:① 甘肃农村初中学生的认知水平对语文成绩

有显著正影响,学生的认知测试成绩提高 1 分,其语文成绩就提高 0.013 个标准分。② 甘肃农村初中学生缺课对语文成绩有显著负影响,学生本学期缺课次数每增加 1 次,学生的语文成绩就下降 0.004 个标准分。班级规模对缺课斜率有显著负影响,表明甘肃农村初中班级规模加强了学生缺课对语文成绩的负影响。家访对缺课斜率的影响不显著。③ 甘肃农村初中学生的语文努力对语文成绩有显著正影响,表明学生学习语文的努力程度越高,学生的语文成绩就越好。课外辅导对语文努力的斜率有显著正影响,表明甘肃农村初中教师的课外辅导加强了学生的语文学习努力程度对语文成绩的正影响。班级规模对语文努力斜率的影响不显著。④ 自期望对语文成绩有显著的正影响,表明甘肃农村初中学生对自己的受教育水平期望越高,其语文成绩也越高。课外辅导对自期望的斜率有显著正影响,表明甘肃农村初中教师的课外辅导加强了学生的教育期望对语文成绩的正影响。⑤ 甘肃农村初中学生的家庭年人均收入的对数对语文成绩有显著正的影响。⑥ 甘肃农村初中学生的藏书量对语文成绩有显著正影响,家庭的藏书多增加 1 本,学生的语文成绩就上升 0.005 个标准分,表明甘肃农村初中学生的家庭文化资本有助于提高学生的语文成绩。

语文成绩的完全斜率模型的随机效应部分主要统计结果见表 5.44。层 1 截距由于自由度太少而无法计算其随机效应的卡方检验值。层 2 截距的随机效应卡方检验 P 值小于 0.01,表明在控制住层 1、层 2 和层 3 变量后,甘肃农村初中学校之间的语文平均成绩仍存在显著差异。其他变量的随机效应卡方检验 P 值均大于 0.1。

表 5.44 语文成绩的完全斜率模型的随机效应部分主要统计结果

随机项			随机效应		
			方差成分	χ^2	P 值
层 1		E	0.463		
层 2	层 1 截距	R_0	0.130	自由度太少无法计算	
	自期望	R_5	0.005	229.799	0.417
层 3	层 1 截距/层 2 截距	U_{00}	0.226	205.766	0.000
	层 1 截距/小学资格	U_{04}	0.057	68.901	0.157
	层 1 截距/课外辅导	U_{011}	0.0002	57.470	0.367

第六章 教育生产函数分析的结论与建议

本书第四章和第五章已经分别对甘肃农村初中学生成绩的影响因素进行了统计描述和多层次分析,获得了许多有意义的发现。在此基础上,本章将归纳出主要的研究结论并对研究结论进行讨论。根据讨论的结果,本书将提出一些有助于提高我国西部农村初中教育质量的政策建议。最后,本章也将提出研究的不足以及对未来研究的展望。

第一节 教育生产函数分析的主要研究结论

一、学生成绩影响因素初步分析主要结论

通过对调查样本中甘肃农村初中学生成绩的影响因素的初步统计分析,本书得出以下主要研究结论:

1. 甘肃农村初中学生的学习成绩与其个体的学习心理和行为特征紧密相关。主要体现在以下两个方面:① 样本中的大部分甘肃农村初中学生数学和语文学习总是很努力,而学习努力程度较高的学生,其学习成绩通常较高。② 样本中的大部分甘肃农村初中学生都期望上大学,而具有较高教育期望水平的学生,其学习成绩通常也较高。

2. 甘肃农村初中学生的学习成绩与学生家庭社会经济背景的

统计分析发现：① 样本中的甘肃农村初中学生家长的受教育程度普遍偏低。大部分样本中的甘肃农村初中学生父亲的受教育程度停留在初中阶段，大部分样本中的甘肃农村初中学生母亲的受教育程度停留在小学阶段。甘肃农村初中学生成绩与父母亲的受教育程度的关系没有规律性。② 甘肃农村初中学生家庭收入水平普遍较低，且家庭间的收入差距悬殊。家庭收入水平较高的甘肃农村初中学生成绩也较好。③ 拥有较高家庭文化资本的甘肃农村初中学生成绩也更好。

3. 样本中的甘肃农村初中班级规模普遍偏大，且班级之间的规模差异较大。甘肃农村初中规模较大的班级的学生成绩通常低于规模较小的班级的学生成绩。

4. 全部甘肃农村初中学校样本中，超过半数以上的甘肃农村初中存在代课教师，且代课教师占全部甘肃农村初中教师样本的比例接近10%。上述发现表明，在2004年甘肃农村初中还有相当数量的代课教师。研究也发现甘肃农村初中代课教师的学生成绩通常低于公办教师的学生成绩。

5. 对样本中甘肃农村初中教师工资的统计分析发现：① 甘肃农村初中公办教师月基本工资尽管普遍较低，但月总工资不低。甘肃农村初中公办教师除月基本工资外，还可以获得可观的奖金、福利、补贴和其他收入，但这部分工资可能的来源之一在于挤占学校生均公用经费。② 甘肃农村初中代课教师与公办教师之间的工资差距很大。③ 甘肃农村初中教师样本中，高达64.4%的教师不能一直按时发工资，高达43.6%的教师被拖欠工资，说明甘肃农村初中在2004年仍存在大面积拖欠教师工资问题。④ 没有被拖欠工资的甘肃农村初中教师所教学生成绩明显高于被拖欠工资的甘肃农村初中教师所教学生成绩，表明甘肃农村初中教师工资拖欠问题对甘肃农村初中教育质量造成了负面影响。

6. 甘肃农村初中学生的学习成绩与教师质量的关系的统计分析发现：① 甘肃农村初中教师样本的整体学历水平不低。通过学历提高培训，绝大部分的甘肃农村初中教师在2004年都接受了高等学历教育。甘肃农村初中学生的成绩与教师学历的关系没有规律性。② 甘肃农村初中学生的成绩与教师职称的关系也没有规律性。③ 在2004年的甘肃农村初中教师样本中，超过60%的甘肃农村初中教师没有获得应具备的初中教师资格。拥有初中教师资格的甘肃农村初中教师所教学生成绩要明显高于没有获得初中教师资格的甘肃农村初中教师所教学生成绩。④ 样本中,一半以上的甘肃农村初中教师参加过了学历提高培训。甘肃农村初中公办教师中参加过学历提高培训的教师比例远高于代课教师。参加过提高学历培训的甘肃农村初中教师所教的学生成绩通常要高于没参加过提高学历培训的甘肃农村初中教师所教学生成绩。⑤ 样本中的甘肃农村初中教师参加进修学校和教育项目专家的培训都比较频繁,但甘肃农村初中学生成绩与这两种教师短期培训的关系并不明确。

7. 对甘肃农村初中学校样本的生均公用经费的统计分析发现:① 样本中的甘肃农村初中生均公用经费偏低,且各学校之间的生均公用经费差距悬殊。甘肃农村民办初中的生均公用经费高于公办初中的生均公用经费,重点初中的生均公用经费明显高于非重点初中的生均公用经费。② 甘肃农村初中公立学校存在教师人员经费挤占公用经费的现象。③ 总体上,生均公用经费较多的甘肃农村初中的学生成绩低于生均公用经费较少的甘肃农村初中的学生成绩。

二、学生成绩影响因素多层次分析主要结论

按照教育生产函数的分析框架,本书利用三层的分层线性模型对甘肃农村初中学生成绩的影响因素进行了多层次分析,获得了以下主要研究结论:

1. 甘肃农村初中学生成绩在个体、班级和学校三个水平上均存在显著差异。学生数学和语文成绩的方差分析结果表明甘肃农村初中学生成绩在个体、班级和学校三个水平上均存在显著差异。组内相关分析显示甘肃农村初中学生数学成绩大约58%的差异来源于学生个体和家庭间的差异,约21%的差异来源于班级间的差异,约21%的差异来源于校际间的差异。甘肃农村初中学生语文成绩大约48%的差异来源于学生个体和家庭间的差异,约14%的差异来源于班级间的差异,约38%的差异来源于校际间的差异。(Creemers and Reezigt,1996)根据英国和其他西方国家的数据分析认为,大约10%到20%的学生成绩差异受到了学校因素的影响。

本书研究结论表明与西方国家相比,在中国甘肃农村初中,学生成绩更多地受到了学校因素的影响。

2. 甘肃农村初中班级内教育比较公平,但学校内班级间的教育缺乏公平。国内以前的教育公平研究基本集中于分析城乡间、地区间和学校间的教育公平现状,很少有学者关注学校内部的教育公平现状。本书的研究借助分层线性模型对甘肃农村初中学校内部的教育公平现状进行了分析,结果如下:① 甘肃农村初中班级行为模式的分析表明,在数学和语文平均成绩较高的甘肃农村初中班级中,学生家庭经济背景对成绩的影响较小,体现了甘肃农村初中班级内部"有教无类"的教育公平思想。② 与此相反,甘肃农村初中学校行为模式的分析则显示出在数学和语文平均成绩较高的甘肃农村初中学校中,学生家庭经济背景对成绩的影响也比较大,体现了在甘肃农村初中学校内、不同班级间,"有教有类"的教育不公平现状。

3. 甘肃农村初中学生自身的学习心理和行为对学习成绩的影响不容忽视。在以前的教育生产函数研究中,学生自身的因素对学生成绩的影响较少受到关注。本书分析了甘肃农村初中学生自身的学习心理和行为对其学习成绩的影响,结果发现在控制住其他因素后:① 甘肃农村初中学生的缺课对数学成绩和语文成绩均有显著负影响。② 甘肃农村初中学生学习语文的努力程度对语文成绩有显著正影响。③ 甘肃农村初中学生自己的教育期望水平对其数学和语文成绩均有显著正影响。上述结论验证了本书关于学生自身的努力程度和教育期望对学习成绩影响的研究假设。特别指出的是,安雪慧采用"甘肃基础教育调查研究"项目2000年的入户调查数据研究也发现,儿童的教育期望和学业努力对他们学业成绩的提高有积极的作用,且这种影响不亚于家庭社会、经济特征对儿童学业成绩的影响(安雪慧,2005)。

4. 甘肃农村初中学生家庭社会经济背景对学习成绩有重要影响。在控制住其他因素后,甘肃农村初中学生父亲的受教育水平对学生数学和语文成绩的影响均不显著,其原因可能在于甘肃农村初中学生父亲的受教育水平普遍较低,且差异不大。在控制住其他因素后,甘肃农村初中学生家庭年人均收入对学生数学和语文成绩均有显著正影响。此外,在控制住其他因素后,甘肃农村初中学生家庭的文化资本对学生数学和语文成绩也都有显著正影响。上述结论验证了本书关于学生家庭社会经济背景和文化资本对学习成绩影响的研究假设。

5. 在控制住其他因素后,甘肃农村初中班级规模和学校规模对学生数学和语文成绩均有显著负影响,该结论验证了本书关于班级规模和学校规模对学习成绩影响的研究假设。此外,甘肃农村初中班级规模对学生缺课斜率也有显著负影响,反映了甘肃农村初中班级规模作为一种班级背景因素加强了学生缺课对数学和语文成绩的负影响。

6. 甘肃农村初中教师质量对学生成绩产生了很大影响。本书用教师学历、教师职称、教师教龄、教师资格、教师培训五个方面的指标来衡量甘肃农村初中教师质量。结果发现,在控制住其他因素后:① 甘肃农村初中教师学历对学生数学成绩有显著影响。具有中专学历的甘肃农村初中教师所教学生的数学成绩要显著高于具有高中学历的甘肃农村初中教师所教学生的数学成绩。参加过学历学习的甘肃农村初中教师所教学生的数学成绩也要显著高于没参加过学历学习的甘肃农村初中教师所教学生的数学成绩。② 甘肃农村初中教师参加进修学校培训对学生数学成绩有显著正影响。③ 甘肃农村初中教师的教龄对学生数学成绩有显著正影响。④ 甘肃农村初中教师的资格对学生语文成绩有显著正影响。小学资格的甘肃农村初中教师所教学生的语文成绩显著低于初中资格的甘肃农村初中教师所教学生的语文成绩。⑤ 甘肃农村初中教师的职称对学生语文成绩有显著影响。与具有中教三级职称的甘肃农村初中教师相比,处于见习期的甘肃农村初中教师的学生语文成绩要显著低,具有小教高级职称的甘肃农村初中教师的学生语文成绩要显著高。上述结论验证了本书关于教师质量对学习成绩影响的研究假设。

7. 甘肃农村初中教师的工作努力程度对学生成绩具有显著正影响。在以前的教育生产函数研究中,教师质量对学生成绩的影响一直是学者研究的重点,而教师在教育教学过程中的工作行为对学生成绩的影响则较少受到关注。本书研究重点关注了甘肃农村初中教师工作努力行为对学生成绩的影响,结果发现,在控制住其他因素后:甘肃农村初中教师的每周课外辅导时间对学生数学和语文成绩均有显著正影响,但教师的每周备课辅导时间、批改作业时间和家访时间对学生数学和语文成绩的影响均不显著。上述结论在一定程度上验证了本书关于教师工作努力程度对学习成绩影响的研究假设。

8. 甘肃农村初中教师的工资收入对学生成绩的影响不显著。① 在控制住其他因素后,甘肃农村初中教师的月基本工资对学生成绩具有正的不显著影响。② 在半条件和完全截距模型中,当控制住其他因素后,甘肃农村初中教师的月奖金对学生成绩具有显著负影响。但在完全斜率模型中,当引入层3模型的生均公用经费变量对教师月奖金的斜率进行解释后发现,不但甘肃农村初中学校生均公用经费对教师月奖金的斜率有显著负影响,而且教师月奖金对学生成绩的显著负影响也转变为正的不显著影响,这种影响方向的转变证实了甘肃农村初中教师月奖金的来源之一在于挤占学校生均公用经费的推测。上述研究结论没有验证本书关于教师的工资收入对学生学习成绩产生正影响的研究假设。

9. 在控制住其他因素后,甘肃农村初中学生成绩与学校生均公用经费之间存在显著负回归关系,该结论没有验证本书关于学校生均公用经费对学生学习成绩产生正影响的研究假设。

10. 甘肃农村初中学生的学校同伴对学生成绩具有显著影响。本书研究考察了甘肃农村初中学生的学校同伴的认知水平和家庭社会经济背景对学生成绩的影响,结果发现,在控制住其他因素后:学校同伴的认知水平对学生数学和语文成绩均有显著正影响,学校同伴父亲的受教育水平对学生语文成绩也有显著正影响。上述结论验证了本书关于学校同伴对学习成绩影响的研究假设。

11. 甘肃农村初中教育管理制度对学生成绩有重要影响。长期以来,教育生产函数研究忽视教育制度对学生成绩的影响。本书研究考察了甘肃农村初中教育管理制度对甘肃农村初中学生成绩的影响,结论显示:① 在控制住其他因素后,县级统考制度对甘肃农村初中学生成绩有显著正影响。与不参加县级统考的甘肃农村初中班级的学生相比,参加县级统考的甘肃农村初中班级的学生数学和语文成绩均显著高。该结论验证了本书关于县统考制度对学习成绩影响的研究假设。② 在控制住其他因素后,分权管理制度对甘肃农村初中学生成绩有显著正影响。甘肃农村初中教师参与学校管理的程度对学生数学和语文成绩均有显著正影响；此外，与不参与学校管理的甘肃农村初中教师相比，参与学校管理的甘肃农村初中教师所教学生数学和语文成绩均显著高。该结论验证了本书关于分权管理制度对学习成绩影响的研究假设。

第二节 教育质量影响因素的讨论

一、甘肃农村初中班级规模和学校规模对教育质量的影响

班级规模对教育质量的影响一直是公众和教育研究者经常讨论的问题。国外学者对此进行了大量研究，得出的结论也是混合的。我国学者对班级规模的影响也进行了许多探讨，但这些探讨基本限于理论分析，很少有班级规模影响的实证研究。邓业涛(2005)基于甘肃四个县数据的研究发现甘肃小学的平均班级规模对学校县级数学和语文统考合格率均有正的不显著影响。她的样本中平均班级规模偏小(约为28人)，这可能导致得出班级规模对教育质量没有显著影响的结果。冯丽雅(2004)对班级规模与学业成绩之间的关系做了实证研究，结果发现小班(32人)学生的数学和语文成绩均明显高于大班(60人)学生。此外，美国学者艾伯特·帕克和埃米莉·汉纳姆(Albert Park and Emily Hannum, 2001)采用"甘肃基础教育调查研究"项目2000年的调查数据估计了我国甘肃农村小学班级规模对学生成绩的影响。结果发现，在控制住教师和家庭特征变量后，甘肃农村小学班级规模对学生的数学和语文成绩均有正的不显著影响。这可能是因为他们的样本中小学班级规模较小的缘故，由于他们的文章中并没有显示出具体的班级规模值，故无法证实。

本书研究发现甘肃农村初中班级规模普遍偏大，结果对学生数学和语文成绩均有显著负影响。我国教育部于1982年4月16日颁发试行的《中等师范学校及城市一般中小学校舍规划面积定额》规定，初级中学为18～24个班，每班学生名额近期为50人，远期45人。甘肃农村初中2004年的平均班级规模为53人，远超过了初中班级规模为45人的国家远期目标。班级规模过大在一定程度上限制了教师与学生之间的交往，限制了学生参与课堂活动

的机会,并可能阻碍了教师对学生的个别指导,从而影响学生的学业成绩。国外一些学者的实证研究表明缩小班级规模有利于提高学生成绩。格拉斯和斯密斯(G. V. Glass and M. L. Smith,1979)研究发现,在人数少的班级,学生的学习兴趣更浓,学习态度更好,违反纪律的现象较少,师生和同学关系融洽,学生有较强的归属感。他们还发现,在人数较少的班级,课堂气氛更加友好愉快,教师有更多的机会进行个别辅导、因材施教,教学活动和方式更加多样化,学生也更积极地参与课内外学习活动。小班可以为提高教学质量创造良好的教学环境和学习气氛。他们运用综合分析法对以往有关班级规模的调查研究进行了统计分析,认为"学生的平均学习成绩随着班级规模的缩小而提高,而且当班级规模缩小到 15 人以下时,其效果迅速提高",用曲线表示见图 6.1,这就是班级规模研究中著名的格拉斯—斯密斯曲线(冯建华,1995)。

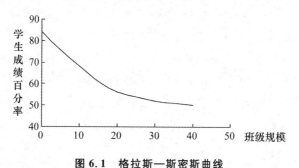

图 6.1　格拉斯—斯密斯曲线

班级规模与学校规模紧密相关,大的学校规模通常导致产生大的班级规模。甘肃农村初中 2004 年的学校在校生平均规模是 689 人,1000 人以上的较大规模的学校约占到了所有学校的 20%,最大的学校竟达到了 4256 人,超过了许多大学的在校生规模,说明许多甘肃农村初中学校规模偏大。本书研究也发现学校规模对学生数学和语文成绩都产生了显著负影响。学校规模在以下两个方面对学生成绩产生影响:首先,大的学校规模通常导致班级规模也较大。其次,学校规模超大,使学校的组织形态和工作程序由简变繁,功能分化、结构分化的程度变得更高,分工变得更细。学校管理者在学校教育资源、教学组织、人事管理等方面面临的问题较多且处理起来难度较大,他们在承担繁重的教育教学任务的同时,还要花更多的精力和时间用于部门内的组织协调工作,结果要么是疏于管理,要么是放松教学。这两方面的影响最终都可能降低学校的教育教学质量。

造成甘肃农村初中班级规模和学校规模普遍偏大的原因有很多,如学生数量比较大、教师数量缺乏、教室紧张等。特别需要指出的是,近年来甘肃农村中小学的布局调整也是造成班级规模和学校规模普遍偏大的一个重要原因。自2001年起各地政府按照小学就近入学、初中相对集中、优化教育资源配置的原则,纷纷制订本地区的农村中小学布局调整规划,农村中小学布局调整在全国范围内大规模地展开。部分地区通过合理调整农村中小学布局,集中力量改善了一批乡镇中心学校的办学条件,使合并后的中心学校实现了一定的规模效益,当地的教育质量也得以提高。但是,一些地方政府在农村中小学布局调整的过程中,片面追求办学的集中和学校规模的扩大,不切实际地要求各村的初中和小学完全集中到乡镇中心学校,没有考虑到许多中心学校在财政、师资及配套设施等方面均无法满足大规模集中办学的事实,结果容易造成教育质量的下降。

值得借鉴的是,近年来美国基础教育重点推行了缩小班级规模和学校规模的改革,以提高基础教育的质量和促进基础教育公平:① 20世纪80年代以来,美国部分州开展了缩小班级规模(简称小班化)的实验。1993年,克林顿总统倡导全国提高学生学习成绩的运动。此后,美国教育部更是不遗余力地推动缩小班级规模,并制定了相关法规。1998年,美国教育部对若干缩小班级规模的研究报告进行了分析,美国联邦政府通过研究认为,缩小班级规模成效突出,尤其对提高学生学习成绩,特别是对提高阅读和数学能力起到了明显的作用。1999年,联邦政府正式启动中小学"缩小班级规模计划"(袁东,2004),其要点是:第一,减少班级学生人数。第二,联邦政府采用拨款方式,推动计划的实施。拨款主要用于增聘教师,少量用于增加校舍、设备和改进教材。第三,增聘合格教师。② 进入20世纪90年代以来,继缩小班级规模改革后,美国又开始了缩小学校规模的改革(马健生和鲍枫,2003)。大量研究也显示缩小学校规模有利于提高学生的成绩。为此,美国联邦政府为每所将要转变成小型学习团体的大型学校提供了5万美金的资助。比尔·梅林达基金会(The Bill Melinda Gates Foundation)也提供了 25 亿多美元的资金用以缩小全美中学的规模。

二、甘肃农村初中学校公用经费对教育质量的影响

学校公用经费是教育事业费中用于保证和改善办学条件的公共开支部分,它是学校行政和教学活动的基本保证。① 提高公用经费在总经费中的比重,是不断改善办学条件,提高教育质量的必要条件。本书研究意外地发现甘肃农村初中学生成绩与学校生均公用经费之间存在显著负的回归关系,②这与本书关于学校生均公用经费对学生成绩产生显著正影响的研究假设不相符。本书认为下列原因可能导致了甘肃农村初中学生成绩与学校生均公用经费之间存在显著负的回归关系:

1. 由于教育支出数据非常复杂,如果不对照学校支出数据记录,学校人员很难填写出准确的支出数据。然而,现实中,我国西部农村中小学财务制度很不规范,许多学校都没有严格、规范的学校支出数据记录,再加上学校人员可能会故意瞒报、漏报一些敏感的支出数据,如教师的奖金和福利,这都可能造成统计出的甘肃农村初中学校公用经费支出数据不准确,从而导致回归结果出现偏差。

2. 甘肃省许多贫困地区教育和经济发展水平都很低,从促进这些地区义务教育发展和保障义务教育公平的角度出发,我国中央政府和甘肃省政府对这些贫困地区进行了大量的义务教育财政转移支付,许多外国政府和组织也设立了许多项目以帮助甘肃贫困地区发展义务教育,这可能使贫困地区的生均公用经费水平反而高于非贫困地区,而贫困地区的学生成绩又低于非贫困地区,结果导致甘肃农村初中学生成绩与学校生均公用经费之间存在显著负的回归关系。

3. 甘肃农村公立初中学校存在的其他支出项目挤占学校生均公用经费的现象也可能会扭曲学生成绩与生均公用经费之间本应存在的回归关系。由于长期以来甘肃农村地区学校教育投入严重

---

① 顾明远.教育大辞典[增订合编本(下)][M].上海:上海教育出版社,1998,1825.
② 值得一提的是北京师范大学胡咏梅副教授应用"西部地区基础教育发展"项目于 2006 年对甘肃、宁夏、四川、云南、广西五个西部省区的调查数据发现西部农村初中学生数学成绩与学校生均公用经费之间也存在显著负的回归关系。

不足，政府财政无力或不愿承担农村中小学教师的津补贴和奖金、代课教师工资、学校债务等教育支出，学校不得不承担起本应由政府负责的这部分教育支出的责任。在2003年以前，学校可以通过向学生收取各种费用来开支这些支出。从2003年开始，甘肃省农村中小学就普遍推行了"一费制"，政府严格限制了公办学校的收费行为。公办学校在基本失去了各级政府以外的独立经济来源后，学校的管理者可能不得不通过挤占生均公用经费这一渠道来开支这些支出。我们2006年跟随王蓉副教授在湖北和陕西的调查中发现，农村义务教育阶段学校的公用经费普遍受到严重挤占。挤占公用经费的支出包括分发教师福利、津贴，支付代课教师与教职工工资，偿还债务等。①

本书研究利用分层线性模型发现学校生均公用经费对教师月奖金的斜率有显著负影响就证实了教师月奖金的来源之一在于挤占学校公用经费的推论。此外，本书研究也进行了甘肃农村公立初中学校生均公用经费与教师奖金、福利、补贴等基本工资以外的额外工资的相关性检验，结果发现，甘肃农村初中学校生均公用经费与教师额外工资的皮尔逊相关系数为0.090，该系数通过了0.01的统计显著性水平检验，说明甘肃农村初中教师的额外工资与学校生均公用经费存在显著正相关关系，该结论在一定程度上也支持了甘肃农村公立初中学校可能通过挤占公用经费给公办教师发奖金和津补贴的推论。甘肃农村公立初中学校代课教师月基本工资与学校生均公用经费的相关性检验结果显示两者的皮尔逊相关系数为0.290，该系数通过了0.01的统计显著性水平检验，说明甘肃农村公立初中学校代课教师月基本工资与学校生均公用经费之间存在显著正相关关系，该结论在一定程度上支持了甘肃农村公立初中学校可能通过挤占公用经费给代课教师发工资的推论。

本书研究进一步推测生均公用经费水平比较高的甘肃农村公立初中学校更可能挤占公用经费。其原因在于：学校的生均公用经费如果比较高，学校管理人员就有更大的空间去挤占生均公用经费，且这种行为也较不容易被发现。学校的生均公用经费如果

---

① 王蓉.农村义务教育经费保障机制的实施与成效：湖北省、陕西省调研报告[R]，2006.25。

比较低,在除去维持学校基本运转的公用经费外,学校已经没有多余的公用经费可供挤占。为了证实上述结论,按甘肃农村公立初中生均公用经费的四分位数将所有的公立学校分成三类:75%以上属于生均公用经费水平高的学校,25%~75%属于生均公用经费水平中等学校,25%以下属于生均公用经费水平低的学校。分别对这三类学校生均公用经费与教师奖金、福利、补贴等基本工资以外的额外工资的相关性水平进行检验,结果发现:①生均公用经费水平高的甘肃农村公立初中学校的生均公用经费与教师额外工资的皮尔逊相关系数为 0.135,该系数通过了 0.01 的统计显著性水平检验,说明生均公用经费水平高的学校教师的额外工资与学校公用经费之间存在显著的正相关关系。②生均公用经费水平中等的甘肃农村公立初中学校的生均公用经费与教师额外工资的皮尔逊相关系数为 0.103,该系数通过了 0.05 的统计显著性水平检验,说明生均公用经费水平中等的学校教师的额外工资与学校公用经费之间也存在显著的正相关关系,但其相关系数要小于生均公用经费水平高的学校。③生均公用经费水平低的甘肃农村公立初中学校的生均公用经费与教师额外工资的皮尔逊相关系数为 0.062,该系数没有通过 0.1 的统计显著性水平检验,说明生均公用经费水平低的学校教师的额外工资与学校公用经费之间不存在显著的正相关关系。上述这些实证结论说明了生均公用经费比较高的甘肃农村公立初中学校更可能挤占公用经费去给教师发奖金、福利、补贴。这种结果会导致甘肃农村公立初中学校生均公用经费的边际增加幅度小于甘肃农村初中学生成绩的边际增加幅度,从而出现甘肃农村初中学生成绩与学校生均公用经费之间存在负的回归关系,可以说,这是一种扭曲的回归关系。

总之,本书研究的发现并不必然就说明甘肃农村初中学校生均公用经费对学生成绩有显著负影响。由于数据和资料的限制,本书研究得不到农村初中学生成绩与学校生均公用经费关系的进一步信息,故无法对甘肃农村初中学校公用经费的影响作进一步的探讨。因此,甘肃农村初中学校生均公用经费对学生成绩究竟产生了何种影响需要未来更全面和深入的实证研究予以证实。

三、甘肃农村初中教师质量对教育质量的影响

教师作为教育生产过程中的重要投入,其质量对教育质量应产生重要影响。尤其在中国西部农村地区,办学的物质条件很差,教师质量对教育质量影响的重要性将更加凸显。中国有限的几项实证研究也都证实了教师质量对教育质量有显著影响。艾伯特·帕克和埃米莉·汉纳姆(Albert Park and Emily Hannum,2001)采用"甘肃基础教育调查研究"项目 2000 年的调查数据研究发现,甘肃农村小学教师的学历水平和教龄均对数学成绩有显著正影响,但对语文成绩影响不显著,而教师职称对数学和语文成绩均有显著正影响。邓业涛(2005)探讨了甘肃四个县小学师资状况与教育质量的关系,研究结论表明教师的学历水平和教龄对数学和语文教育质量都有显著影响。丁维利和斯蒂芬·F. 莱勒(Ding weili and Steven F. Lehrer,2004)采用中国江苏省高中学生高考成绩和学生、教师背景等数据的关系,研究发现中国的教师职称对于学生的高考成绩有显著正的影响。他们采用固定效应模型估计的结论表明较高比例的中学高级和中学一级职称的教师解释了学校固定效应 35%到 50%的差异,其他教师质量变量如教师学历、工作年限等只能解释 5%到 10%的学生成绩的差异。尽管如此,我国教师质量对教育质量的重要影响仍缺乏来自我国学者实证研究结论的充分支持。

1. 甘肃农村初中教师质量对学生成绩有很大影响。本书研究采用分层线性模型发现甘肃农村初中教师质量对学生成绩有很大影响,这与上述我国已有的实证研究结论相一致。然而,本书研究发现甘肃农村初中教师学历、进修学校培训、教龄对数学成绩有显著影响,而对语文成绩却没有显著影响;甘肃农村初中教师的资格和职称对学生语文成绩有显著影响,但对数学成绩影响不显著。出现这种结果的主要原因可能在于:第一,由于原有数据无法将语文和数学科任教师与具体的班级学生匹配,本书用班主任教师代替语文和数学科任教师,分析表明这是可行的。但由于班主任教师中部分是语文科任教师,部分是数学科任教师,用班主任教师统一代替语文和数学科任教师很可能导致教师质量指标只对学生语文和数学中的一门成绩产生显著影响,而对另一门成绩影响不显

著。第二，数学学科和语文学科是两个性质截然不同的学科，它们对教师素质的要求有着很大的差别，对数学教学质量有显著影响的教师素质未必对语文教学质量也有显著影响。总之，本书的结论表明了甘肃农村初中教师质量对教育质量有很大影响。

2. 甘肃农村初中代课教师对教育质量的负面影响。代课教师是指在中小学尤其是农村中小学中没有事业编制的临时教师。1984年底以前他们被称为民办教师，在此前从教的民办教师基本被转正或清退。从1985年开始，教育部为提高基础教育的师资质量，在全国实行"一刀切"政策，不允许再出现民办教师。但不少农村地区因贫困招聘不到公办教师或公办教师不愿去，所以仍在大量使用民办教师，只不过将他们称之为"代课教师"。1997年，国务院提出按"关、转、招、辞、退"五字方针，在2000年结束民办教师的历史。但是在2000年以后，不少贫困农村由于招聘不到公办教师或者付不起公办教师的工资，代课教师依然大量存在。据统计，截至2005年，中国的中小学代课教师约有44.8万人，分布在农村公办中小学的大约有30万人，占农村公办中小学教师总数的5.9%[1]。50%的代课教师主要分布在西部地区，占西部教师总数的9.5%[2]。本书显示，在2004年，超过半数以上的甘肃农村初中学校存在代课教师，样本中代课教师占全部教师的比例接近10%。本书研究发现甘肃农村初中公办教师所教学生的数学成绩要比代课教师所教学生的数学成绩显著高出0.156个标准分，说明甘肃农村初中大量代课教师的存在将会降低数学教学质量。另外一项研究也表明公办教师和代课教师对甘肃农村小学教育质量的影响方向是截然相反的，较高的公办教师比例有利于提高教育质量，而较高的代课教师比例可能会阻碍教育质量的提高（邓业涛，2005）。甘肃农村初中代课教师对教育质量造成负面影响的原因可能在于：① 甘肃农村初中代课教师的来源基本是落榜初中、高中毕业生，他们大多数没有经过教育主管部门审核，也没有受过系统的师范专业教育和职业培训，因此不具备教师资格。② 甘肃农村初中代课教师工资微薄，因此他们不能彻底离开土地而专心教学，也没

---

[1] 教育部.清退代课教师无时间表，不会影响农村师资问题[J].河南教育，2006，(5).
[2] 国家教育发展研究中心.2005年中国教育绿皮书[M].北京：教育科学出版社，2005，143.

有时间和精力来学习。③甘肃农村初中代课教师工资远低于公办教师,公办教师有各种福利(如奖金、医疗、保险等),而代课教师都享受不到这些福利,同工不同酬导致许多代课教师心理不平衡,工作也没有积极性。④甘肃农村初中代课教师流动性大,难以管理,不利于教师队伍的稳定发展,影响了学校正常的运行和管理。⑤甘肃农村初中代课教师基本得不到系统的教育和培训,这从根本上限制了甘肃农村初中代课教师素质的提高。本书研究就发现甘肃农村初中公办教师中参加过学历提高培训的教师比例远高于代课教师。

四、甘肃农村初中教师工资拖欠问题及其对教育质量的影响

农村中小学教师工资拖欠问题是一个长期困扰政府和教师的棘手问题。所谓拖欠教师工资是指未按时、足额支付规定标准的教师工资报酬,包括基础工资、岗位职务工资、奖金、津贴和各种政府补贴。拖欠农村中小学教师工资的现象发生在20世纪80年代中后期。随着农村经济体制改革的进行,基础教育的责任下放到地方,一些地区开始出现拖欠中小学教师工资的现象。20世纪90年代末期,拖欠中小学教师工资的现象逐渐蔓延。截止到2000年4月,全国26个省、自治区、直辖市累计拖欠中小学教师工资达135.65亿元。① 为了解决拖欠中小学教师工资问题,我国立法机关出台了多部法律来保障教师按时、足额获取工资的权益。如我国《教师法》第七条明确规定教师享有"按时获取工资报酬,享受国家规定的福利待遇以及寒暑假期带薪休假"的权利。该法第三十八条又规定:"地方人民政府对违反本法规定,拖欠教师工资或者侵犯教师其他合法权益的,应当责令其限期改正。违反国家财政制度、财务制度,挪用国家财政用于教育的经费,严重妨碍教育教学工作,拖欠教师工资,损害教师合法权益的,由上级机关责令限期归还被挪用的经费,并对直接责任人员给予行政处分;情节严重,构成犯罪的,依法追究刑事责任。"《中华人民共和国教育法》第八十一条也规定:"违反本法规定,侵犯教师、受教育者、学校或其他教育机构的合法权益,造成损失、危害的,应当依法承担民事责

---

① 陈至立.在2001年度教育工作会议上的讲话.

任。"因此,从法律的角度看,拖欠教师工资,是侵害教师合法权益的违法行为。

除此之外,我国政府也出台了一系列的旨在解决拖欠中小学教师工资问题的政策。1993年11月16日,中央政府颁布了《国务院办公厅关于采取有力措施迅速解决拖欠教师工资问题的通知》(以下简称《通知》,《通知》中明确指出对于"拖欠教师工资严重的地方,不准兴建楼堂馆所,不得购买小汽车。违者要严肃追究有关领导的责任。"1997年8月,面对并未得到"迅速解决"、反而有增无减的教师工资"拖欠又克扣"的新问题,国务院办公厅再次下发《国务院办公厅关于保障教师工资按时发放有关问题的通知》,指出"各级人民政府要对教育经费特别是教师工资实行全额预算,足额拨款,不留缺口。"对长期拖欠教师工资又不采取切实措施解决的,要追究主要领导的责任;对挪用、截留教育经费而致拖欠教师工资或者以各种名目克扣教师工资的违法行为,要坚决依法惩处。"2002年5月,国务院办公厅下发了《关于完善农村义务教育管理体制的通知》,指出"农村中小学教职工工资要上收到县集中管理,由县按照国家统一规定的工资项目和标准,统一发放农村中小学教职工工资。"并且是"通过银行按时足额直接拨到在银行开设的教职工个人工资账户中,保证教职工工资按时足额发放。"2003年,国务院专门召开了农村教育工作会议,颁布了《国务院关于进一步加强农村教育工作的决定》(以下简称《决定》),再次重申要建立和完善农村中小学教职工工资保障机制,"落实省长(主席、市长)负责制,各地要抓紧清理补发历年拖欠的农村中小学教职工工资。本《决定》发布后,国务院办公厅将对发生新欠农村中小学教职工工资的情况按省(自治区、直辖市)予以通报。"可见,中央政府从来没有停止过对中小学教师工资拖欠问题的关注。

尽管我国立法机关和政府针对拖欠中小学教师工资问题制定了多部法律和政策,但拖欠中小学教师工资问题仍没有得到彻底解决。据统计,仅2004年1月至9月,全国新欠中小学教职工国家规定标准工资就有10亿元之多,累计欠发教职工工资高达163亿元;也有学者最新调查显示,仍有28%的农村中小学教师工资未能按时足额发放(尹力,2006)。本书研究也发现甘肃农村初中在2004年仍存在大面积拖欠教师工资问题,并且甘肃农村初中大部分教师都不能按时发工资。需要指出的是,随着农村中小学教职工工资保障机制的建立和完善,甘肃农村初中教师的国家规定标准工资部分应该基本能够足额、按时发放,甘肃农村初中教师的工资拖欠问题可能主要是地方政府没有足额、按时发放地方规定的工资部分,如各种地方津贴、补贴等,当然,这需要进一步的研究予以证实。本书研究的结论显示没有被拖欠工资的教师所教学生成绩明显高于被拖欠工资的教师所教学生成绩,说明教师工资拖欠问题对甘肃农村初中教育质量有较大的负面影响。这是因为:① 拖欠教师工资直接挫伤了甘肃农村初中教师的工作积极性。② 拖欠教师工资导致了大量教师的流失,造成了甘肃农村初中教师队伍的不稳定,影响了甘肃农村初中教育教学工作的正常进行。

造成拖欠甘肃农村初中教师工资的原因可能主要包括以下两个方面:① 我国农村义务教育财政体制与农村义务教育办学体制不相协调,是拖欠甘肃农村初中教师工资的主要原因。2001年全国基础教育工作会议后,我国基础教育开始实施"地方负责,分级管理,以县为主"的教育管理体制,农村义务教育经费主要由县级地方政府负担。但由于我国西部地区县级地方政府财力非常薄弱,根本无力承担广大农村义务教育投入责任,因此,西部农村义务教育投入严重不足,无法保障西部农村中小学教师的工资按时足额发放。② 甘肃地方政府在发放农村中小学教师工资的过程中存在违规操作和违法行为,随意扣发、停发和挪用农村中小学教师工资。

五、甘肃农村初中县级统考制度对教育质量的影响

本书研究发现,参加了县统考的甘肃农村初中班级的学生数学成绩和语文成绩都要显著高于没有参加县统考的甘肃农村初中班级的学生数学成绩和语文成绩。由于甘肃农村初中县级统考制度是随机抽取学校和班级参加县统考,故不会出现教学质量高的甘肃农村初中学校和班级参加县统考,而教学质量低的甘肃农村初中学校和班级不参加县统考的情况。因此,研究结论表明县统考制度可能有助于提高甘肃农村初中学校教育质量,教育生产的代理人模型对此提供了解释。

教育生产的代理人模型认为政府和学校之间存在一种委托代

理关系。委托代理关系是一种明显的或隐含的契约关系,根据它,一个人或一些人(委托人)授权给另一个人或一些人(代理人)为实现委托人的利益而从事某些活动,相应地授予代理人某些决策权力,并依据其提供服务的数量和质量支付相应的报酬,授权者为委托人,被授权者是代理人(M. C. Iensen and W. H. Meckling, 1976)。委托代理关系中存在的基本问题是"委托—代理问题"。具体来说,由于处于委托—代理关系的双方的效用函数并不相同,在信息分布不对称的条件下,只有代理人才真正知道自己究竟拥有多少信息、资源,究竟付出了多大程度的努力,还有多大的潜力可挖以及行动的后果会对谁更为有利,可是这些最为委托人所关心的信息却通常又不被委托人完全占有;委托人只能通过直接观察代理人的实绩来对其做出评价,但这也往往不能准确地识别代理人的真实努力程度。在这种情况下,占有相对丰富信息资源的代理人在获得委托人所赋予的一定决策权力后,并不一定完全为委托人的利益服务,甚至可能不惜以牺牲委托人的利益为代价来为自己谋取私利。这种因信息分布不对称而引起的委托人和代理人利益的偏离和冲突,就是所谓的"委托—代理问题"。

由于政府将为公众提供教育服务的活动委托给了学校,政府是委托人,学校是代理人,因此政府和学校之间形成了一种委托—代理的契约关系,根据这种契约关系,政府赋予了学校校长和教师开展教育教学活动的权力并为此付给校长和教师工资,同时,校长和教师也承担起了培养高质量人才的责任。根据委托—代理理论,政府与学校校长和教师之间也存在"委托—代理问题"。政府希望校长和教师努力工作以努力提高教育教学质量,但由于学校教育的质量体现在学生思想、知识、能力的进步上,而学生思想、知识、能力的进步往往不易被观测到,这就导致政府在获取教育质量的信息上处于一种劣势地位,结果是学校校长和教师很可能不会努力工作以提高教育教学质量。政府因此常常选择了统考制度来问责学校校长和教师提高教育教学质量的努力。与其他方式相比,统考问责制度在帮助政府获取教育质量信息上具有两大优势:首先,这种方式成本较小且易于实施;其次,这种方式允许政府对不同学校的教育质量信息进行比较,从而为政府评价各学校校长和教师的工作绩效提供了客观依据。政府根据各校学生在统考中的成绩表现对各校教育质量水平进行排名,根据排名判断学校校长和教师的工作绩效,进而在晋升职称、奖金福利、学校经费安排等方面对各校校长和教师进行奖惩。由于自己的切身利益与学生在统考中的考试成绩密切相关,学校校长和教师将会不遗余力地努力工作以提高学校教育质量。因此,县级统考作为一种政府问责制度可能较有效地提高学校教育质量。

六、学校同伴对教育质量的影响

迄今为止,中国内地关于同伴影响的研究非常少见。丁维利和斯蒂芬·F. 莱勒(Ding Weili and Steven F. Lehrer, 2004)应用中国江苏省高中学生的数据发现中国江苏省中学学生成绩显著地受同伴影响。本书的研究也发现甘肃农村初中学生的学校同伴对学生学习成绩有显著影响。

1. 甘肃农村初中学生的学校同伴的认知水平对学生数学和语文成绩均有显著正影响。这是因为认知水平较高的学校同伴的学习成绩通常也较高,他们不仅可以为成绩较差的同伴提供学习指导和帮助,而且也可以形成比较好的学校学习氛围,这些无疑都有助于提高学生的学习成绩(Hugh C. Foot et al, 1990)。

2. 甘肃农村初中学生的学校同伴父亲的受教育水平对学生语文成绩有显著正的影响,对学生数学成绩也有不显著的正影响。这可能是因为如果一个学生的学校同伴的父亲受教育水平较高,他们通常会更重视孩子的学习,对孩子的教育期望水平通常也会较高,同伴父亲的态度和教育期望会对该学生父亲产生辐射作用,促使其重视孩子的学习和提高对孩子的教育期望水平,父亲的这种影响会促进该学生学习成绩的进步。

已有的同伴影响研究大多数来自发达国家,这些研究都假定学生是随机分配到学校和班级中去的。然而,事实上在发达国家,大多数学生并不是按随机的原则分配的,同伴的质量也许是那些非观测到的学生和家庭特征变量的代理,因此这些研究对同伴影响的估计一般都是有偏差的(Manski, 1993)。然而,在中国甘肃农村初中,学生的招生基本上是按照地域进行的,只有少数甘肃农村初中学生家庭去择校。因此,甘肃农村初中同伴质量的大部分差异不是由于家庭的选择所造成的,这就基本排除了内生性问题对甘肃农村初中同伴影响估计结果的干扰,本书对同伴影响的估计结果会因此比较精确。

学校同伴对学生学习成绩的显著影响为我们分析甘肃农村初中学生择校[①]背后的原因提供了另一个视角:部分学生和家长选择教学质量高的学校,不仅是因为那里有高质量的教师和良好的教学条件,而且是因为那里有成绩更好的同伴,这些学习同伴对学习成绩的促进作用可能丝毫不亚于高质量教师的作用。

第三节 提高西部农村初中教育质量的政策建议

甘肃省是我国一个典型的西部省份,甘肃农村地区社会经济水平代表性地反映了我国西部农村地区社会经济发展的水平和特征,甘肃农村地区的义务教育发展现状也是我国西部农村地区义务教育发展现状的一个缩影。因此,本书对甘肃农村初中教育质量影响因素的研究结论在很大程度上也适用于我国西部农村地区初中教育。根据上述对甘肃农村初中教育质量影响因素研究的主要结论及其讨论,针对提高我国西部农村初中教育质量提出以下几点政策建议。

一、大力增加西部农村义务教育投入

长期以来,由于各方面的原因,我国西部农村义务教育投入严重不足的局面未得到根本改善,投入不足严重制约了西部农村初中教育质量的提高。本书的研究发现甘肃农村初中面临一系列问题的挑战:学校规模和班级规模过大、公用经费严重偏低且被其他项目挤占、普遍存在拖欠教师工资现象、代课教师权益得不到保障等,这些问题在其他西部农村地区也普遍存在。这些问题的存在和长期得不到解决均与投入严重不足密切相关,同时这些问题的存在也严重阻碍了西部农村初中教育质量的提高。为了解决这些问题以促进西部农村初中教育质量的提高,一条根本性的措施就是需要大力增加西部农村义务教育投入。

---

① 西部农村中小学也存在择校现象,只不过不如城市择校现象普遍。一个明显的例子是许多西部农村学生家长选择通过交高昂的借读费把孩子送到县城的中小学读书。

近年来,我国政府已陆续出台了一系列的政策来加大对西部农村义务教育的投入力度,尤其是 2006 年国务院下发了《国务院关于深化农村义务教育经费保障机制改革的通知》,决定从 2006 年至 2010 年期间,中央和地方各级财政将为农村义务教育经费保障机制改革累计新增经费 2182 亿元,这些经费重点投向西部地区以支持西部农村义务教育发展。尽管近年来西部农村义务教育的投入在不断增加,然而由于西部农村义务教育投入长期严重不足,需要填补的窟窿太多,西部农村义务教育投入的整体水平仍然偏低,上面提到的阻碍西部农村初中教育质量提高的许多问题仍未得到根本解决。如何在未来保持对西部农村义务教育投入的快速增加将对提高西部农村初中教育质量具有重要意义。

二、缩小西部农村初中班级规模和控制学校规模

鉴于甘肃农村初中普遍偏大的班级规模降低了教育质量,缩小班级规模将能有效地提高西部农村初中教育质量。班级规模缩小后,每个班的学生人数相应减少,教师与学生、学生与学生之间接触与交往的机会随之增加,每个学生更有可能得到教师的个别辅导和帮助,每个学生有更多的积极参与的机会。这就会提高学生的学习兴趣,使学生有更积极的学习态度和更好的学习行为,有助于提高学生的学习成绩。此外,有关研究表明,教小班的教师教学积极性高,精神面貌好,更喜欢学生,有更多的备课时间,对教学工作更满意,更有利于提高教学质量(冯建华,1995)。

参照我国教育部《中等师范学校及城市一般中小学校舍规划面积定额》规定的目标,可将西部农村初中班级规模控制在 45 人以内。此外,鉴于学校规模太大也会降低教育质量,需要控制西部农村初中学校规模。参照上述规定,按照 18 个班,每个班 45 人的标准,可将西部农村初中学校规模大致控制在 800 人以内。为了达到缩小班级规模和控制学校规模的目标,需要做好以下几个方面的工作。

1. 增加经费投入。缩小班级规模和控制学校规模后,将需要招聘更多的教师、扩建更多的校舍、购买更多的教学仪器、大幅增加公用经费等,这些都需要增加西部农村初中经费投入。

2. 停止一些地方政府在西部农村中小学布局调整的过程中片

面追求办学的集中和学校规模扩大的做法,按照缩小班级规模和控制学校规模的原则,根据各地的实际,因地制宜地进行西部农村中小学布局调整。

3. 对于那些班级规模和学校规模均太大的学校,可以根据各地的实际情况,因地制宜采取以下措施以缩小班级规模和学校规模:① 在学生自愿的基础上将一部分学生分流到周围班级规模和学校规模均小的学校中去。② 利用布局调整后闲置的校舍建立分校。③ 在财力允许的情况下重新建立一所学校。

三、努力提高西部农村初中教师质量

鉴于甘肃农村初中教师质量对教育质量有很大影响,而西部农村初中教师质量整体水平不高,提高教师质量将是提高西部农村初中教育质量的重要途径。根据本书对甘肃农村初中教师质量现状的分析,建议政府和学校从以下几个方面采取措施努力提高西部农村初中教师质量。

1. 坚持开展西部农村初中教师的学历教育工作,进一步提高西部农村初中教师的学历水平。本书的研究表明学历教育对西部农村初中数学教育质量的提高有积极影响,尽管大部分西部农村初中教师可能达到了大专水平,但我们也要清醒地看到仍有一定比例的西部农村初中教师没有达到大专水平,因此提高这部分教师的学历水平应是下一阶段西部农村初中教师学历教育工作的重点。教育部制定的《面向 21 世纪教育振兴行动计划》明确提出:"2010 年前后,具备条件的地区力争使小学和初中教师的学历分别提升到专科和本科层次。"因此,具备条件的西部地区应努力通过开展学历教育工作将本地区农村初中教师的学历水平进一步提升到本科层次。中央政府和地方政府应该重点支持西部农村贫困地区提高初中教师的学历水平,这不仅可以提高西部农村贫困地区初中教育质量,而且也可通过初中教育的发展促进这些地区的社会经济发展。

2. 严格实施西部农村初中教师资格制度,从"入口"处保障西部农村初中教师质量水平。教师资格制度是国家对教师实行的一种法定的职业许可制度,规定了教师的入职条件,其根本目的在于通过改善教师整体素质和促进教师专业化发展以提高教育质量。

严格实施教师资格制度,能有效地从教师"入口"处保障教师质量水平。本书的结论显示甘肃农村具有小学资格的教师所教学生的语文成绩显著低于具有初中资格的教师所教学生的语文成绩,表明甘肃农村初中教师资格制度对语文教育质量具有显著正影响。然而,对样本中的甘肃农村初中教师资格类型的统计分析发现,7%的初中教师没有教师资格,55.3%的初中教师只有小学资格,合计有超过60%甘肃农村初中教师没有获得应具备的初中教师资格,这说明甘肃农村初中教师资格制度并没有得到严格实施,其原因比较复杂。为了提高西部农村初中教育质量,政府应严格实施西部农村初中教师资格制度,这就需要采取以下两个方面的措施:一方面,对西部农村初中新进教师的资格进行严格审查,从"入口"处严格把关,坚决防止不符合资格要求的人从事西部农村初中教学工作。另一方面,对那些没有获得初中教师资格证的现有西部农村初中教师,政府和学校可以采取各种措施帮助他们提高素质以通过教师资格审查,这样仍然通不过初中教师资格审查者,可以把他们调到小学工作或予以辞退。

3. 加大西部农村初中教师参加进修学校培训的强度。甘肃农村初中教师参加进修学校培训对学生数学成绩有显著正影响,甘肃农村初中教师参加进修学校培训的频率越高,其学生数学成绩也就越高。因此,加大西部农村初中教师参加进修学校培训的强度将有助于提高西部农村初中数学教育质量。此外,对样本中的甘肃农村初中教师参加进修学校培训频率的统计分析发现,在2003年6月至2004年6月期间,37.7%的教师每周一次参加进修学校培训,26.4%的教师每月一次参加进修学校培训,除此之外,仍有约40%的教师很少参加进修学校培训。相信在其他西部农村地区,也有许多初中教师没有或很少参加进修学校培训,因此,未来更多地向这部分教师提供参加进修学校培训的机会将能有效地帮助他们提高数学教学质量。

四、建立西部农村初中代课教师权益保障制度,促进代课教师队伍质量的提高

目前,由于我国广大西部农村地区,尤其是一些边远地区,中小学合格教师严重缺乏,代课教师队伍已经成为这些地区一支不

可缺少的重要教师力量。由于代课教师队伍良莠不齐,整体素质比较低,再加上他们的权益得不到保障,严重挫伤了他们的工作积极性,结果导致他们的教学质量一般比较低。因此,合理解决代课教师问题将直接关系到我国西部农村初中教育质量的提高。

代课教师是较为特殊的教师群体,不能简单地以"一刀切"的方式全面加以清退,而应该正视这一群体存在的合理性和存在的问题,探索建立切实可行的西部农村初中代课教师权益保障制度,以提高代课教师队伍的质量,从而保障西部农村初中教育质量。所谓西部农村初中代课教师权益保障制度,即在承认代课教师的合理性和合法性基础上,通过一定的规章制度保障他们的合法权益,并对他们的教育活动进行约束和激励,建立起良性的代课教师运行机制(袁建涛和冯文全,2006)。西部农村初中代课教师权益保障制度应包括代课教师资格制度和任用制度、考核制度、培训制度和奖惩制度等。

1. 建立规范的西部农村初中代课教师工资制度。政府应从法律和人文的角度体现对代课教师的关怀,提高代课教师待遇,建立规范的西部农村初中代课教师工资制度。首先应保障按时足额发放西部农村初中代课教师工资,不得拖欠。其次,应结合当地实际适当增加和提高西部农村初中代课教师津贴、补贴和福利。规范的工资制度可以提高西部农村初中代课教师的收入和地位,稳定西部农村初中代课教师队伍,控制骨干代课教师的流失。

2. 完善西部农村初中代课教师培训制度,提升西部农村初中代课教师素质。代课教师培训机制的建立和完善是西部农村初中代课教师权益保障制度的一项重要内容,是提高代课教师素质的有效途径,也是提高西部农村初中教育质量的必经之路。西部农村初中代课教师培训的着眼点应定位于代课教师素质的提升,培训内容应以学科知识培训和教学技能培训为主,培训形式应以系统的学历教育为主,培训效果应有严格的量化标准和手段衡量,培训后经考核合格的西部农村初中代课教师可以转为公办教师,这可以大大提高西部农村初中代课教师参加培训的积极性和责任感。

3. 健全西部农村初中代课教师聘任和考核体系,整顿和管理西部农村初中代课教师队伍。西部农村初中代课教师聘任制,是指西部农村初中学校与被用代课教师签订合同,由学校发给聘书,明确在一定时期给予任用的方式。西部农村初中代课教师聘任制有利于建立公平择优、平等竞争的选拔任用机制,有利于严把代课教师进入的关口,从源头上提高西部农村初中代课教师质量。西部农村初中代课教师考核是指当地学校和教育机构根据教师职务任职条件和职责,运用一定的手段和方法,对代课教师进行定期与不定期的考查和评价。应根据《教师法》的规定,从政治思想、业务水平、工作态度和工作实绩四个方面进行考核。依据考核结果进行奖惩,坚决清退不合格的西部农村初中代课教师。对于辞退的代课教师,当地政府应给予一定的补偿。

4. 建立规范的西部农村初中代课教师转正制度。根据西部农村实际,在正规师范院校毕业生和合格公办教师无法及时补充的情况下,西部农村初中代课教师转正制度是对合格师资供给的有效保障。西部农村初中代课教师长年工作在西部农村义务教育第一线,不少人还是骨干教师,他们有着一定的知识水平和丰富的教学经验,转正制度是他们价值体现的有效形式,可以激发他们在艰苦地区安心工作,促进艰苦地区义务教育的发展。西部农村初中代课教师转正制度应有严格标准,要坚守教师职务任职条件的底线。转正应有严格的考核方式,尽量通过招考方式进行公开、公正的选拔。

五、构建西部农村初中教师工资的长效保障机制

教师工资是西部农村初中教师赖以生存的基本条件,拖欠教师工资严重挫伤了西部农村初中教师工作的积极性,对西部农村初中教育质量带来了负面影响。因此,提高西部农村初中教育质量一条基本措施就是构建西部农村初中教师工资的长效保障机制,确保教师工资按时足额发放。西部农村初中教师工资的长效保障机制包括以下三个方面的内容。

1. 完善农村义务教育财政体制。农村义务教育财政体制的缺陷是造成西部农村初中教师被拖欠工资的主要原因,因此完善农村义务教育财政体制是解决西部农村初中教师工资拖欠问题的根本出路。其基本做法是,逐步将农村实施义务教育各类学校公办教师的工资统一纳入县级财政统筹范围,改变目前由乡级财政负担的财政体制。因此,国家从 2002 年开始已将农村教师工资的发放统一上移至县(市)一级政府,这是解决农村教师工资长期被拖欠的一项重大举措。对多年累计拖欠的部分,应由县、地市、省和中央财政协调,在一定时限内解决。

2. 设立西部农村贫困地区"教师工资专项基金"。西部地区经济发展水平低,一些地区仅靠县财政也难以保证当地在编的农村初中教师的工资发放。因此,对于西部贫困县,还应将保障农村初中教师工资的责任进一步上移,由中央或省一级政府共同承担超出当地财政支付能力的空缺部分。为此,国家可以设立西部农村贫困地区"教师工资专项基金",通过调整财政体制和增加转移支付等办法确保西部贫困县农村初中教师工资按时足额发放。

3. 加强西部农村初中教师工资的发放监督,完善举报制度,加强执法力度。政府应加强对西部农村初中教师工资发放的监督检查,设立教师工资发放监督检查机构或交由政府检查机关代为负责,对于在教师工资发放过程中存在严重违法行为和违规操作的行为坚决予以打击,要严格按照有关法律法规追究地方人民政府或者有关责任人员拖欠教师工资的法律责任,从法律和制度上保证西部农村初中教师工资的发放。

六、推动西部农村初中学校实施分权化管理

本书的研究发现甘肃农村初中学校实施分权管理对学生数学和语文成绩均有显著正的影响。因为学校实施分权管理使许多普通教师拥有了参与学校管理和决策的机会,让他们真正体验到作为学校主人翁的地位,这大大激发了他们的工作热情,提高了他们工作的积极性,最终有助于提高他们的教学质量水平。特别是在西部农村地区,中小学教师的工资待遇比较低,无法从经济方面对教师实施有效激励的情况下,改革学校内部管理制度让普通教师参与学校管理将是一条切实可行的激励教师努力工作的途径。本书的研究也发现甘肃农村初中学校管理分权化程度较低,样本中的大部分甘肃农村初中教师仍不能参与到学校的管理过程中来,甘肃农村初中学校管理分权化的程度有待提高。有鉴于此,推动西部农村初中学校实施分权化管理,提高广大西部农村初中教师参与学校管理的程度,可以促进西部农村初中教育质量的提高。

可以采取以下措施推动西部农村初中学校顺利实施分权化管理：① 培养西部农村初中校长的分权意识。学校能否成功实施分权化管理在很大程度上取决于校长是否有分权的意愿。因此，应培养西部农村初中校长的分权意识，让他们具有分权管理的理念。② 充分发挥西部农村初中教职工代表大会在分权管理中的作用。以教师为主体的教代会是学校实施分权管理的基本形式和主渠道。因此，西部农村初中要把教代会制度建设作为实施分权化管理的关键，全面落实教代会的职权，加强教代会闭幕期间教师代表对学校工作的管理力度。③ 提高西部农村初中教师的政策水平。西部农村初中实施分权化管理后，广大教师将承担学校的部分管理职责并参与学校各项决策，这就需要提高他们的政策水平和学校管理能力。

七、促进西部农村初中校内教育公平

教育公平是创建和谐社会的基础，义务教育公平则是教育公平的起点。本书研究结论显示甘肃农村初中班级内教育尽管比较公平，但学校内班级间教育缺乏公平。为了促进西部农村初中校内教育公平，建立公平的西部农村义务教育体系，需要采取以下措施。

1. 西部农村初中应禁止按学生学习成绩高低分班的做法，坚持按学生成绩混合分班的制度。本书的研究显示家庭经济背景对学生成绩具有显著正影响，如果西部农村初中按学生学习成绩的高低分"快班"和"慢班"或"重点班"和"非重点班"，则家庭经济背景较好的学生可能更多地进入了教育质量较高的"快班"或"重点班"，与此相反，家庭经济背景较差的学生则可能更多地进入了教育质量较低的"慢班"或"普通班"，这显然造成了西部农村初中校内班级间的教育不公平。因此，需要在西部农村初中坚持按学生成绩混合分班的制度，禁止按学生学习成绩高低分班的做法。

2. 在西部农村初中校内坚持均衡分配教育投入资源。西部农村中小学往往按学生学习成绩高低分班，然后在学校内的不同班级实行不均衡的投入政策，给"快班"或"重点班"配备的教师质量、教学设施条件、公用经费等各种学校资源通常优于"慢班"或"普通班"。这种不均衡的投入政策进一步拉大了"重点班"和"普通班"

之间的教学质量差距,加重了西部农村初中校内的教育不公平程度。因此,需要在西部农村初中校内坚持均衡化的投入政策,在不同班级间均衡分配教育投入资源。

3. 建立和完善西部农村初中贫困家庭学生资助制度。学生家庭经济背景的较大差异是造成西部农村初中校内教育不公平现状的重要原因,为了促进西部农村初中校内教育公平,就需要建立西部农村初中贫困家庭学生资助制度。我国从2006年开始的农村义务教育经费保障机制改革明确规定:对农村义务教育阶段学生全部免除杂费,对农村义务教育阶段家庭贫困的学生免费提供教科书,对家庭贫困的寄宿学生补助生活费。这场改革已初步建立起了我国西部农村初中贫困家庭学生资助制度。然而,这还不够,未来应该进一步免除西部农村初中贫困家庭学生的所有费用,让这部分家庭彻底享受完全免费的义务教育。除此之外,还需建立、健全针对西部农村初中贫困家庭学生的奖学金制度,加大对优秀贫困家庭学生的资助力度。再好的制度如果不去执行,就会成为一纸空文,因此政府和学校应努力保证西部农村初中贫困家庭学生资助制度得到切实执行。

第四节 本书研究的不足

任何一项研究都有其不足和局限,本书研究也不例外。本书研究的主要不足在于以下几方面。

一、用班主任教师代替科任教师可能导致对教师作用的估计不精确

由于原有数据无法将语文和数学科任教师与具体的班级学生匹配上,但可以将班主任教师与具体的班级学生匹配。本书用班主任教师代替语文和数学科任教师,分析表明这是可行的。但这种代替可能使得对教师各特征影响的估计不精确,因为绝大多数班主任只负责语文和数学中的一门课程教学,另一门课程由其他的教师负责教学,精确的研究应该将学生语文和数学成绩分别与其语文教师和数学教师特征一一对应进行分析。受样本规模限制,本书选择了统一估计班主任教师对学生语文成绩和数学成绩

的影响,这可能导致对教师作用的估计不精确。

二、缺乏对班级同伴影响的分析

样本数据中班级内的学生数量较少,有许多班级只有几个学生,还有不少班级只有一个学生。在这种情况下,如果估计班级同伴的影响将很可能出现偏差,因为通过班级内学生个体特征变量加总得到的班级同伴特征变量在很大程度上实际代表了学生自身的特征。因此,本书只分析了学校同伴对学生成绩的影响。然而,与学校同伴相比,班级同伴对学生成绩的影响可能会更大。因为与学校内的学生相比,班级内学生之间的联系会更加紧密,他们之间的学习互动也会更加频繁。因此,如果要更加精确地估计同伴的影响,应以班级同伴为分析对象,以学校同伴为对象可能会导致估计出来的同伴影响比较小。

三、度量教育管理制度特征的指标有效性值得商榷

借鉴国外学者的研究,本书选取了一些指标来度量中国西部农村教育管理制度特征,如以班级是否参加县级统考度量统考问责制度、教师是否参与了学校管理度量分权管理制度等,本书依靠这些指标分析了中国西部农村初中教育管理制度对教育质量的影响,得出了一些有价值的结论。然而,中国和西方国家在教育管理制度上的差异可能导致这些指标不能准确反映中国教育管理制度的特征,这些指标的有效性值得商榷。严格地说,本书所选取的这些指标需要加以证明,然而这又是一个长期而又复杂的课题。

第五节 未来研究展望

研究是为了发现问题、解决问题,对于暂时不能解决和解释的问题也应该呈现出来,而不应该将其藏匿,这样才能有助于推动学术的进步。基于教育生产函数的文献研究和本书研究的不足,在未来的研究应重点关注以下几个方面:

一、利用更高质量的数据开展研究

由于教育生产过程的复杂性,需要控制的因素很多,因此,教

育生产函数研究对数据要求比较高。一般来说,一项高质量的教育生产函数研究至少需要学校、教师、家庭三个方面比较丰富且互相匹配的投入变量,否则,研究就很可能因为没有控制住重要的变量而遭受到内生性和遗漏变量等问题的影响,这会导致估计出现偏差。然而,要获得高质量的数据通常很难,一个重要的原因是数据调查的成本太高。本书所采用的数据包括了学校、教师、家庭、村和学生个体五个方面比较丰富且能互相匹配的变量,这为开展高质量的教育生产函数研究提供了条件,但同时该数据也具有如下不足:第一,无法将语文和数学科任教师与具体的班级学生匹配,这可能导致对教师影响的估计出现偏差;第二,班级内的学生样本太少,故无法估计班级同伴的影响。为了弥补这些不足,未来的研究需要更高质量的数据。更高质量的数据必须满足如下基本条件:① 数据至少包括学校、教师、家庭、学生个体四个方面比较丰富的变量。② 这些变量之间能够相互匹配。③ 在学生个体、班级、学校等各层次上的样本规模足够大。满足了上述基本条件的数据将可以使研究者能更精确地估计各种投入变量对成绩的影响。

二、扩展教育生产函数研究的地域范围

本书的研究对象虽然为我国西部甘肃省农村初中,但由于其他西部省份农村与甘肃省农村在经济、文化和教育发展水平上具有很大的相似性,因此本书的结论在一定程度上也可适用于其他西部省份农村初中。然而,无论是西部省份内农村与城市,还是西部省份与中、东部省份之间,在经济、文化和教育发展水平上均存在巨大差距,这种差距可能会造成它们内部的教育生产过程的不同,结果是影响教育质量的因素也会因此而不同。因此,未来将优先开展西部城市以及中东部地区的教育生产函数研究,这些研究不但能为提高这些地区的教育质量提供理论指导,也可以为我们更加全面地理解我国不同地区的教育生产过程和规律提供更广泛的视角。

三、更加广泛地研究教育管理制度的影响

本书分析了统考问责、分权管理、奖惩管理、学校竞争四个方

面制度对学生成绩的影响。除此之外,学生学习的激励制度、教师聘任制度、教师结构工资制度、教育教学组织制度、教育财政制度等其他的教育管理制度也可能对学生成绩产生影响。未来的教育生产函数研究将分析这些教育管理制度的影响,其研究结论将为我国教育管理制度改革提供科学依据。

四、对中小学学校公用经费的使用过程和效益进行研究

在中小学各种教育支出中,学校公用经费支出与学校的教育生产过程有着最紧密的联系,因此直接影响着学校教学质量。然而,如果学校公用经费被挪用,学校公用经费并没有进入教育教学过程,就很难对学校教学质量产生影响。尽管教育主管部门明确规定学校公用经费不得用于其他项目支出,但长期以来学校公用经费的使用情况基本处于一种"黑箱"状态,教育主管部门缺乏对学校公用经费使用过程的有效监控机制,学校管理人员和教师为了自身的利益很可能违规使用公用经费,结果对学校教学质量造成负面影响。此外,如果学校公用经费被低效使用,学校公用经费对学校教学质量的影响也会比较小。因此,我们十分有必要对学校公用经费的使用过程和效益进行研究,其研究结论可以为提高教育质量和学校公用经费的使用效益提供理论指导。然而,迄今为止,国内很少有学者开展这方面的研究。笔者在未来的研究中将重点关注学校公用经费的使用过程和效益。

五、在教育生产函数研究中引入结构方程模型方法

学生的成绩受学校、教师、家庭、同伴、自己等多方面因素的影响,这些因素的影响有些是直接的,如家庭社会经济背景可能对学生的成绩产生直接影响;有些是间接的,如家庭社会经济背景可能通过选择更好的学校和教师从而对学生成绩产生间接影响。由于这种间接影响会导致在估计学校和教师的作用时出现偏差,因此已有的大多数研究都把这种间接影响作为一种内生性问题来处理,采用了各种复杂的计量方法力图控制住这种间接影响,而很少有研究去分析这种间接影响。这样处理的后果是我们无法真正全面理解复杂的教育生产内部过程,也不能分析家庭和学校之间联合生产的机制。为了尽可能真实地反映出教育的生产过程,我们

需要估计学校、教师、家庭、同伴、自己等各种因素对学生成绩的各种直接影响和间接影响。对此,前面所提到的各种计量方法已经无能为力,而结构方程模型的方法正好可以解决这个难题。结构方程模型的方法不仅能刻画出各种投入的直接影响和间接影响,而且还能够比较容易地解决困扰大多数教育生产函数研究的内生性问题,将各种投入之间的相互影响过程直观反映出来。然而,到目前为止,很少有学者在教育生产函数研究中运用了结构方程模型方法。相信结构方程模型方法将是未来教育生产函数研究方法发展的一个方向。

六、应用 DEA 的方法开展教育生产函数研究

DEA 法,即数据包络分析方法,其设计思想是把单个学校与处于教育生产边界点的学校相比较,从而获得每个学校效率情况。与回归方法相比,DEA 法具有许多好的性质。首先,这种方法通过定义为一种技术上的有效学校可以区分出最好的学校行为(在边界点上的学校)。如果测量准确,这种方法比从平均水平区分差异的回归分析方法更具有政策意义。而且通过强调最好的行为,避免了受平均水平影响的问题。其次,其观察单位是学校,而且由于它考察的是学校的相对成绩,而不是绝对成绩,更有利于把握学校间的相对效率情况,从而激励学校为它们的绩效负责并努力提高学校办学水平。DEA 方法突出有效和非有效学校的分析,该方法可以估计所有的学校与样本中最有效的学校效率值的差距,这可以为提高学校的相对效率提供科学指导。到目前为止,绝大多数教育生产函数研究采用了回归技术,而采用 DEA 方法的教育生产函数研究非常少见。因此,应用 DEA 的方法开展教育生产函数研究不但在研究方法上可以丰富和完善已有的教育生产函数研究,在研究结论上也可以与回归技术的结论进行相互印证。

七、在教育生产函数研究基础上开展教育投入的成本—效益分析

教育生产函数研究虽然可以分析教育投入与学生学业成绩的关系,但未能提供在既定预算约束下,哪些教育投入能最有效地提高学生学业成绩,从而使教育资源得以有效地配置。为达此目的,就需要对不同教育投入的成本与效益进行比较。然而,文献研究

表明,迄今为止,与丰富的教育生产函数研究相比,建立在教育生产函数分析基础上的教育投入成本—效益研究非常薄弱。在我国,一方面西部农村义务教育投入总量严重不足,另一方面西部农村义务教育又存在严重的资源浪费问题,加强西部农村义务教育的成本—效益研究对于提高有限教育资源的配置效率和缓解政府财政紧缺压力有着巨大的现实意义。由于缺乏甘肃农村初中教育投入的成本数据,本书也没有在教育生产函数分析基础上进一步开展教育投入的成本—效益分析。笔者希望在未来能够获取甘肃农村初中教育投入的成本数据,从而为开展教育投入成本—效益研究扫清障碍。

参考文献

(一) 中文文献

1. 安雪慧. 教育期望、社会资本与贫困地区教育发展[J]. 教育与经济,2005(4).
2. A. 瓦格纳. 1995,"师范教育的经济学",Martin Carnoy,编著. 闵维方,等译. 教育经济学国际百科全书[M]. 第二版. 北京:高等教育出版社,2000:419.
3. 北京市教委. 北京市 2004 年义务教育教学质量报告[R],2004, http://www.eps.bnu.edu.cn/eps/Article/Class3/Class17/200512/1654.html.
4. 北京市教委. 北京市 2003 年九年义务教育阶段教学质量监控与评价[R], 2003, http://www.bjesr.cn/esrnet/site/bjjykyw/jchjyjxyjzhx.
5. 蔡建基. 论统考制度的弊端[J]. 江西社会科学,2000(1).
6. C. 布朗,1995,"教师参与和教育的重构",Martin Carnoy 编著. 闵维方,等译. 教育经济学国际百科全书(第二版)[M]. 北京:高等教育出版社,2000.
7. 邓业涛. 教师生产函数研究[D],北京大学教育学院硕士论文,2005.
8. 丁延庆,薛海平. 高中教育的一个生产函数研究[J]. 华中师范大学学报(人文社会科学版),2009a(2).
9. 丁延庆,薛海平. 从效率视角对我国基础教育阶段公办学校分层的审视[J]. 北京大学教育评论,2009b(4).
10. E. A. 汉纳谢克,1995,"教育生产函数",Martin Carnoy 编著. 闵维方,等译. 教育经济学国际百科全书(第二版)[M]. 北京:高等教育出版社,2000.
11. 冯丽雅. 大、小班课堂教学中教育机会均等的比较研究[J]. 江苏教育学院学报(社会科学版),2004(3).

12. 冯建华.小比大好,还是大比小好[J].教育研究与实验,1995(4).
13. 葛建军.当代中国妇女生育间隔研究[M].贵州:贵州教育出版社,2005.
14. 顾明远.教育大辞典(增订合编本(上),[M].上海:上海教育出版社,1998.
15. 国家教育发展研究中心.义务教育效益研究[M].北京:人民教育出版社,1992.
16. 国家教育发展研究中心.学习质量和基本标准[M].广西:广西教育出版社,1995.
17. 国家教育发展研究中心.2003年中国教育绿皮书[M].北京:教育科学出版社,2003.
18. 国家教育发展研究中心.2005年中国教育绿皮书[M].北京:教育科学出版社,2005.
19. 郭俞宏,薛海平.基于DEA方法的中小学教育资源配置效率评价分析[A].2009年中国教育经济学年会会议论文[C],2009.
20. 郭志刚.分析单位、分层结构、分层模型[J].北京大学社会学学刊,2004(1).
21. 蒋鸣和.教育成本分析[M].北京:高等教育出版社,2000.
22. 胡咏梅,杜育红.中国西部农村初级中学教育生产函数的实证研究[J].教育与经济,2008a(2).
23. 胡咏梅,杜育红.中国西部农村小学教育生产函数的实证研究[J].教育研究,2009a(7).
24. 胡咏梅,杜育红.中国西部农村小学资源配置效率评估[J].教育与经济,2008b(1).
25. 胡咏梅,杜育红.中国西部农村初级中学配置效率评估:基于DEA方法[J].教育学报,2009b(5).
26. H.M.列文,1995a,"提高教育生产率",Martin Carnoy.闵维方,等译.教育经济学国际百科全书(第二版)[M].北京:高等教育出版社,2000.
27. H.M.列文,1995b,"成本—效益分析",Martin Carnoy编著.闵维方,等译.教育经济学国际百科全书(第二版)[M].北京:高等教育出版社,2000.
28. 黄忠全.中学教师学历教育的几个问题的思考[J].湖北大学成人教育学院学报,1999(9).
29. 里贾纳·E.赫茨琳杰,等.非营利组织管理[M].北京:中国人民大学出版社,2000.
30. 李琼,倪玉菁.教师变量对小学生数学学习成绩影响的多水平分析[J].教师教育研究,2006(3).
31. 李树乔.运用生产函数提高教育效率[J].北京教育学院学报,2005(2).
32. 厉以宁主编.教育的社会经济效益[M].贵州:贵州人民出版社,1995.
33. 李小土,刘明兴,安雪慧.西部农村教育财政改革与人事权力结构变迁[J].北京大学教育评论,2008(4).

34. 梁文艳,杜育红.基于DEA—Tobit模型的中国西部农村小学效率研究[J].北京大学教育评论,2009(4).
35. 廖其发.中国农村教育问题研究[M].四川:四川教育出版社,2006.
36. 刘经宇,薛宝生.请向实践问利弊—取消小学升初中统考的思考(上)[J].瞭望,1994(43).
37. 刘经宇,薛宝生.请向实践问利弊—取消小学升初中统考的思考(下)[J].瞭望,1994(44).
38. 鲁素凤,杨建华,沈惠君.我国教师资格有效性存在的问题及其对策[J].教师教育研究,2005(1).
39. [澳]马尔科姆·沃特斯.现代社会学理论[M].北京:华夏出版社,2002.
40. 马晓强,彭文蓉,[英]萨丽·托马斯.学校效能的增值评价——对河北省保定市普通高中学校的实证研究[J].教育研究,2006(10).
41. M.卡诺依,1995,"教育生产—导言",Martin Carnoy编著.闵维方,等译.教育经济学国际百科全书(第二版)[M].北京:高等教育出版社,2000:350.
42. 马健生,鲍枫.缩小学校规模:美国教育改革的新动向[J].比较教育研究,2003(5).
43. [美]米格代尔.农民、政治与革命[M].北京:中央编译出版社,1996:2.
44. 彭波."普九"后义务教育质量公平问题新探[J].教育评论,2006(11).
45. 孙志军,刘泽云,孙百才.家庭、学校与儿童的学习成绩[J].北京师范大学学报,2009(5).
46. 王森.关于教师资格制度的思考[J].教育与职业,2007(3).
47. 王昕雄.上海市寄宿制高级中学办学效益的研究[J].北京大学教育评论,2008(2).
48. 王玉昆.普通中学办学效益分析[J].中小学管理,1997(6).
49. 王玉琨主编.办学效益督导与评估[M].北京:华文出版社,1999.
50. 谢开勇.统考举弊[J].教育发展研究,1997(1).
51. 薛海平.西部农村初中教师素质与教育质量关系研究[J].教师教育研究,2008(4).
52. 薛海平,闵维方.中国西部教育生产函数研究[J].教育与经济,2008(2).
53. 薛海平,王蓉.我国义务教育公平研究:教育生产函数的视角[J].教育与经济,2009(3).
54. 薛海平,王蓉.教育生产函数与义务教育公平研究[J].教育研究,2010(1).
55. 薛海平.教育分权管理制度对农村中小学学生数学成绩影响实证研究[J].教育科学,2010(4).
56. 杨钋.同伴特征与初中学生成绩的多水平分析[J].北京大学教育评论,2009(4).
57. 尹力.教师工资拖欠的困境与出路[J].当代教育科学,2006(15).

58. 鱼霞,毛亚庆.论有效的教师培训[J].教师教育研究,2004(1).
59. 袁东.美国基础教育改革的一项重要举措:缩小班级规模[J].基础教育参考,2004(3).
60. 袁建涛,冯文全.建立代课教师制度,促进西部农村义务教育发展[J].民族教育研究,2006(4).
61. 曾满超,1995,"教育的成本分析",Martin Carnoy 编著.闵维方,等译.教育经济学国际百科全书(第二版).北京:高等教育出版社,2000.
62. 张二庆,齐平.教师培训存在的问题及对策[J].教育探索,2006(8).
63. 张乐天.促进教育公平关键在提高农村义务教育质量[J].江西教育科研,2007(1).
64. 张雷,雷雳,郭伯良.多层线性模型应用[M].北京:教育科学出版社,2003.
65. 赵丽.关于小学生学业产出影响因素的实证探索,北京师范大学教育管理学院硕士论文,2005.
66. 中华人民共和国国家统计局.中国统计年鉴—2004[M].北京:中国统计出版社,2004.
67. 中华人民共和国教育部发展规划司.中国教育统计年鉴 2005[M].北京:人民教育出版社,2006.

(二) 英文文献

1. Arcidiacono and Nicholson. (2005), 'Peer effects in medical school'[J]. Journal of Public Economics, 89, 327-350.
2. Akerhielm, K. (1995), 'Does Class Size Matter?'[J]. The Economics of Education Review, 14, pp. 229-241.
3. Albert Park and Emily Hannum. (2001), 'Do Teachers Affect Learning in Developing Countries?:Evidence from Matched Student-Teacher Data from China' [R]. Paper prepared for the conference Rethinking Social Science Research on the Developing World in the 21st Century, Social Science Research Council, Park City Utah, June 7-11.
4. Altonji, J. G. and Dunn, T. A. (1996), 'Using Siblings to Estimate the Effect of School Quality on Earnings'[J]. The Review of Economics and Statistics, 78(4), pp. 665-671.
5. Amato, P. R. (2000), 'The Consequences of Divorce for Adults and Children' [J]. Journal of Marriage and the Family 62(November):1269-1287.
6. Andrew Jenkins, Rosalind Levacic, Anna Vignoles and Rebecca Allen. (2006), 'The effect of school resources on pupil attainment in English secondary schools'[R]. Institute of Education and Centre for the Economics of Education, Institute of Education, 20 Bedford Way, London.

7. Angrist, J. and Lavy, V. (1999), 'Using Maimondies' Rule to Estimate the Effect of Class Size on Scholastic Achievement'[J]. Quarterly Journal of Economics, 114(2), pp. 533-575.
8. Angrist, J. D. and V. Lavy. (2001), 'Does Teacher Training Affect Pupil Learning? Evidence from Matched Comparisons in Jerusalem Public Schools'[J]. Journal of Labor Economics, 19(2): 343-369.
9. Angrist and Lang. (2002), 'How important are classroom peer effects? Evidence from Boston's METCO program'[R]. Working paper, Boston University.
10. Angrist and Lang. (2004), 'Does school integration generate peer effects? Evidence from Boston's Metco program'[J]. American Economic Review, 94, 1613-1634.
11. Anna Vignoles; Rosalind Levacic; James Walker; Stephen Machin ; David Reynolds. (2000), 'The Relationship Between Resource Allocation and Pupil Attainment: A Review'[R]. The Department of Education and Employment Research Report, 228.
12. Arum, R. (1996), 'Do private schools force public schools to compete?'[J]. American Sociological Review, 61, 29-46.
13. Barbara Nye, Spyros Konstantopoulos and Larry V. Hedges. (2004), 'How Large Are Teacher Effects?'[J]. Educational Evaluation and Policy Analysis, 26(3), pp. 237-257.
14. Barro, R. J. and Lee, J. W. (1996), 'International Measures of Schooling Years and School Quality'[J]. American Economic Review, 86(2), pp. 218-223.
15. Barrow, L., & Rouse, C. (2000), 'Using market valuation to assess the importance and efficiency of public school spending'[R]. Working Paper 438, Industrial Relations Section, Princeton University, Princeton, NJ.
16. Behrman, J. R. and Birdsall, R. (1983), 'Quality of Schooling: Quantity Alone is Misleading'[J]. American Economic Review, 73(5), pp. 928-946.
17. Behrman, J. R., Rosenweig, M. R., and Taubman, P. (1996), 'College Choice and Wages: Estimates Using Data on Female Twins'[J]. The Review of Economics and Statistics, 78(4), pp. 672-685.
18. Belfield Clive R. (2000), 'Economic Principles for Education: Theory and Evidence'[M]. Edward Elgar Publishing Limited, Cheltenham, UK.
19. Belfield, Clive and Henry Levin. (2002), 'The Effects of Competition on Educational Outcomes: A Review of US Evidence'[R]. National Center for the Study of Privatization in Education Report, Columbia University.
20. Belmont, L. and Marolla, F. A. (1973), 'Birth Order, family size and intelli-

gence'[J]. Science 182, 1096-1101.
21. Benabou. (1996), 'Heterogeneity, stratification, and growth: Macroeconomic implications of community structure and school finance'[J]. American Economic Review, 86, 584-609.
22. Benson. (1982), 'Household production of human capital: Time uses of parents and children as inputs', In: McMahon W. W., Geske, T. G.. (eds.), Financing Education: overcoming inefficiency and inequity[M]. University of Illinois Press, Urbana, Illinois.
23. Betts, J. (1995), 'Does School Quality Matter? Evidence from the National Longitudinal Survey of Youth'[J]. The Review of Economics and Statistics, 77(2), pp. 231-250.
24. Betts, Julian R. (1998), 'The Impact of Educational Standards on the Level and Distribution of Earnings' [J]. American Economic Review, 88 (1): 266-275.
25. Betts, A. Zau and L. Rice. (2003), 'Determinants of Student Achievement: New Evidences from San Diego'[M]. Public Policy Institute of California, San Francisco.
26. Bishop, John H. (1997), 'The Effect of National Standards and Curriculum-Based Examinations on Achievement'[J]. American Economic Review, 87 (2): 260-264.
27. Bishop, John H., Ludger Woessmann. (2004), 'Institutional Effects in a Simple Model of Educational Production'[J]. Education Economics, 12 (1): 17-38.
28. Bishop, John H. (2006), 'Drinking from the Fountain of Knowledge: Student Incentive to Study and Learn', Forthcoming in: Eric A, Hanushek, Finis Welch (eds.)[M]. Handbook of the Economics of Education, Amsterdam: North-Holland.
29. Blair, J. P. and Staley, S. (1995), 'Quality competition and public schools: further evidence'[M]. Economics of Education Review, 14 (2), 193-208.
30. Blake, J. (1989), 'Family Size and Achievement'[M]. California: University of California Press.
31. Mare, R. D. and Chen, M. D. (1986), 'Further Evidence on Sibship Size and Educational Stratification' [J]. American Sociological Review, 51 (3): 403-412.
32. Blatchford, P. and Mortimore, P. (1994), 'Issue of Class Size for Young Children in Schools: What Can We Learn from Research?'[M]. Oxford Review of Education, 20, pp. 411-428.

33. Blau. (1999), 'The Effect of Income on Child Development'[J]. Review of Economics and Statistics, 81(2):261-276.
34. Blow, L., A. Goodman, G. Kaplan, I. Walker and F. Windmeijer. (2004), 'How Important is Income in Determining Children's Outcomes? A Methodology Review of Econometric Approaches'[R]. A Report for Her Majesty's Treasury Evidence Based Policy Fund, IFS Discussion Paper.
35. Borland, M. and Howsen, R. (1992), 'Student academic achievement and the degree of market concentration in education'[J]. Economics of Education Review,11(1), 1-39.
36. Borland, M. and Howsen, R. (1993), 'On the determination of the critical level of market concentration in education'[J]. Economics of Education Review,12 (2), 165-169.
37. Borland, M. and Howsen, R. (1995), 'Competition, expenditures and student performance in mathematics: A comment on Crouch et al'[J]. Public Choice, 87, 395-400.
38. Bound, J., Jaeger, D. A., and Baker, R. M. (1995), 'Problems with Instrumental Variables Estimation when the Correlation between the Instruments and the Endogenous Explanatory Variable is Weak'[J]. Journal of the American Statistical Association, 90(430), pp. 443-451.
39. Bound, J. and Loeb, S. (1996), 'The Effect of Measured School Inputs on Academic 40. Achievement: Evidence from the 1920s, 1930s and 1940s Birth Cohorts'[J]. The Review of Economics and Statistics, 28(4), pp. 653-664.
41. Bradley, J., Johns, G. and Millington, J. (1999), 'School Choice, Competition and the Efficiency of Secondary Schools in England'[Z]. Lancaster University Discussion Paper EC/3.
42. Bressoux, P. (1996), 'The Effect of Teachers 'Training of Pupils' Achievement: The Case of Elementary Schools in France'[J]. School Effectiveness and School Improvement, 7 (3): 252-279.
43. Brooks-Gunn, J, G. J. Duncan, P. Klebanov, and N. Sealand. (1993), 'Do Neighborhoods Influence Child and Adolescent Development?'[J]. American Journal of Sociology, 99(2), 353-395.
44. Brooks-Gunn, P. Klebanov and G. Duncan. (1997), 'Ethnic Differences in Children's Intelligence Test Scores: Role of Economic Deprivation, Home Environment, and Maternal Characteristics'[J]. Child Development, 67:396-408.
45. Bryk, A. S and Driscoll, M. E. (1988), 'The high school as community: Contextual influences and consequences for students and teachers, National Center on Effective Secondary Schools'[M]. University of Wisconsin, Madison.

46. Burtless, G. (ed.). (1996), 'Does Money Matter? The Effect of School Resources on Student Achievement and Adult Success'[M]. Brookings Institute Press: Washington, D. C.

47. Caldas, S. J and Bankston, C. (1997), 'Effect of school population socioeconomic status on individual academic achievement'[J]. Journal of Educational Research, 90(5), 269-277.

48. Carneiro, P. and J. J. Heckman. (2002), 'The evidence on credit constraints in post-secondary schooling'[J]. Economic Journal, 112(482), 705-734.

49. Carnoy M, Sack R and Thias H. (1977), 'The payoff to better schooling: a case study of Tunisian secondary schools'[M]. World Bank, Washington, DC.

50. Carnoy Martin, Susanna Loeb. (2003), 'Does External Accountability Improve Student Outcomes? A Cross-State Analysis'[J]. Education Evaluation and Policy Analysis, 24 (4): 305- 331.

51. Carroll, J. B. (1963), 'A Model of School Learning'[J]. Teachers College Record, 64, pp. 723-733.

52. Childs and Shakeshaft. (1986), 'A meta-analysis of research on the relationship between educational expenditures and student achievement'[J]. Journal of Education Finance, 12, 191-222.

53. Christopher Jepsen. (2005), 'Teacher characteristics and student achievement: evidence from teacher surveys'[J]. Journal of Urban Economics, 57, 302-319.

54. C. Kang. (2006), 'Classroom peer effects and academic achievement: evidence Quasi-randomization from South Korea'[J]. Journal of Urban Economics, doi:10.1016/j.jue.2006.07.006.

55. Clotfelter, H. F. Ladd and J. L. Vigdor. (2003), 'Teacher sorting, teacher shopping, and the assessment of teacher effectiveness'[Z]. Unpublished manuscript, Duke University.

56. Cohen, D. F and H. C. Hill. (2000), 'Instructional Policy and Classroom Performance: The Mathematics Reform in California'[J]. Teachers College Record, 102(2): 294-343.

57. Coleman, J. S., Campbell, E. Q., Hobson, C. J., McPartland, J., Mood, A. M., Weinfeld, F. D., and York, R. L. (1966), 'Equality of Opportunity'[M]. US Government Printing Office: Washington, D. C.

58. Cooper, S. T., and Cohn, E. (1997), 'Estimation of a Frontier Production Function for the South Carolina Educational Process'[J]. Economics of Education Review, 16(3), pp. 313-327.

59. Corcoran, T. B. (1995), 'Helping Teachers Teach Well: Transforming Professional Development'[R]. CPRE Policy Briefs.
60. Costrell, Robert M. (1994), 'A Simple Model of Educational Standards'[J]. American Economic Review, 84 (4): 956-971.
61. Couch, J. F., Shughart, W. F., & Williams, A. (1993), 'Private school enrollment and public school performance'[J]. Public Choice, 76, 301-312.
62. Covington, M. (1984), 'The motive for self-worth. In Ames, R., and Ames, C. (eds.), Research on motivation in education'[M]. Vol. 1: Student Motivation. Academic Press, New York.
63. Creemers, B. P. M. (1994), 'The Effective Classroom'[M]. Cassell: London.
64. Creemers, B. P. M., and Reezigt, G. J. (1996), 'School Level Conditions Affecting the Effectiveness of Instruction'[J]. School Effectiveness and School Improvement, 7(3), pp. 197-228.
65. Cullen, B. A. Jacob and S. D. Levitt. (2000), 'The impact of school choice on student outcomes: An analysis of the Chicago public schools'[R]. NBER working paper No. 7888.
66. Cullen, B. A. Jacob, S. D. Levitt. (2003), 'The effect of magnet schools on student outcomes: evidence from randomized lotteries'[R]. Working paper.
67. Currie Janet, Neidell Mathew. (2003), 'Getting inside the "Black Box" of head start quality: what matters and what doesn't?'[R]. NBER working paper No. 10091.
68. Datcher-Loury L. (1988), 'Effects of mother's home time on children's schooling'[J]. Rev. Econ. Stat, 70(3):367-373.
69. David Monk. (1987), ' Secondary School Size and Curriculum Comprehensiveness'[J]. Economics of Education Review, 6(2):137-50
70. Dearden, L., Ferri, J. and Meghir, C. (1997), 'The Effect of School Quality on Educational Attainment and Wages'[R]. Institute for Fiscal Studies, Working Paper W98/3 71. De Bartolome. (1990), 'Equilibrium and inefficiency in a community model with peer group effects'[J]. Journal of Political Economy, 98, 110-133.
72. Dee Thomas S. (2001), 'Teachers, Race and Student Achievement in a Randomized Experiment'[R]. NBER Working Paper No. 8432.
73. Department of Education and Science. (1983), 'School Standards and Spending: Statistical Analysis'[R]. DES: London.
74. Department of Education and Science. (1984), 'School Standards and Spending: A Further Appreciation'[R]. DES: London.
75. Dewey, J., Husted, T. A., and Kenny, L. W. (2000), 'The Ineffectiveness

of School Inputs: A Product of Misspecification?'[J]. Economics of Education Review, 19(1), pp. 27-45.

76. Dildy, P. (1982), 'Improving Student Achievement by Appropriate Teacher In-Service Training: Utilizing Program for Effective Teaching (PET)'[J]. Education, 102 (2): 132-138.

77. Ding Weili and Steven F. Lehrer. (2004), 'Do Peers Affect Student Achievement in China's Secondary Schools'[R]. Queensu Working paper 35, http://www.queensu.ca/sps/working_papers/files/sps_wp35.pdf.

78. Duncan, G. J., J. Brooks-Gunn and P. K. Klebanov. (1994), 'Economic development and early childhood development'[M]. Child Development, 65, 296-318.

79. G. Duncan and J. Brooks-Gunn. (1997), 'Consequences of Growing Up Poor'[M]. Russell Sage Foundation, New York.

80. G. Duncan, W. Yeung, J. Brooks-Gunn, and J. Smith. (1998), 'How Much Does Childhood Poverty Affect the Life Chances of Children?'[J]. American Sociological Review, 63:406-423.

81. Ehrenberg and Brewer. (1994), 'Do school and teacher characteristics matter? Evidence from high school and beyond'[J]. Economics of Education Review, 13, 1-17.

82. Eide, E. and Showalter, M. (1999), 'Factors Affecting the Transmission of Earnings Across Generations: A Quintile Regression Approach'[J]. Journal of Human Resources, 34(2), pp. 253-267.

83. Epple and Romano. (1998), 'Competition between private and public schools, vouchers, and peer-group effects'[J]. American Economic Review, 88, 33-62.

84. Epple and Romano. (2000), 'Neighborhood schools, choice, and the distribution of educational benefits'[R]. NBER working paper No. 7850.

85. Ermisch, J., M. Francesconi and D. Pevalin. (2002), 'Childhood parental behaviour and young people's outcomes'[R]. ISER Working Paper 2002-12, University of Essex.

86. Evers, Williamson M., Herbert J. Walberg (eds.). (2002), 'School Accountability'[M]. Stanford, CA: Hoover Institution Press.

87. Ferguson, Ronald F. (1991), 'Paying for Public Education: New Evidence on How and Why Money Matters' [J]. Harvard Journal on Legislation, 28, 165-197.

88. Ferguson, Ronald F and Helen Ladd. (1996), 'How and Why Money Matters: An Analysis of Alabama Schools', In Helen Ladd, ed., 'Holding

Schools Accountable'[M]. Washington, D. C. : Brookings, pp. 265-298.
89. Figlio, D. N. (1997a), 'Did the "Tax Revolt" Reduce School Performance?' [J]. Journal of Public Economics, 65(3), pp. 245-269.
90. Figlio, D. N. (1997b), 'Teacher Salaries and Teacher Quality'[J]. Economics Letters, 55(2), pp. 267-271.
91. Figlio, D. N. (1999), 'Functional Form and the Estimated Effects of School Resources'[J]. Economics of Education Review, 18(2), pp. 241-252.
92. Figlio, David N., Maurice E. Lucas. (2004), 'Do High Grading Standards Affect Student Performance?'[J]. Journal of Public Economics, 88 (9): 1815-1834.
93. Fortier, M. S., Vallerand, R. J., and Guay, F. (1995), 'Academic motivation and school performance: Toward a structural model'[J]. Contemporary Educational Psychology, 20, 257-274.
94. Fuchs, Thomas, Ludger Woessmann. (2004a), 'What Accounts for International Differences in Student Performance? A Re-examination using PISA Data'[R]. CESifo Working Paper 1235. Munich: CESifo.
95. Fuchs, Thomas, Ludger Woessmann. (2004b), 'The Determinants of Differences in Primary-School Learning across Countries'[R]. Mimeo, Ifo Institute for Economic Research at the University of Munich.
96. Ganley, J. A., and Cubbin, J. S. (1992), 'Public Sector Efficiency Measurement: Applications of Data Envelopment Analysis'[M]. Elsevier Science: New York.
97. Gary N Marks. (2006), 'Family Size, Family Type and Student Achievement: Cross-National Differences and the Role of Socioeconomic and School factors'[J]. Journal of Comparative Family Studies, Calgary: Vol. 37, Iss. 1; pg. 1, 27 pgs.
98. Gaviria, A and Raphael, S. (1997), 'School-based peer effects and juvenile behavior'[M]. University of California at San Diego.
99. Geller, C. R., Sjoquist, D. L. and Walker, M. B. (2001), 'The effect of private school competition on public school performance'[R]. NCSPE Working Paper. Retrieved September 1, 2002, from www. ncspe. org.
100. George M. Holmesy, Jeffrey S. DeSimone and Nicholas G. Rupp. (2003), 'Does School Choice Increase School Quality?' [R]. NBER Working Paper 9683.
101. Glass, Gene V and M. L. Smith. (1979), 'Meta-Analysis of Research on Class Size and Achievement'[J]. Educational Evaluation and Policy Analysis, 1(1), 2-16.

102. Goldberg, M. D. (1994), 'A developmental investigation of intrinsic motivation: Correlates, causes, and consequences in high ability students'[J]. Dissertation Abstract International, 55-04B, 1688.
103. Goldhaber, D. D., and Brewer, D. J. (1997), 'Why Don't Schools and Teachers Seem to Matter? Assessing the Impact of Unobservables on Education Production'[J]. Journal of Human Resources, 32(3), pp. 505-523.
104. Goldhaber, D. D., Brewer, D. J. and Anderson, D. J. (1999), 'Three-Way Error Components Analysis of Educational Productivity'[J]. Education Economics, 7(3), pp. 199-208.
105. Goldhaber, D. D., Brewer, D. J., Eide, E. R. and Rees, D. I. (1999), 'Testing for Sample Section in the Milwaukee School Choice Experiment'[J]. Economics of Education Review, 18(2), pp. 259-267.
106. Goldstein, H. (1987), 'Multilevel Models in Educational and Social Research'[M]. Charles Griffin.
107. Goldstein, H. (1995), 'Multilevel Statistical Models'[M]. Edward Arnold: London.
108. Goldstein, H. (2003), 'Multilevel Statistical Models(Third Edition)'[M]. Edward Arnold: London.
109. Gordon B. Dahl and Lance Lochner. (2005), 'The Impact of Family Income on Child Achievement'[R]. NBER Working Paper 11279.
110. Gottfried, A. E. (1990), 'Academic intrinsic motivation in young elementary school children'[J]. Journal of Educational Psychology, 82(3), 525-538.
111. Greene, Jay P and Forster, Greg. (2002), 'Rising to the Challenge: The Effect of School Choice on Public Schools in Milwaukee and San Antonio'[R]. Manhattan Institute for Policy Research, http://www.manhattan-institute.org/cb_27.pdf.
112. Greenwald, R., Hedges, L. V. and Laine, R. D. (1996), 'The Effect of School Resources on Student Achievement'[J]. Review of Educational Research, 66(3), pp. 361-396.
113. Gregg, P., and Machin, S. (1999), 'Child Development and Success or Failure in the Youth Labour Market', in D. Blanchflower and R. Freeman (eds.), Youth Employment and Joblessness in Advanced Countries[M]. University of Chicago Press.
114. Grogger, J. (1996), 'School Expenditures and Post-Schooling Earnings: Evidence from High School and Beyond'[J]. The Review of Economics and Statistics, 78(4), pp. 628-637.
115. Gundlach, Erich, Ludger Woessmann, Jens Gmelin. (2001), 'The Decline

of Schooling Productivity in OECD Countries'[J]. Economic Journal, 111 (471): C135-C147.

116. Gupta, S., Verhoeven, M. and Tiongson, E. (1999), 'Does Higher Government Spending Buy Better Results in Education and Health Care?'[R]. Fiscal Affairs Department: IMF Working Paper WP/99/21.

117. Hakkinen, I., Kirjavainen, T., and Uusitalo, R. (2003), 'School resources and pupil achievement revisited: new evidence from panel data'[J]. Economics of Education Review, Vol. 22, pp. 329-335.

118. Hammons, C. W. (2001), 'The effects of town tuitioning in Vermont and Maine'[R]. Available from the Milton and Rose D. Friedman Foundation, www.friedmanfoundation.org Hanushek, Eric A. (1971), 'Teacher characteristics and gains in student achievement: Estimation using micro data'[J]. American Economic Review, 61, pp. 280-288.

119. Hanushek, Eric A. (1986), 'The Economics of Schooling: Production and Efficiency in Public School'[J]. Journal of Economic Literature, 24(3), pp. 1141-1177.

120. Hanushek, Eric A. (1989), 'The impact of differential expenditures on school performance'[J]. Educ. Res. 18(4):45-51.

121. Hanushek, E. A. (1992), 'The Tradeoff between Child Quantity and Quality'[J]. Journal of Political Economy, 100(1), 84-117.

122. Hanushek, Eric A., with others. (1994), 'Making Schools Work: Improving Performance and Controlling Costs'[M]. Washington, D.C.: Brookings Institution Press.

123. Hanushek, E. A., Rivkin, S. G. and Taylor, L. L. (1996), 'The Identification of School Resource Effects'[J]. Education Economics, 4(2), pp. 105-125.

124. Hanushek, E. A. (1997), 'Effects of School Resources on Economic Performance'[J]. Education Evaluation and Policy Analysis, 19(2), pp. 141-164.

125. Hanushek, E. A., Kain, J. F., and Rivkin, S. G. (1998), 'Teachers, Schools, and Academic Achievement'[R]. NBER Working Paper No. 6691.

126. Hanushek, E. A., Kain, J. F. and Rivkin, S. G. (1999), 'Do Higher Salaries Buy Better Teachers?'[R]. NBER Working Paper No. 7082.

127. Hanushek, E. A., and Rivkin, S. G. (2001a), 'Does public school competition affect teacher quality?'[R]. Available from edpro.stanford.edu/eah/down.htm Eric A. Hanushek., John F. Kain., Jacob M. Markman and Steven G. Rivkin. (2001b), 'Does Peer Ability Affect Student Achieve-

ment?'[R]. NBER Working Paper No. 8502.
128. Hanushek, Eric A., Margaret E. Raymond. (2004a), 'Does School Accountability Lead to Improved Student Performance?'[R]. NBER Working Paper No. 10591.
129. Hanushek, Eric A., Margaret E. Raymond. (2004b), 'The Effect of School Accountability Systems on the Level and Distribution of Student Achievement'[J]. Journal of the European Economic Association, 2 (2-3): 406-415.
130. Harbison R W, Hanushek E A. (1992), 'Educational Performance of the Poor: Lessons from Rural Northeast Brazil'[M]. Oxford University Press, New York.
131. Hatzitheologou. (1997), 'Reading achievement, birth order and family size' [J]. International Journal of Early Childhood, Bakewell: Vol. 29, Iss. 2; pg. 14, 8 pgs.
132. Haveman, R. H., and Wolfe, B. L. (1995), 'The Determinants of Children's Attainments: A Review of Methods and Findings'[J]. Journal of Economic Literature, 33, pp. 1829-1878.
133. Heckman, J., Layne-Farrar, A. and Todd, P. (1996a), 'Does Measured School Quality Really Matter? An Examination of the Earnings-Quality Relationship', in G. Burtless (ed.), 'Does Money Matter? The Effect of School Resources on Student Achievement and Adult Success'[M]. 1 The Brookings Institute.
134. Hedges, L. V., Laine, R. D. and Greenwald, R. (1994), 'Does Money Matter? A Meta-Analysis of Studies of the Effects of Differential Inputs on Student Outcomes'[J]. Educational Researcher, 23 (April), pp. 5-14.
135. Hitch C J and McKean R N. (1960), 'The Economics of Defense in the Nuclear Age'[M]. Harvard University Press, Cambridge, Massachusetts.
136. Hoxby, C. M. (1994), 'Does competition among public schools benefit students and taxpayers?' [R]. NBER working paper no. 4979, Cambridge, MA.
137. Hoxby, C. M. (1998), 'The Effects of Class Size and Composition on Student Achievement: New Evidence from Natural Population Variation' [R]. NBER Working Paper No. 6869.
138. Hoxby, C. M. (2000), 'Peer effects in the classroom: Learning from gender and race variation'[R]. NBER Working paper No. 7867.
139. Hoxby, C. M. (2001), 'School choice and school productivity, or, Could school choice be a tide that lifts all boats?'[R]. Available from http://post.

economics. harvard. edu/faculty/ hoxby/papers. html.
140. Hugh C. Foot, Michelle J. Morgan and Rosalyn H. Shute. (1990), 'Children helping children'[M]. John Wiley & Son Ltd, p67-71, p108, p73.
141. Husted, T. A. , & Kenny, L. W. (2000), 'Evidence on the impact of state government on primary and secondary education and the equity-efficiency trade-off'[J]. Journal of Law and Economics, 43, 285-308.
142. Hægeland, T. , Raaum, O. and Salvanes, K. (2005), 'Pupil Achievement, School Resources and Family Background'[R]. IZA Discussion Paper No. 1459, January 2005.
143. Ibtesam Halawah. (2006), 'The Effect of Motivation, Family Environment, and Student Characteristics on Academic Achievement'[J]. Journal of Instructional Psychology, Vol. 33, Iss. 2; pg. 91, 9 pgs.
144. Jacob, Brian A. (2005), 'Accountability, Incentives and Behavior: The Impact of High-stakes Testing in the Chicago Public Schools'[J]. Journal of Public Economics, 89 (5-6): 761-796.
145. Jacob, Brian A. , Steven D. Levitt. (2003), 'Rotten Apples: An Investigation of the Prevalence and Predictors of Teacher Cheating'[J]. Quarterly Journal of Economics, 118 (3): 843-877.
146. Jacob, Brian and Lars Lefgren. (2002), 'The Impact of Teacher Training on Student Achievement: Quasi-Experimental Evidence from School Reform Efforts in Chicago'[R]. NBER Working Paper No. 8916.
147. Jane S. Loups. (1990), 'Do additional expenditures increase achievement in the high school economics class?'[J]. Journal of Economic Education,21,3; ABI/INFORM Global pg. 277.
148. Jennifer A Schmidt, Brenda Padilla. (2003), 'Self-esteem and family challenge: An investigation of their effects on achievement' [J]. Journal of Youth and Adolescence. New York: Vol. 32, Iss. 1;pg. 37, 10 pgs.
149. Jepsen, C. (1999), 'The effects of private school competition on student achievement'[R]. Available from http://www. northwestern. edu/ipr/publications/workingpapers/.
150. Jepsen and S. Rivkin. (2002), 'What is the tradeoff between smaller classes and teacher quality?'[R]. NBER Working paper 9205.
151. Jeynes, W. (2002), 'Divorce, Family Structure, and the Academic Success of Children'[M]. New York: the Haworth Press: The Haworth Press.
152. Kane, Thomas J. , Douglas O. Staiger. (2002), 'The Promise and Pitfalls of Using Imprecise School Accountability Measures'[J]. Journal of Economic Perspectives, 16 (4): 91-114.

153. Kennedy, M. M. (1998), 'Form and Substance in Inservice Teacher Education'[R]. Research Report from the National Institute for Science Education, University of Wisconsin.
154. Kirjavainen, T., and Loikkanen, H. A. (1998), 'Efficiency Differences of Finnish Senior Secondary Schools: An Application of DEA and Tobit Analysis'[J]. Economics of Education Review, 17(4), pp. 377-394.
155. Kobal, D., and Musek, J. (2001), 'Self-concept and academic achievement: Slovenia and France'[J]. Pers. Ind. Differ. 30(5): 887899.
156. Koch, H. (1956), 'Sibling influence on children's speech[J]. Journal of speech and hearing disorders, 21, pp. 322-328.
157. Korenman, S., J. E. Miller, and J. E. Sjaastad. (1995), 'Long-Term Poverty and Child Development in the United States: Results from the NLSY' [J]. Child and Youth Service Review, 17(12), 127-155.
158. Krueger, A. B. (1999), 'Experimental Estimates of Education Production Functions'[J]. Quarterly Journal of Economics, 114(2), pp. 497-532.
159. Krueger, A. B., and Whitmore, D. M. (1999), 'The Effect of Attending a Small Class in the Early Grades on College-Test Taking and Middle School Test Results: Evidence from Project STAR'[J]. Princeton Working Paper No. 427.
160. Ladd, Helen F., Randall P. Walsh. (2002), 'Implementing Value-Added Measures of School Effectiveness: Getting the Incentives Right'[J]. Economics of Education Review, 21 (1): 1-17.
161. Lant Prichett and Filmer Deon. (1998), 'What Education Production Functions Really Show: a Positive Theory of Education Expenditures'[J]. Economics of Education Review, 18(1999), 223-239.
162. Lazear EP. (2001), 'Educational production'[J]. Quarterly Journal of Economics, 116(3): 777-803.
163. Le, A. T. and Miller, P. (2001), 'Educational Attainment In Australia: A Cohort Analysis'[R]. Longitudinal Surveys of Australian Youth Research Reports no. 25, Melbourne: Australian Council for Educational Research.
164. Lee, V. and Bryk, A. (1989), 'A multilevel model of the social distribution of educational achievement'[J]. Sociology of Education, 62, 172-192.
165. Leibowitz. (1974), 'Home investments in children', In: Schultz T W(ed.), 'Economics of the Family: Marriage, Children, and Human Capital'[M]. University of Chicago Press, Chicago, Illinois.
166. Leibowitz. (1977), 'Parental inputs and children's achievements'[J]. J. Hum. Resources, 12(2):242-251.

167. Levin H M. (1970), 'A cost-effectiveness analysis of teacher selection'[J]. J. Hum. Resources, 5:24-33.
168. Levin H M. (1983), 'Cost-Effectiveness: A Primer'[M]. Sage Beverly Hills, California.
169. Levin H M, Glass, G V, Meister G R. (1987), 'Cost-effectiveness of computer-assisted instruction'[J]. Eval. Rev, 11(1):50-72.
170. Levin H M. (2001), 'Waiting for Godot: Cost-Effectiveness Analysis in Education'[J]. New Directions for Evaluation, No. 90.
171. Levy and G. Duncan. (1999), 'Using Sibling Samples to Assess the Effect of Childhood Family Income on Completed Schooling'[R]. Working Paper.
172. Link, C. R and Mulligan, J. G. (1991), 'Classmates' effects on black student achievement in public school classrooms'[J]. Economics of Education Review, 10(4), 297-310.
173. Little, J. W. (1993), 'Teacher's Professional Development in a Climate of Educational Reform'[J]. Educational Evaluation and Policy Analysis, 15 (2): 129-151.
174. Liu, X., Kaplan, H. B., and Risser, W. (1992),'Decomposing the reciprocal relationships between academic achievement and general self-esteem' [J]. Youth Soc. 24: 123-48.
175. Lord, R. (1984), 'Value for Money in Education'[M]. Public Money: London.
176. Manski. (1993), 'Identification of endogenous social effects: the reflection problem'[J]. Review of Economic Studies, 60, 531-542.
177. Maranto, R., Milliman, S., and Stevens, S. (2000), 'Does private school competition harm public schools? Revisiting Smith and Meier's 'The case against school choice''[J]. Political Research Quarterly, 53, 177-192.
178. Marlow, M. L. (1997), 'Public education supply and student performance' [J]. Applied Economics, 29 (5), 617-626.
179. Marlow, M. L. (2000), 'Spending, School Structure, and Public Education Quality. Evidence from California'[J]. Economics of Education Review, 19, pp. 89-106.
180. Mayer, S. E. (1991), 'How much does a high school's racial and socioeconomic mix affect graduation and teenage fertility fates?', In C. Jenks and P. E. Peterson (Eds.), The urban underclass (pp. 321-341)[M]. Washington, DC: The Brookings Institution.
181. Mayer. (1997), 'What Money Can't Buy: Family Income and Children's Life Chances'[M]. Harvard University Press, Cambridge.
182. Mayo J, McAnany E and Klees S. (1975), 'The Mexican telesecundaria: A

cost-effectiveness analysis'[J]. Instr. Sci. 4(3/4):193-236.
183. Mayston, D. J. (1996), 'Educational Attainment and Resource Use: Mystery or Econometric Misspecification?'[J]. Education Economics, 4(2), pp. 127-142.
184. Mayston, D. J. and Jesson, D. (1999), 'Linking Educational Resourcing with Enhanced Educational Outcomes'[R]. DfEE Research Report No. 179.
185. M. C. Iensen and W. H. Meckling. (1976), 'Theory of Firm: Managerial Behavior, Agency Costs and Ownership structure'[J]. Journal of Financial Economics, (4).
186. McMillan, R. (1999), 'Competition, parental involvement and public school performance'[D]. Dissertation, Stanford University.
187. Monk, D. H. (1994), 'Subject Area Preparation of Secondary Mathematics and Science Teachers and Student Achievement'[J]. Economics of Education Review, 13, (2), pp. 125-145.
188. Mitchell, J. V. Jr. (1992), 'Interrelationships and predictive efficacy for indices of intrinsic, extrinsic, and self-assessed motivation for learning'[J]. Journal of Research and Development in Education, 25 (3), 149-155.
189. Morris P and Gennetian L. (2003), 'Identifying the Effects of Income on Children's Development Using Experimental Data'[J]. Journal of Marriage and the Family 65:716-729.
190. Newmark, C. M. (1995), 'Another look at whether private schools influence public school quality: Comment'[J]. Public Choice, 82, 365-373.
191. Niebuhr, K. (1995), 'The effect of motivation on the relationship of school climate, family environment, and student characteristics to academic achievement'[Z]. (ERIC Document Reproduction Service ED 393 202).
192. Odden, Allan. (1990), 'School Funding Changes in the 1980s'[J]. Educational Policy, 4(1), 33-47.
193. Pamela E. Davis-Kean. (2005), 'The Influence of Parent Education and Family Income on Child Achievement: The Indirect Role of Parental Expectations and the Home Environment'[J]. Journal of Family Psychology, Volume 19, Issue 2, June 2005, Pages 294-304.
194. Patrick Bayer and Robert McMillan. (2005), 'Choice and competition in local education markets'[R]. NBER Working Paper 11802, http://www.nber.org/papers/w11802
195. Patrick J. McEwan. (2003), 'Peer effects on student achievement: evidence from Chile'[J]. Economics of Education Review, 22, 131-141.
196. Peter Blatchford, Harvey Goldstein, Clare Martin and William Browne.

(2002), 'A Study of Class Size Effects in English School Reception Year Classes'[J]. British Educational Research Journal, Vol. 28, No. 2.

197. Peterson, Paul E. , Martin R. West (eds.). (2003), 'No Child Left Behind? The Politics and Practice of School Accountability'[M]. Washington, D. C. : Brookings Institution Press.

198. Pindyck, R. S. and Rubinfeld, D. L. (1991), 'Econometric models and economic forecasts' (3rd ed.)[M]. New York: McGraw Hill.

199. Post, D. and Pong, S.-l. (1998), 'The Waning Effect of Sibship Composition on School Attainment in Hong Kong'[J]. Comparative Education Review, 42(2): 99-117.

200. Powell, M. A. and Parcel, T. L. (1999), 'Parental Work, Family Size and Social Capital Effects on Early Adolescent Educational Outcomes: The United States and Britain Compared'[J]. Pp. 1-30 in T. L. Parcel (ed) Research in the Sociology of Work, Vol. 7.

201. Quinn B, VanMondfrans A and Worthen B R. (1984), 'Costeffectiveness of two math programs as moderated by pupil SES'[J]. Educ. Eval. Policy Anal. 6(1): 39-52.

202. Raudenbush and Bryk. (2002), 'Hierarchical Linear Models: Application and Data Analysis Methods(Second Edition)[M]. Sage Publication, USA.

203. Reezigt, G. J. , Guldemond, H. and Creemers, B. P. M. (1999), 'Empirical Validity for a Comprehensive Model on Education Effectiveness'[J]. School Effectiveness and School Improvement, 10(2), pp. 193-216.

204. Reynolds, D. , Dammons, P. , Stoll, L. , Barber, M. , and Hillman, J. (1996), 'School Effectiveness and School Improvement in the United Kingdom'[J]. School Effectiveness and School Improvement, 7(2), pp. 133-158.

205. Riala, K. , Isohanni, L, Jokelainen, J. , Jones, P. B. and Isohanni, M. (2003), 'The relationship between childhood family background and educational performance, with special reference to single-parent families: A longitudinal study'[J]. Social Psychology of Education, 6(4): 349-365.

206. Rivkin, E. Hanushek and J. Kain. (2002), 'Teachers, schools, and academic achievement'[R]. NBER Working paper 6691, Revision.

207. Robertson, D and Symons, J. (1996), 'Do peer groups matter? Peer group versus schooling effects on academic achievement' [R]. Discussion Paper 311, Centre for Economic Performance, London School of Economic and Political Science.

208. Robinson, W. P. , Tayler, C. A. , and Piolat, M. (1990). School attainment, self-esteem, and identity: France and England[J]. Eur. J. Soc. Psy-

chol, 20(5): 387-403.
209. Rockoff. (2004), 'The impact of individual teachers on student achievement: evidence from panel data'[J]. American Economic Review, 94, 247-252.
210. Rosenberg, M., Schooler, C., and Schoenbach, C. (1989), 'Self-esteem and adolescent problems: Modeling reciprocal effects'[J]. Am. Sociol. Rev. 54: 1004-1018.
211. Rossi P H and Freeman H E. (1985), 'Evaluation: A Systematic Approach'[M]. 3rd edn. Sage, Beverly Hills. California.
212. Rothbart, M. K. (1971), 'Birth order and mother-child interaction in an achievement situation'[J]. Journal of Personality and Social Psychology, 17, 113-120.
213. Rothschild and L. J. White. (1995), 'The analytics of the pricing of higher education and other services in which the customers are the inputs'[J]. Journal of Political Economy, 103, 573-623.
214. Ruggiero, J. (1996), 'Efficiency of Educational Production: An Analysis of New York School Districts'[J]. The Review of Economics and Statistics, 78 (3), pp. 499-509.
215. Ruhm, C. J. (2000), 'Parental employment and child cognitive development'[R]. National Bureau of Economic Research Working Paper 7666.
216. Sacerdote. (2001), 'Peer effects with random assignment: Results for Dartmouth roommates'[J]. Quarterly Journal of Economics, 116681-704.
217. Sander, W. (1999), 'Private schools and public school achievement'[J]. Journal of Human Resources, 34, 697-709.
218. Scheerens, J. (1997), 'Conceptual Models and Theory-Embedded Principles on Effective Schools'[J]. School Effectiveness and School Improvement, 8 (3), pp. 269-310.
219. Schiefele, U., Krapp, A., & Winteler, A. (1992), 'Interest as a predictor of academic achievement: A meta-analysis of research'[Z]. The role of interest in learning and development (pp. 183-212). Hillsdale, NJ: Erlbaum.
220. Shavit, Y. and Pierce, J. L. (1991), 'Sibship Size and Educational Attainment in Nuclear and Extended Families: Arabs and Jews in Israel'[J]. American Sociological Review 56(June): 321-330.
221. Simon, C. A., & Lovrich, N. P., Jr. (1996), 'Private school performance and public school performance: Assessing the effects of competition upon public school student achievement in Washington State'[J]. Policy Studies Journal, 24, 666-675.
222. Slavin, Robert. (1989), 'Achievement Effects of Substantial Reductions in

Class Size', In Robert Slavin, ed., 'School and Classroom Organization' [M]. Hillsdale, NJ: Erlbaum, pp. 247-257.
223. Smith, K. B., and Meier, K. J. (1995), 'Public choice in education: Markets and the demand for quality education'[J]. Political Research Quarterly, 48, 461-478.
224. Stephen W. Raudenbush and Anthony S. Bryk. (2002), 'Hierarchical Linear Models: Application and Data Analysis Methods (Second Edition)' [M]. Sage Publication, USA.
225. Summers, A. A. and Wolfe, B. L. (1977), 'Do Schools Make a Difference?' [J]. American Economic Review, 67, pp. 253-267.
226. Tatto M T, Nieslsen D, Cummings W, Kularatna N G and Dharmadasa K H. (1991), 'Comparing the Effects and Costs of Different Approaches for Educating Primary School Teachers: The Case of SriLanka' [R]. Bridges Project, Harvard Institute for International Development, Cambridge, Massachusetts.
227. Teddlie, C. and Reynolds, D. (2000), 'The International Handbook of School Effectiveness Research'[M]. Fulmer.
228. Tom A. B. Snijders, Roel J. Bosker. (1999), 'Multilevel Analysis: An introduction to basic and advanced multilevel modeling'[M]. SAGE Pbulications.
229. T. R. Stinebrickner and R. Stinebrickner. (2004), 'What can be learned about peer effects using college roommates? Evidence from new survey data and students from disadvantaged backgrounds'[Z]. Unpublished manuscript.
230. Velez, E, Schiefelbein, E and Valenzuela, J. (1993), 'Factors Affecting Achievement in Primary Education' [R]. HRO Working Paper No. 2. Washington, DC: The World Bank.
231. Vignoles, A., Desai, T. and Montado, E. (2000), 'The Data Needs of the DfEE Centres for the Economics of Education and the Wider Benefits of Learning'[R]. Discussion Paper No. 1, Centre for the Economics of Education, London School of Economics.
232. Walberg, H. J. (1984), 'Improving the Productivity of American Schools' [J]. Education Leadership, 41, pp. 19-27.
233. West, A., West, R., Pennell, H. and Travers, T. (1999), 'Financing School Based Education in England: Expenditure, Poverty and Outcomes' [M]. Centre for Educational Research, LSE.
234. West, Martin R., Paul E. Peterson. (2005), 'The Efficacy of Choice Threats within School Accountability Systems: Results from Legislatively-Induced Experiments'[M]. Mimeo, Harvard University.

235. Willms, J. D. (1986), 'Social class segregation and its relationship to pupils' examination results in Scotland'[J]. American Sociological Review, 51, 224-241.
236. Wilson, K. (2000), 'Using the PSID to study the effects of school spending'[J]. Public Finance Review, Vol. 28, No. 5, pp. 428-451.
237. Winston and Zimmerman. (2003), 'Peer effects in higher education'[R]. NBER Working paper No. 9501.
238. Woessmann, Ludger. (2001), 'Why Students in Some Countries Do Better: International Evidence on the Importance of Education Policy'[J]. Education Matters, 1, pp. 67-74.
239. Woessmann, Ludger. (2002), 'Schooling and the Quality of Human Capital' [M]. Berlin: Springer.
240. Woessmann, Ludger. (2003a), 'Schooling Resources, Educational Institutions and Student Performance: the International Evidence'[J]. Oxford Bulletin of Economics and Statistics, 65(2): 117-170.
241. Woessmann. (2003b), 'Educational Production in East Asia: The Impact of Family Background and Schooling Policies on Student Performance'[R]. Kiel Working Paper No. 1152.
242. Woessmann, Ludger. (2004), 'Institutional Comparisons in Educational Production'[R]. CESifo DICE Report - Journal for Institutional Comparisons, 2(4): 3-6.
243. Woessmann, Ludger. (2005), 'Educational Production in Europe'[J]. Economic Policy, 20 (43):445-504.
244. Woessmann, Ludger. (2006), 'Growth, Human Capital and the Quality of Schools: Lessons from International Empirical Research'[R]. Mimeo, Ifo Institute for Economic Research at theUniversity of Munich.
245. Woessmann, Ludger, Martin R. West. (2006), 'Class-Size Effects in School Systems Around the World: Evidence from Between-Grade Variation in TIMSS'[J]. European Economic Review:forthcoming.
246. Wright, S. P., Horn, S. P. and Sanders, W. L. (1997), 'Teacher and Classroom Context Effects on Student Achievement: Implications for Teacher Evaluation'[J]. Journal of Personal Evaluation in Education, 11, pp. 57-67.
247. Wiley, D. E. and B. Yoon. (1995), 'Teacher Reports on Opportunity to Learn: Analyses of the 1993 California Learning Assessment System (CLAS)'[J]. Educational Evaluation and Policy Analysis, 17(3): 355-370.
248. Winkler, D. R. (1975), 'Educational achievement and school peer group composition'[J]. Journal of Human Resources,10(2), 189-204.

249. Wrinkle, R. D., Stewart, J and Polinard, J. L. (1999), 'Public school quality, private schools, and race'[J]. American Journal of Political Science, 43, 1248-1253.
250. Yu Shengchao and Emily Hannum. (2002), 'Food for Thought: Poverty, Family Nutritional Environment and Children's Educational Performance in Rural China'[R]. Paper accepted for presentation at the International Health Economics Association, June 2002, San Francisco.
251. Zajonc, RB., Markus, H & Markus, GB. (1997), 'The birth order puzzle'[J]. Journal of Personality and Social Psychology, 37, 1328-1341.
252. Zanzig, B. R. (1997), 'Measuring the impact of competition in local government education markets on the cognitive achievement of students'[J]. Economics of Education Review, 16 (4), 431-441.
253. Zimmer and Toma. (2000), 'Peer effects in private and public schools across countries'[J]. Journal of Policy Analysis and Management, 19, 75-92.
254. Zimmerman. (2003), 'Peer effects in academic outcomes: Evidence from a natural experiment'[J]. Review of Economics and Statistics, 85, 9-23.

附录1　甘肃省基础教育调查：校长问卷

编码：

|_|_|_|_|_|_|_|_|_|

批准机关：甘肃省统计局
批准文号：甘统函(2004)12号
本项调查属于自愿性调查

访问员姓名：_____　　访问员编码：_____
一审姓名：_____　　　审核时间：____月____日
二审姓名：_____　　　审核时间：____月____日
复核员姓名：_____　　复核时间：____月__日_____
录入员姓名：_____　　录入时间：____月____日_____
访问日期：____年____月____日
开始时间：____时____分　　结束时间：____时____分

访问开始

> 在这份问卷里，我们将问一些有关你们学校基本情况的问题。这些问题的回答是严格保密的。如果有些问题不知道确切的答案，你可以查一查有关的记录。如果没有记录可查，请尽你所知估计一个答案。对每一个问题，如果有几个答案供你选择，请选一个答案，并在你选的答案序号上画圈。在回答的过程中，如果你有任何问题，请随时告诉我们。同时非常感谢您的参与！

A. 基本信息

A1. 县 _____ 县编码：☐☐

A2. 乡/镇 _____ 乡编码：☐☐

A3. 村 _____ 村编码：☐☐

A4. 校长姓名 _____

A5. 学校 _____ 学校编码：☐☐☐☐☐☐☐☐

B. 一般情况

这一部分主要是关于你所在学校的一般情况。

B1. 本学校是：(可多选)

  1. 小学 2. 初中 3. 高中 4. 职业中学 5. 中专（师范学校）

  a. 是几年级到几年级？ _____年级到_____年级

  b. 如果是小学，是：

    ① 教学点；② 村小学；③ 中心小学；④ 县城小学

B2. 你是校长吗？

  1. 是 … → a. 您是否仍给学生上课？ 1. 是 2. 否

  2. 不是 … → b. 您的职位是：

    (1) 其他管理者（副校长，教导主任，总务，会计，教研主任）

    (2) 教师

    (3) 其他（请说明_____）

B3. 这所学校类别是：

  ① 公立 ② 私立 ③ 公办民助 ④ 其他

B4. 学生平均每天几节课？（包括自习课、课外活动、课外辅导） _____节

  其中：a. _____节是正常上课

     b. _____节是自习

     c. _____节是课外活动

     d. _____节是课外辅导

     e. _____节其他（请说明_____）

B5. 这所学校每节课的时间是长？_____分钟

B6. 这所学校一学期有多少教学周？_____周

B7. 这所学校有农忙假吗？

1. 有 ……→ a. 平均每年多少天？＿＿＿＿＿天
　　2. 没有
B8. 这所学校有没有住校的学生？
　　1. 有 ……→ a. 一共有多少住校生？＿＿＿＿人＿＿＿＿
　　　b. 多少男生住校？＿＿＿＿＿人
　　　c. 多少女生住校？＿＿＿＿＿人
　　2. 没有
B9. 下列因素是否决定孩子入这所学校？
　　1. 居住区域　　　　　　　　（1）是　　　（2）否
　　2. 家长是否负得起学费　　　（1）是　　　（2）否
　　3. 入学考试　　　　　　　　（1）是　　　（2）否
B10. 下列因素会不会决定你们学校的孩子辍学？（请在相应数字上划圈，1表示根本不影响；2表示不影响；3表示一般；4表示有影响；5表示有很大影响。）

	根本不影响	不影响	一般	有影响	有很大影响
a. 学校离家太远	1	2	3	4	5
b. 家庭经济条件差，家里付不起孩子的费用	1	2	3	4	5
c. 家长认为孩子上学没用，不如去念经、做生意或在家干活等	1	2	3	4	5
d. 家里缺乏劳动力	1	2	3	4	5
e. 孩子的考试成绩不好	1	2	3	4	5
f. 学校的条件差，教学设施缺乏	1	2	3	4	5
	根本不影响	不影响	一般	有影响	有很大影响
g. 学校校风不好	1	2	3	4	5
h. 学校教学质量不好	1	2	3	4	5
i. 学生的身体不好	1	2	3	4	5
j. 其他（请说明　　　）	1	2	3	4	5

　　B11. 2003年9月至2004年6月，这所学校一共有多少位老

师离开学校（包括所有原因）？_____人

其中：a. 有多少教师退休？_____人

b. 几个教师离开学校到其他学校当老师？_____人

c. 几个教师转行或者下海？_____人

B12. 2003年9月至2004年6月这所学校一共新进多少位教师？_____人

a. 有多少新分配的教师？_____人

b. 有多少调进的教师？_____人

B13. 这个学期有多少教师缺过勤？（如果为0，跳至B15）_____人

B14. 其中有几位教师缺勤：

a. 一学期4次以下_____人

c. 一学期4～10次_____人

b. 一学期11～20次_____人

d. 一学期20次以上_____人

B15. 学校对教师在学校的工作时间有统一要求吗？

1. 有……（a. 教师平均每天在学校工作_____小时

2：否

B16. 在这一学期，学校共有多少学生？_____人

B17. 2003年9月至2004年6月各年级学生情况：（请参考你的记录，尽量正确地回答；如果没有记录，请尽你所知估计一个答案）

年级	a. 每个年级有多少个班级？	入学人数			辍学人数			留级人数		
		b. 每一年级学生人数是多少？			c. 2003年6月至2004年6月每一年级辍学人数有多少？			d. 2003年6月至2004年6月每一年级留级生人数是多少？		
		1. 总数	2. 男	3. 女	1. 总数	2. 男	3. 女	1. 总数	2. 男	3. 女
小学										
1										
2										
3										
4										
5										

续表

	入学人数		辍学人数		留级人数	
6						
初中						
1						
2						
3						
高中						
1						
2						
3						

B18. 学校有百分之多少的学生有城镇户口？_____%

B19. 学校有百分之多少的学生是民族？_____%

B20. 昨天学校有百分之多少的学生缺勤？_____%

B21. 学校共有多少个教师？_____人

B22. 下面是有关学校教师的情况。

	a. 这所学校任教教师有多少？	b. 这所学校公办教师有多少？	c. 这所学校民办教师有多少？	d. 这所学校代课教师有多少？	e. 这所学校任课教师中,退休教师有多少？	f. 这所学校民族教师有多少？
1. 总数						
2. 男						
3. 女						

B23. 这些教师的教龄情况是：　　　　　　　　　　单位：年

	a. 0~5	b. 6~9	c. 10~19	d. 20~29	e. ≥30	f. 总计
教师人数						

B24. 这些教师的学历情况是：

	a. 小学毕业	b. 初中毕业	c. 高中毕业	d. 职业技术学校毕业	e. 中专毕业	f. 大专毕业	g. 大学毕业	h. 研究生毕业	i. 其他	j. 总计
教师人数										

B25. 在这所学校的现任教师中,有多少公办教师曾经是民办教师? _____人

B26. 在这一学期中,你们学校有多少教师参加了校外组织的专业发展培训? _____人

(比如说,在教师进修学校的短期培训活动、教育项目专家进行的短期培训、学区组织的教研活动、在其他学校的教研活动等等。)

B27. 这所学校公办教师的平均月工资是多少? _____元

B28. 这所学校公办教师的最高月工资是多少元? _____元

B29. 月工资最高的教师的职称是:

1. 小教二级 2. 小教一级 3. 小教高级 4. 中教三级
5. 中教二级 6. 中教一级 7. 中教高级 8. 其他

B30. 学校有代课教师吗?

1. 有 …… → a. 代课教师的平均月工资是多少元? _____元

2. 没有

B31. 2003年6月至2004年6月,有多少教师得到了奖金? _____人

B32. 2003年6月至2004年6月,得到奖金的教师的平均奖金是多少? _____元/年

C. 校长

> 这一部分是关于学校校长的一些情况。

C1. 校长的性别是:1. 男   2. 女

C2. 校长接受的最高教育是什么?

1. 小学   2. 初中   3. 高中   4. 中专
5. 职业技术学校   6. 大专   7. 本科   8. 研究生
9. 其他

C3. 校长受过职业培训吗? 1. 是   2. 否

C4. 校长有多少年教龄? _____年

C5. 校长在这所学校当了几年校长? _____年

C6. 校长在其他学校当过校长吗?

1. 有 …… → a. 在其他学校当了多少年校长

　　　　　　　　　年
　2. 没有

D. 物质条件

> 这一部分主要是想了解一下你所在学校的物质条件和资金情况。

D1. 这所学校有多少个教室？　　　　　　个
D2. 有多少个是危房？　　　　　　个
D3. 有多少个教室在下雨天可以使用？　　　　　　个
D4. 有多少个教室有毛玻璃黑板？　　　　　　个
D5. 有多少个教室有水泥黑板？　　　　　　个
D6. 有多少个教室有磁性黑板？　　　　　　个
D8. 所有学生都有桌椅吗？
　　1. 有
　　2. 没有……→ a. 有多少学生没有桌椅？　　　　　　人
D9. 这所学校有电吗？
　　1. 有　　　　2. 没有
D10. 这所学校教室的光线如何？（包括自然光和电灯）
　　a. 这所学校有百分之多少的教室光线不好？　　　　　　％
　　b. 这所学校有百分之多少的教室光线一般？　　　　　　％
　　c. 这所学校有百分之多少的教室光线好？　　　　　　％
D11. 学校有图书室吗？
　　1. 有……→　a. 图书室中有多少本书？　　　　　　本
　　　　　　　　b. 学生可以从图书室借书吗？　　　　　　
　　　　　　　　① 可以　② 不可以
　　2. 没有
D12. 学校有理科实验室吗？
　　1. 有　　　　　　　　2. 没有
D13. 学校有集体办公室或者教研室吗？
　　1. 有　　　　　　　　2. 没有
D14. 学校有多少教师住校？　　　　　　人
D15. 学校给教师提供房子或者宿舍吗？

1. 是 ……→ a. 学校提供的房子是免费的吗?
　　　　　　① 是
　　　　　　② 否 ……→ a. 月租金是多少?
　　　　　　　　　　　　_____元
2. 否

D16. 学校有计算机吗?
1. 没有
2. 有 ……→ a. 有多少台计算机? _____台
　　　　　　b. 买计算机的费用来自:
　　　　　　　① 教师自己集资　② 上级拨款
　　　　　　　③ 学校自筹　④ 捐款　⑤ 其他
　　　　　　c. 学校的计算机是否上网?
　　　　　　　① 是　　② 否
　　　　　　d. 你们学校的计算机主要用于什么吗?
　　　　　　　① 学生学习　　1. 是　　2. 否
　　　　　　　② 教师收集资料　1. 是　　2. 否
　　　　　　　③ 学校办公　　1. 是　　2. 否

E. 学生的学业成绩

> 这一部分主要是关于你们学校学生的学习成绩。请您在相应的栏里填上相应的数字。

E1. 学校是本地区的重点学校吗?　1. 是　　2. 否
E2. 这所学校是小学还是中学?
　　1. 小学 ……→ a. 这个学区包括几所小学? _____所
　　　　　　　　b. 本校在这些小学中排第几名?
　　　　　　　　　_____名
　　2. 初中 ……→ a. 这个县包括几所初中? _____所
　　　　　　　　b. 本校在这些初中中排第几名?
　　　　　　　　　____名
　　　　　　　　c. 去年毕业生中百分之多少的男生参加了升学考试? _____%
　　　　　　　　d. 去年毕业生中百分之多少的女生参加了升学考试? _____%

　　　　　　　　　　e. 去年参加升学考试的男生中百分之
　　　　　　　　　　　多少考上高中,包括中专?＿＿＿＿%
　　　　　　　　　　f. 去年参加升学考试的女生中百分之
　　　　　　　　　　　多少考上高中,包括中专?＿＿＿＿%
　　3. 高中 ……→　a. 这个县包括几所高中?＿＿＿＿所
　　　　　　　　　　b. 本校在这些高中中排第几名?
　　　　　　　　　　　＿＿＿＿名
　　　　　　　　　　c. 去年毕业生中百分之多少的男生参
　　　　　　　　　　　加了升学考试?＿＿＿＿%
　　　　　　　　　　d. 去年毕业生中百分之多少的女生参
　　　　　　　　　　　加了升学考试?＿＿＿＿%
　　　　　　　　　　e. 去年参加升学考试的男生中百分之
　　　　　　　　　　　多少考上大学,包括大专?＿＿＿＿%
　　　　　　　　　　f. 去年参加升学考试的女生中百分之多
　　　　　　　　　　　少考上了大学,包括大专?＿＿＿＿%

E3. 最近几年,您校毕业班的成绩在县(或学区)里属于什么水平?

　　a. 数学水平是:
　　　　① 上等　　　　　　　③ 中等
　　　　② 中上　　　　　　　④ 下等
　　b. 语文水平是:
　　　　① 上等　② 中上　③ 中等　④ 下等

E4. 以下 9 个教育目标中,你认为在哪一个是最重要的、第二重要的、第三重要的。(请将各个选项编码填入下面的横线内。)

　　1. 发展学生读、写、算的能力
　　2. 取得比较好的考试成绩
　　3. 提高就业和职业技能
　　4. 取得较好的工作习惯和自律
　　5. 提高个人发展
　　6. 提高公民的道德观念
　　7. 促进社区的社会经济发展
　　8. 为了实现国家社会经济发展与繁荣富强

9. 提高学生的思考能力与创造能力

第一重要 a. _____　　第二重要 b. _____

第三重要 c. _____

F. 学校财政

> 这一部分主要是想了解一下你们学校的财政情况。

F1. 你们学校实行"一费制"了吗?

　　1. 是……→请填写 F2 中的 a.

　　2. 否……→请填写 F2 中的 b. 至 f.

F2. 这学期,你们学校各年级学生必需要交的以下各项费用是多少?请在每一栏里填上相应的数字。

必需交的学费＼年级	a. 一费制(元)	b. 学杂费(元)	c. 书本费(元)	d. 取暖费(元)	e. 班费(元)	f. 其他费用(请注明)(元)
1 小学一年级						
2 小学二年级						
3 小学三年级						
4 小学四年级						
5 小学五年级						
6 小学六年级						
7 初中一年级						
8 初中二年级						
9 初中三年级						
10 高中一年级						
11 高中二年级						
12 高中三年级						
13 中专/师范/技术学校一年级						
14 中专/师范/技术学校二年级						
15 中专/师范/技术学校三年级						

F3. 学校是否要求所有的学生都买健康保险?

　　① 是　② 否

F4. 学校是否要求所有的学生都买意外伤害保险?

① 是 ② 否

F5. 这学期,你们学校各年级学生自愿交的以下各项费用是多少?

年级＼必需交的学费	a. 健康保险	b. 意外伤害保险	c. 其他保险	d. 补课费	e. 住宿费	f. 赞助费	g. 其他
1 小学一年级							
2 小学二年级							
3 小学三年级							
4 小学四年级							
5 小学五年级							
6 小学六年级							
7 初中一年级							
8 初中二年级							

年级＼必需交的学费	a. 健康保险	b. 意外伤害保险	c. 其他保险	d. 补课费	e. 住宿费	f. 赞助费	g. 其他
9 初中三年级							
10 高中一年级							
11 高中二年级							
12 高中三年级							
13 中专/师范/技术学校一年级							
14 中专/师范/技术学校二年级							
15 中专/师范/技术学校三年级							

F6. 学校是否有学生减免必交费用?

    1. 是 ……→ a. 有多少学生只交部分费用? _____学生
           b. 有多少学生免交费用? _____学生
           c. 如果学生不交费用或者只交部分费用,那免交部分来源是:
              (1) 中央政府支持　　① 是　② 否
              (2) 地方政府支持　　① 是　② 否
              (3) 项目基金支持　　① 是　② 否
              (4) 学校经费支持　　① 是　② 否

　　　　　(5) 个人支持　　　　①是　②否
　　　　　(6) 其他(请说明_____)
　　2. 否
　F7. 学校要求学生穿校服吗？
　　　　1. 是……→ a. 一套校服一般多少钱？_____元
　　　　　　　　　　b. 一般几年要求买一次校服？_____年
　　　　2. 否
　F8. 过去三年内学校组织过学生体检吗？
　　　　1. 有……→ a. 一共几次？_____次
　　　　　　　　　　b. 其中包括：(1) 毕业考试体检
　　　　　　　　　　　　　　　　　①是　②否
　　　　　　　　　　　　　　　　(2) 统一体检
　　　　　　　　　　　　　　　　　①是　②否
　　　　　　　　　　　　　　　　(3) 其他(请注明)_____
　　　　2. 没有
　F9. 您学校如何评价教师的教学工作？
　　　　a. 校长观察教师课堂教学　　　1. 是　2. 否
　　　　b. 校长根据教师的教学态度　　1. 是　2. 否
　　　　c. 教师所教学生的考试成绩　　1. 是　2. 否
　　　　d. 根据教师上课出勤情况　　　1. 是　2. 否
　　　　e. 教师教学研究、科研成果　　1. 是　2. 否
　　　　f. 教师之间相互评价　　　　　1. 是　2. 否
　　　　g. 学生评价　　　　　　　　　1. 是　2. 否
　　　　h. 其他，请注明_____
　F10. 你们学校教师百分之多少的成绩是通过学生的考试成绩评价的？_____%
　F11. 你们学校有全校型的家长会吗？
　　　　1. 有……→　a. 这种全校型的家长会一年开几次？_____次
　　　　　　　　　　b. 这种全校型的家长会有百分之多少的学生父母参加_____%
　　　　2. 没有
　F12. 这一学期校长单独与家长面谈过几次？(包括家访)

_____次

F13. 一个学期,学校校长有多少次会跟村干部或者政府干部商量学校的事情？_____次

具体为：

a. 商量学校的经费筹集　　　　　　① 是　② 否
b. 商量学校的经费使用；　　　　　　① 是　② 否
c. 商量学校教师的聘任　　　　　　　① 是　② 否
d. 商量学生学杂费或者免交学费的学生 ① 是　② 否
e. 商量本社区义务教育的普及　　　　① 是　② 否
f. 其他(请注明,_____)

F14. 一般校长是如何决定学校大的开支？_____

1. 校长自己决定
2. 与教师商量决定
3. 和村委会商量决定
4. 与教师和村委会共同商量决定

G. 建校情况

这一部分是关于您所在学校的建校情况。

G1. 主教学楼是哪一年建的？_____年

G2. 学校主要建筑材料是什么？

a. 外面的房顶 ① 瓦 ② 水泥 ③ 牛毛毡 ④ 其他(请注明：_____)
b. 墙　① 土块 ② 砖 ③ 其他(请注明：_____)
c. 地板　① 土 ② 砖 ③ 水泥 ④ 瓷砖 ⑤ 其他(请注明：_____)

G3. 最近 5 年是否补修或者新建教学教室？

1. 是……→　a. 最近是哪一年？　　　　　_____年
　　　　　　b. 花了多少钱？　　　　　　_____元
　　　　　　c. 其中多少是政府拨款(包括政府官员摊派)？　　　　　　　　　　_____元
　　　　　　d. 其中多少是村集资？　　　_____元
　　　　　　e. 其中多少是学生自筹？　　_____元
　　　　　　f. 其中多少是教师自筹？　　_____元
　　　　　　g. 其中多少是希望工程或其他社会组织捐

助？ _____元
　　　　　h. 其中多少是学校创收？ _____元
　　　　　i. 其他（请注明，_____）
　2. 否

H. 学校收支

请标明这学期的开支和收入情况．

H1. 支出情况：

	a.水电取暖费	b.其他办公费	c.实验器材费	d.体育教材费	e.图书费	f.教师的奖金或福利	g.学生奖学金	h.学校维修费	i.其他（请注明，____）	j.总计
这学期的支出										

注：在回答 H2 到 H5 中的资金用途时，请参照下列代码：
　1. 水电取暖费　2. 其他办公费　3. 实验器材费　4. 体育教材费　5. 图书费
　6. 教师的奖金或福利　7. 学生奖学金　8. 学校维修费　9. 教师工资　10. 新建学校楼房　　11. 其他，请注明

H2. 学校有没有创收？
　1. 有……→　a. 主要经营什么创收？_____
　　　　　　　b. 这学期缴税后的利润是多少？_____元
　　　　　　　c. 学校的创收主要用于什么？（请参考上面的代码）_____
　2. 没有

H3. 政府财政除了支付教师工资以外，是否还用于其他支出？
　1 是……→　a. 这学期有多少钱用于其他支出？
　　　　　　　_____元
　　　　　　　b. 主要用于什么？（请参考上面的代码）_____
　2. 否

H4. 学校是否得到了社会捐助与集资？
　1. 是……→　a. 这学年得到了多少钱的社会捐助与集资？_____元
　　　　　　　从来源上看，其中：
　　　　　　　① 学校教师自己捐助　_____元
　　　　　　　② 希望工程　_____元
　　　　　　　③ 政府机关捐助　_____元

④ 国际组织 ＿＿＿＿＿＿元
⑤ 私人捐助 ＿＿＿＿＿＿元
⑥ 村集体捐助 ＿＿＿＿＿＿元
⑦ 其他(请注明,＿＿＿＿＿) ＿＿＿＿＿＿元
b. 这些社会捐助与集资用于什么方面？(请参考上面的代码)

2. 否

H5. 这个学校是否有其他收入来源？
    1. 有 ……→ a. 是什么来源？＿＿＿＿＿＿
                 b. 这学年得到了多少钱？＿＿＿＿＿＿元
                 c. 这些主要用于什么？(请参考上面的代码)＿＿＿＿＿＿

    2. 没有

问卷到这里结束,谢谢您接受我们的访问。

附录2　甘肃省基础教育调查：教师问卷

编码：

批准机关：甘肃省统计局
批准文号：甘统函(2004)12号
本项调查属于自愿性调查

访问员姓名：_____　　访问员编码：_____
一审姓名：_____　　审核时间：___月___日
二审姓名：_____　　审核时间：___月___日
复核员姓名：_____　　复核时间：___月__日_____
录入员姓名：_____　　录入时间：___月___日
访问日期：__年__月__日
开始时间：___时___分　　结束时间：_____时___分

访问开始

> 在这份问卷里，我们将问一些有关你当老师基本情况的问题。这些问题的回答是严格保密的。如果有些问题不知道确切的答案，你可以查一查有关的记录。如果没有记录可查，请尽你所知估计一个答案。对每一个问题，如果有几个答案供你选择，请选一个答案，并在你选的答案序号上画圈。在回答的过程中，如果你有任何问题，请随时告诉我们。现在你有什么问题要问吗？同时也非常感谢您的参与！

附录2　甘肃省基础教育调查：教师问卷

A. 基本信息

A1. 县　　_____　　县编码：□□
A2. 乡/镇　_____　　乡编码：□□
A3. 村　　_____　　村编码：□□
A4. （注意：编码为00）　　编码：□□
A5. 学校　_____　　学校编码：□□□□□□
A5. 老师姓名　_____　　老师编码：□□□

B. 个人基本情况

下面这些问题是关于您个人的一些基本情况。

B1. 您是否参加了2000年甘肃基础教育第一轮的调查？
　　1. 是　　2. 否

B2. 您生于哪一年？_____年

B3. 您的出生地是：
　　1. 本村　　　　　　　4. 本省，其他县
　　2. 本乡，其他村　　　5. 其他省份
　　3. 本县，其他乡

B4. 您的性别是：　　1. 男　2. 女

B5. 您的民族是：_____族

B6. 您的婚姻状况是：
　　1. 未婚　2. 已婚（初婚，再婚）　3. 离异　4. 丧偶

B7. 您现在任教的学校是：
　　1. 教学点　　2. 村小　　3. 中心小学　　4. 初中
　　5. 高中　　　6. 中专　　7. 其他

B8. 您现在的最高学历是：
　　1. 小学　　2. 初中　　3. 高中　　4. 中专
　　5. 大专　　6. 本科　　7. 研究生　　8. 其他

B9. 您初任职时的最高学历是：
　　1. 小学　　2. 初中　　3. 高中　　4. 中专
　　5. 大专　　6. 本科　　7. 研究生　　8. 其他

B10. 你现在的最高学历是哪年取得的？_____年

B11. 您现在的教师资格是？
　　1. 没有任何教师资格证

2. 初级中学教师资格证

3. 小学教师资格证

4. 高级中学(包括职业高中)教师资格证

B12. 您执教以来获得过的最高荣誉(如优秀教师、先进工作者、骨干教师、学科带头人等)是什么?

1. 无　　2. 校级　　3. 乡级　　4. 县级

5. 地市级　　6. 省级　　7. 国家级

B13. 您平时是否兼务农?　　1. 是　　2. 否

B14. 您寒暑假是否从事兼职工作?

1. 是……→　a. 请说明工作类型(＿＿＿＿＿＿＿)

2. 否

B15. 您这个学期是否缺过课?

1. 是……→　a. 一共缺了几节课? ＿＿＿＿＿＿节

　　　　　　b. 缺课的主要原因是:

　　　　　　① 生病　② 学校的事情　③ 自己的事情　④ 其他原因(请注明,＿＿＿＿＿)

2. 否

B16. 下面是对您过去四年的年终工作考核的一个基本了解,请尽量回忆解答,如果记忆不是很清楚,请尽量估计一个答案。(请在相应数字划圈,1 表示优秀;2 表示良好;3 表示考核合格;4 表示考核不合格;5 表示没有考核过。)

	优秀	良好	考核合格	考核不合格	没有考核过
a. 2000 年	1	2	3	4	5
b. 2001 年	1	2	3	4	5
c. 2002 年	1	2	3	4	5
d. 2003 年	1	2	3	4	5

B17. 您现在的职称是什么?

1. 见习期　　　　5. 中教三级

2. 小教二级　　　6. 中教二级

3. 小教一级　　　7. 中教一级

4. 小教高级　　　8. 中教高级

C. 收入

> 这一部分的问题主要是关于您和您全家的收入情况。

C1. 您作为老师的收入情况如何?

	a. 基本工资	b. 奖金	c. 福利	d. 补贴	e. 其他	f. 总工资
1. 现在(元/每月)						
2. 初任职(元/每月)						

C2. 2003年9月至2004年6月期间,您的工资能够按时发吗?
  1. 一直按时   2. 经常按时
  3. 有时按时   4. 从不按时

C3. 到现在为止,是否还有被拖欠的工资?
  1. 是 ……→ a. 共拖欠工资多少元? _____ 元
  2. 否

C4. 您平均每周花多少时间从事兼职工作,例如务农,做个体买卖,或其他赚钱的事情? _____ 小时

C5. 您现在每月的兼职总收入是多少? _____ 元

D. 学校工作经历

> 下面的几个问题是有关您在学校的工作经历情况。

D1. 您是: 1. 公办教师   2. 民办教师
    3. 代课教师   4. 其他,请注明_____.

D2. 您是哪一年开始任教的? _____ 年

D3. 您的教龄是多少年?   _____ 年

D4. 您在这所学校多长时间了? _____ 年

D5. 您现在的主教科目是什么?(请只选一项)
  1. 语文 2. 数学 3. 英语 4. 化学
  5. 物理 6. 音乐 7. 美术 8. 自然
  9. 生物 10. 计算机 11. 体育 12. 其他

D6. 您有兼教科目吗?
  1. 有 ……→ a. 兼教科目是:(可多选)
      ① 语文 ② 数学 ③ 英语 ④ 化学
      ⑤ 物理 ⑥ 音乐 ⑦ 美术 ⑧ 自然
      ⑨ 生物 ⑩ 计算机 ⑪ 体育 ⑫ 其他
  2. 否

D7. 上个学期您是否用自己的钱买过教学用品,如粉笔、铅笔、纸张等？

　　1. 是……→　a. 花了多少钱？＿＿＿＿＿元

　　2. 否

D8. 您任职以来是否接参加过在职提高学历的学习？

　　1. 是　　　　　　　2. 否（跳至 D10）

D9. 下表想了解您在学历提高方面的情况。如果对应项目符合您的情况,请在对应单元格内填写相应数字。注：如果第一列为否,请跳至下一行。

	a. 是否上过下列学校 1. 是 2. 否 （转下行）	b. 学习方式 1. 自考 2. 函授 3. 夜校 4. 统考 5. 成人高考 6. 其他	c. 你会获得什么学历？ 1. 无 2. 中专 3. 大专 4. 本科 5. 研究生 6. 其他	d. 你(会)是哪一年获得的？	e. 其经费来源为 1. 全自费 2. 部分自费 3. 全公费
1. 中等专科师范学校					
2. 其他中专学校					
3. 高等专科师范学校					
4. 师范大学					
5. 电视大学					
6. 其他大学					
7. 教育学院					
8. 其他学校（请注明＿＿＿＿）					

D10. 您的周课时是：＿＿＿＿＿节/每周

D11. 在正常情况下,您平均每星期花多少时间在下列教学工作上？

	小时
a. 批改作业	
b. 备课(不包括批作业)	
c. 参加教研组的活动	
d. 对学生进行课外辅导	
e. 组织学生课外活动	

续表

	小时
f. 参加政治学习和校内业务学习	
g. 家访	
h. 课外时间对学生做思想工作	

D12. 您现在教几年级?（可多选）

    1. 学前班

    2. 一年级

    3. 二年级

    4. 三年级

    5. 四年级

    6. 五年级

    7. 六年级

    8. 初一

    9. 初二

    10. 初三

    11. 高一

    12. 高二

    13. 高三

    a. _____   b. _____   c. _____   d. _____

    e. _____   f. _____

E. 学校的基本情况

这一部分的问题主要是关于您学校的基本情况。

E1. 以下9个教育目标中,你认为哪一个是最重要的、第二重要的和第三重要的。

    1. 发展学生读、写、算的能力

    2. 取得比较好的考试成绩

    3. 提高就业和职业技能

    4. 取得较好的工作习惯和自律

    5. 提高个人发展

    6. 提高公民的道德观念

    7. 促进社区的社会经济发展

8. 为了实现国家社会经济发展与繁荣富强
9. 提高学生的思考能力与创造能力

a. 第一重要_____ b. 第二重要_____ c. 第三重要_____

E2. 2003年6月至2004年6月期间,您参加下列专业发展活动的程度如何?(请在相应数字划圈,1表示每周一次;2表示每月一次;3表示一学期一两次;4表示一次;5表示没有。)

	每周一次	每月一次	一学期一/两次	一次	没有
a. 讲评课	1	2	3	4	5
b. 本校或者其他学校的观摩课	1	2	3	4	5
c. 在教师进修学校的短期培训活动	1	2	3	4	5
d. 教育项目专家进行的短期培训	1	2	3	4	5
e. 学区组织的教研活动(不包括观摩课)	1	2	3	4	5
f. 在其他学校的教研活动	1	2	3	4	5
g. 在自己学校的教研活动(包括教研组)	1	2	3	4	5
h. 学校教务处组织的学习活动	1	2	3	4	5
i. 其他,(请注明_____)	1	2	3	4	5

E3. 根据您的经验,教师在职培训应侧重于?(只选一项)

1. 教育理论 2. 教学方法 3. 学科专业知识 4. 其他(请注明_____)

E4. 根据下列所描述的,请选出您对每一题的看法。(请在相应数字划圈,1表示非常不同意;2表示不同意;3表示不确定;4表示同意;5表示非常同意。)

	非常不同意	不同意	不确定	同意	非常同意
a. 我选择教师职业是因为我喜欢和学生们在一起	1	2	3	4	5
b 我选择教师职业是因为我认为教育对于中国的发展很重要	1	2	3	4	5
c. 我从小想做一名教师	1	2	3	4	5

	非常不同意	不同意	不确定	同意	非常同意
d. 我选择当教师是因为师范院校学费底	1	2	3	4	5
e. 我当教师是因为我的考试成绩不够上其他学校,所以我上了师范院校	1	2	3	4	5
f. 我当教师是因为教师工作稳定	1	2	3	4	5
g. 我当教师是因为教师在当地受尊重,有一定的社会地位	1	2	3	4	5
h. 我当教师是因为教师好当	1	2	3	4	5

E5. 从下列的因素中请对您选择了教师职业的第一,第二,第三个重要原因进行排序。

1. 我喜欢和学生们在一起
2. 我认为教育对于中国的发展很重要。
3. 我从小想做一名教师。
4. 我选择当老师是因为师范院校学费底。
5. 我的考试成绩不够上其他学校,所以我上了师范院校。
6. 教师工作稳定
7. 教师在当地受尊重,有一定的社会地位。
8. 教师好当

a. 第一重要 _____ b. 第二重要 _____ c. 第三重要 _____。

E6. 下面是您对自己职业和学校的一些看法与陈述,请根据自己相应的情况回答。(请在相应数字划圈,1 表示完全不同意;2 表示不同意;3 表示同意;4 表示完全同意。)

	完全不同意	不同意	同意	完全同意
a. 我想换职业	1	2	3	4
b. 我想换所学校工作	1	2	3	4
c. 我安心于教师这份工作	1	2	3	4
d. 我感到工作压力很大	1	2	3	4

续表

	完全不同意	不同意	同意	完全同意
e. 上级领导鼓励我们尝试新的教学方式与模式	1	2	3	4
f. 我的教学班级规模合理	1	2	3	4
g. 我认为师生之间应该保持一段距离	1	2	3	4
h. 我的学生反应积极	1	2	3	4
i. 学校有充足的教学材料与仪器	1	2	3	4
j. 学校有充足的教学参考资料	1	2	3	4
k. 当我需要帮助的时候很容易得到建议与咨询	1	2	3	4
l. 我有很多机会与其他教师进行教学交流	1	2	3	4
m. 教研组组织的活动很有价值	1	2	3	4
n. 我与学校其他同事的关系很好	1	2	3	4
o. 我所在学校教师的干劲很足	1	2	3	4
p. 我对我的工资表示满意	1	2	3	4
q. 除了工资以外,我的工作福利好	1	2	3	4
r. 当地教育机关的教师调动制度合理	1	2	3	4
s. 学校教师职称的评定合理	1	2	3	4
t. 学校优秀教师的评选合理	1	2	3	4
u. 学校的年终考核合理、公平	1	2	3	4
v. 我根据学生的能力进行备课	1	2	3	4
w. 我努力让教学内容联系到学生的兴趣与经历	1	2	3	4
x. 我的教学自主性很大	1	2	3	4
y. 好学生一教就会,学困生再教也没用	1	2	3	4
z. 我所教学生的家长很支持学校的工作	1	2	3	4
aa. 我所在的社区尊重教师	1	2	3	4
bb. 我设计各种活动满足不同学生的需要	1	2	3	4

E7. 我参与过教学研究

    1. 是   2. 否

E8. 我发表过教学文章

    1. 是   2. 否

E9. 我参加过国家、或者省、或者地区教学研讨会议

    1. 是   2. 否

F. 上学期所教的学生

> 下面的问题是关于您上学期所教的课。

F1. 您认为在您所教的学生中,百分之多少有足够的学习能力通过高中入学考试? _____%

F2. 您认为在您所教的学生中,百分之多少有足够的学习能力通过大学入学考试? _____%

F3. 您认为在您所教的学生中,百分之多少会上高中? _____%

F4. 您认为在您所教的学生中,百分之多少会上大学? _____%

F5. 一般情况下,校内每个月大约发生多少次下列学生事件?(一个月大概几次)

    a. 迟到早退_____次

    b. 旷课_____次

    c. 学生打架_____次

    d. 学生吵架_____次

    e. 学生丢失东西_____次

    f. 考试作弊_____次

    g. 辱骂教师或员工_____次

    h. 对老师粗暴无理_____次

    i. 学生在捣乱_____次

    j. 有学生欺负恫吓另外的学生_____次

    k. 偷窃_____次

F6. 当您读下面的每个句子时,您认为哪一个对孩子未来的发展是最重要的、第二重要的、第三重要的?

    1. 有受过良好教育的父母

    2. 努力学习

3. 父母当干部
4. 家里有钱
5. 父母经常和老师联系
6. 生活在关系融洽的社区

  a. 第一重要_____ b. 第二重要_____
  c. 第三重要_____.

G. 课程与教学

下面的问题是关于您对课程及课程改革的态度。

G1. 您通常备课是：
  1. 自己一个人备课 2. 与其他老师集体备课

G2. 当学生的意见与您的不一致时，您通常会：
  a. 按课程设计走 ① 是 ② 否
  b. 就不同意见进行讨论 ① 是 ② 否

G3. 你使用不使用下列教学技术？（请在相应数字划圈，1 从不；2 表示有时候；3 表示经常。）

	从不	有时候	经常
a. 强化练习	1	2	3
b. 给学生提开放式问题	1	2	3
c. 课堂讨论	1	2	3
d. 小组活动	1	2	3
e. 老师让学生集体回答	1	2	3
f. 老师让学生单独回答	1	2	3
g. 讲授	1	2	3
h. 死记硬背	1	2	3
i. 研究性学习	1	2	3
j. 要求学生在教材中查找问题的答案	1	2	3
k. 要求学生参加理论联系实践的活动	1	2	3

G4. 您学校对新课程教育改革的实施程度如何？（只选一项）
  1. 我们还没有关注到 2. 我们已经关注到了改革，
              但还没有进行

3. 我们正在进行一些改革　4. 我们正在进行全面改革

G5. 在你所教的课程中,你是否正在进行新课程要求下的教学方法的改变?

　　1. 是　　　　　2. 否

G6. 按照新课程改革的要求,您是否对学生的评价方式发生变化?

　　1. 有变化　　2. 有变化,但变化不大　　3. 无变化

G7. 您对新课程改革的看法如何?(请在相应数字划圈,1表示完全不同意;2表示不同意;3表示同意;4表示完全同意;5表示不知道。)

	完全不同意	不同意	同意	完全同意	不知道
a. 新课程教育理念反映了我的教育观念	1	2	3	4	5
b. 新课程的教学方法符合我的教学风格	1	2	3	4	5
c. 新课程让学生对学习活动更感兴趣	1	2	3	4	5
d. 新课程让学生参与更多有意义的学习活动	1	2	3	4	5
e. 我在学校会议上提出对实施新课程的疑虑	1	2	3	4	5
f. 平等轻松的学习气氛会不利于学生的学习进步	1	2	3	4	5
g. 新课程倡导的学习方法对学生会产生负面影响	1	2	3	4	5
h. 本校学生家长不支持新课程改革	1	2	3	4	5
i. 新课程否定了我以前用的教育方法	1	2	3	4	5
j. 本校中大部分教师都支持新课程	1	2	3	4	5

G8. 下列所描述的是有关新课程在实施中的一些困难,请选出您认为最重要的、第二重要的、第三重要的看法,然后

依次排序。

1. 一个班级人数太多
2. 师生都有一个适应期
3. 教学资源不充足
4. 家长不支持
5. 对学生的成绩方面有压力

a. 第一重要_____ b. 第二重要_____
c. 第三重要_____。

G9. 您所知道的有关新课程的信息的最主要的来源是：（只选一项）

1. 教学期刊
2. 教学参考书
3. 学校组织的教研活动
4. 短期有关课程教学改革的短期培训
5. 其他，请注明_____。

H. 您的吸烟情况

下面的问题是关于您的抽烟情况。

H1. 从您开始抽烟到现在，您抽烟超过 50 支吗？
 1. 是（继续）   2. 否（跳至 I 部分）

H2. 您在多少岁的时候第一次抽烟？_____岁

H3. 在过去的一周内，您抽烟了吗？
 1. 是   2. 否（跳至 H5）

H4. 您平均每天抽多少支烟？_____支

H5. 您戒烟了吗？
 1. 是   2. 否（跳至 I 部分）

H6. 您多少岁戒烟？_____岁

I. 学校管理和校园文化

下面的问题是关于您的学校的管理实践和校园文化

下列问题提供给您一个观察校长活动的机会，题目本身没有对错之分。请您根据自己的实际情况来回答。我们对您的回答是绝对保密的，选择的结果仅用于研究。请认真读下列选项，最好在您的第一感觉之下做出选择。如果您有改动，请把已经选好的选项擦掉。

I1. 我们学校的校长。(请在相应数字划圈,1 表示完全不同意;2 表示不同意;3 表示不确定;4 表示完全同意;5 表示不知道。)

	完全不同意	不同意	同意	完全同意	不知道
a. 为学校搞捐资活动	1	2	3	4	5
b. 对学生要求很严	1	2	3	4	5
c. 鼓励教师运用不同的教学策略	1	2	3	4	5
d. 对我的期望高	1	2	3	4	5
e. 没有听过我的课	1	2	3	4	5
f. 让我参与学校管理的决策	1	2	3	4	5
g. 在纪律管理方面做的不是很好	1	2	3	4	5
h. 很难接受新的观念	1	2	3	4	5
i. 没与家长多交流	1	2	3	4	5
j. 对我很尊重	1	2	3	4	5
k. 强调教师之间的合作	1	2	3	4	5
l. 给我提供自我发展的机会	1	2	3	4	5
m. 合理利用资源	1	2	3	4	5
n. 得到家长的支持	1	2	3	4	5
o. 定期召开教职工大会	1	2	3	4	5
p. 没有观察我的教学就给我下结论	1	2	3	4	5
q. 用奖惩手段来影响我的教学	1	2	3	4	5
r. 没有给新分来的教师提供指导	1	2	3	4	5
s. 努力改善学校环境和加强校风建设	1	2	3	4	5
t. 重视学校和社区的合作与联系	1	2	3	4	5
u. 是很好的教学咨询对象	1	2	3	4	5
v. 与所有的员工进行交流,使他们意识到自己对学校的重要性	1	2	3	4	5
w. 校长能很好地组织教师一起工作	1	2	3	4	5

问卷到这里结束,谢谢您接受我们的访问。

附录3 甘肃省基础教育调查：孩子问卷

编码：

批准机关：甘肃省统计局
批准文号：甘统函(2004)12号
本项调查属于自愿性调查

访问员姓名：_____　　访问员编码：_____
一审姓名：_____　　审核时间：____月____日
二审姓名：_____　　审核时间：____月____日
复核员姓名：_____　　复核时间：____月__日_____
录入员姓名：_____　　录入时间：____月____日
访问日期：__年__月__日
开始时间：____时____分　　结束时间：_____时____分
　　　　　　　　访问开始

　　在这份问卷里，我们将问一些有关你的基本情况的问题。这些问题的回答是严格保密的。如果有些问题不知道确切的答案，你可以查一查有关的记录。如果没有记录可查，请尽你所知估计一个答案。对每一个问题，如果有几个答案供你选择，请选一个答案，并在你选的答案序号上画圈。在回答的过程中，如果你有任何问题，请随时告诉我们，现在你有什么问题要问吗。

A. 基本信息

A1. 县 _____ 县编码：☐☐
A2. 乡/镇 _____ 乡编码：☐☐
A3. 村 _____ 村编码：☐☐
A4. 孩子姓名 _____ 家庭编码：☐☐☐ 孩子编码
A5. 抽样孩子的班主任姓名 _____ 老师编码：☐☐☐
A6. 抽样孩子的学校 _____ 学校编码：☐☐☐☐☐☐☐
A7. 抽样孩子弟弟妹妹的班主任姓名 _____ 老师编码：☐☐☐
A8. 抽样孩子弟弟妹妹的学校 _____ 学校编码：☐☐☐☐☐☐☐

B. 学业状况和学习情况

B1. 你现在几岁？_____岁

B2. 你上学的情况怎样？

　　1. 现在是学生………【跳至 B5】
　　2. 曾经上过学，现在没有……【继续 B3】
　　3. 从未上过学……【跳至 C1】

B3. 下列因素哪些是你停学的原因？

	是	不是
a. 学校离家太远，上学不方便	1	2
b. 学校教学质量不好	1	2
c. 学习成绩太差	1	2
d. 家里付不起学费	1	2
e. 花那么多学费不值得	1	2
f. 家里缺乏人手，需要帮家里干活	1	2
g. 自己不愿上学	1	2

h. 违反学校纪律　　　　　　　　　　1　　　　2
i. 身体健康问题　　　　　　　　　　1　　　　2
j. 其他原因(请注明：_____)

B4. 请指明以上停学的原因中,什么原因最重要_____【请使用 B3 答案中的代码】

B5. 你是不是少先队员或共青团员？
　　1. 是　　　　2. 不是

> 下面的问题是关于你上学期间的一些情况。如果你现在上学,请你以现在的学校作答。如果你现在没有上学,请你以你最后上的学校作答。

B6. 在上学期间,与同学比较,你的语文成绩处于什么水平？
　　1. 很不好　　　2. 中下　　　3. 中等
　　4. 中上　　　　5. 很好

B7. 在上学期间,与同学比较,你的数学成绩处于什么水平？
　　1. 很不好　　　2. 中下　　　3. 中等
　　4. 中上　　　　5. 很好

B8. 在上学期间,你的家庭作业都能完成吗？
　　1. 很少完成过　　2. 一半完成了　　3. 全部都完成了

B9. 在上学期间,你上课的情况如何？
　　1. 经常不去上课　　2. 有一半时间在校上课
　　3. 几乎所有的时间都去学校上课

B10. 在上学期间,你有没有在课堂上干扰别人的时候？
　　1. 很少　　　　2. 有一些时候　　　3. 经常

B11. 在上学期间,你学习数学努力吗？
　　1. 很少努力　　2. 有时努力　　　3. 总是很努力

B12. 在上学期间,你学习语文努力吗？
　　1. 很少努力　　2. 有时努力　　　3. 总是很努力

B13. 在上学期间,你有没有违反过学校纪律？
　　1. 有……【继续 B14】　　　2. 没有……【跳至 C1】

B14. 在上学期间,你有没有因为违反学校纪律受到过下列处罚？

	有	没有
a. 请家长到学校	1	2
b. 上课时站在教室后面	1	2
c. 不允许参加集体活动	1	2
d. 被罚多写作业	1	2
e. 被老师打	1	2

C. 时间分配

下面的问题是关于你分配时间的一些情况。

C1. 现在请你回忆你昨天的时间安排。如果昨天是周末,请按上个星期五回答。请划出你在下列时间段内主要做的事情,每时间段内只勾出最主要的一件事情。

		上课	做家庭作业/学习	做家务(包括照顾弟妹)	干农活	干活挣钱(做买卖,打工等)	与朋友玩	看电视	睡觉	吃饭	其他(请注明)
		1	2	3	4	5	6	7	8	9	10
上午	a. 6到7点										
	b. 7到8点										
	c. 8到9点										
	d. 9到10点										
	e. 10到11点										
	f. 11到12点										
中午	g. 12到1点										
	h. 1到2点										

续表

		上课	做家庭作业/学习	做家务(包括照顾弟妹)	干农活	干活挣钱(做买卖,打工等等)	与朋友玩	看电视	睡觉	吃饭	其他(请注明)
		1	2	3	4	5	6	7	8	9	10
下午	i. 2到3点										
	j. 3到4点										
	k. 4到5点										
	l. 5到6点										
晚上	m. 6到7点										
	n. 7到8点										
	o. 8到9点										
	p. 9点以后										

【参照 B2 的回答,如果现在是学生 或曾经是学生但现在不是,继续 C2,如果从未上过跳至 F 部分】

C2. 上个学期(或在上学期间),你有没有参加校外数学辅导班,或数学兴趣小组,或接受数学个别辅导?

    1. 有……【继续 a】   2. 没有……【跳至 C3】

    a. 每星期平均多少小时?   _____小时

C3. 上个学期(或在上学期间),你有没有参加校外语文辅导班,或语文兴趣小组,或接受语文个别辅导?

    1. 有……【继续 a】   2. 没有……【跳至 C4】

    a. 每星期多少小时?   _____小时

C4. 上个星期,你读过几本课外书籍或杂志?   _____本

C5. 你平均一周玩多少小时的电脑游戏或游戏机？_____小时

D. 对学校/教育的看法

> 下面的问题是关于你上学期间对学校或教育的看法。如果你现在上学，请你以现在的学校作答。如果你现在没有上学，请你以最后上的学校作答。

D1. 你念书想念到哪一级？

1. 小学　　2. 初中　　3. 高中　　4. 中专
5. 大专　　6. 大学或更高

D2. 对于下列的每一项说法，请回答你是完全不同意，不同意，同意，还是完全同意。

	完全不同意	不同意	同意	完全同意
a. 只要努力学习，老师就表扬我	1	2	3	4
b. 老师在课堂上常常注意我	1	2	3	4
c. 大部分老师愿意听我讲话	1	2	3	4
d. 我们学校教学质量很好	1	2	3	4
e. 我们学校老师对学生很关心	1	2	3	4
f. 我们学校老师公平对待学生	1	2	3	4
g. 上学对我的将来很重要	1	2	3	4
h. 我们相信我们能学好功课	1	2	3	4
i. 老师总是给我们布置大量家庭作业	1	2	3	4
j. 我们在课堂上通常是很活跃地讨论问题	1	2	3	4
k. 在课堂上通常是老师讲我们听	1	2	3	4
l. 学校的大部分功课对我来说都很简单	1	2	3	4
m. 在课堂上老师经常鼓励我们提问	1	2	3	4

n. 只要下工夫我就能学好功课	1	2	3	4
o. 我在学校很快乐	1	2	3	4
p. 很多时候,我不想去上学	1	2	3	4
q. 在学校里,我喜欢参加集体活动	1	2	3	4
r. 我在学校经常感到没劲	1	2	3	4
s. 我在学校经常感到孤独	1	2	3	4
t. 我喜欢在学校学新东西	1	2	3	4
u. 老师喜欢我	1	2	3	4

E. 学校环境

在上学期间,下面这些事情在你的学校有没有发生过?如果你现在上学,请你以现在的学校作答。如果你现在没有上学,请你以你最后上的学校作答。

E1. 在上学期间,下面这些事情你学校有发生吗?

	从来没有	有时候有	经常有
a. 老师缺课	1	2	3
b. 学校停课	1	2	3
c. 学生给老师提意见	1	2	3
d. 学生违反校规	1	2	3
e. 学生考试时翻书或偷看别人的答案	1	2	3
f. 学生抄别人的作业	1	2	3
g. 有同学在课堂上捣乱	1	2	3
h. 有同学打架	1	2	3
i. 有些同学欺负其他同学	1	2	3
j. 你的东西被偷过	1	2	3
k. 有同学的东西被偷过	1	2	3
l. 有同学打过你	1	2	3
m. 你有同学挨过打	1	2	3

n. 你逃过课	1	2	3
o. 你有同学逃过课	1	2	3

E2. 你居住情况？
　　1. 住校　　2. 平时住校周末回家　　3. 住自己家
　　4. 住别人家

E3. 这学期或最后一年在校时，你在学校买饭吃吗？
　　1. 是……【继续 E4】　　　　2. 否……【跳至 E5】

E4. 学校供应哪些餐？

	是	否
a. 早餐	1	2
b. 中餐	1	2
c. 晚餐	1	2
d. 课间加餐	1	2

E5. 这个学期，你在教室里的座位是固定的还是轮流的？
　　1. 固定　　　　2. 轮流【跳至 E7】

E6. 你坐在教室的什么位置？
　　1. 前面几排　　2. 中间几排　　3. 后面几排

E7. 老师安排你的座位时是否考虑到你的视力？
　　1. 是　　　　2. 否

E8. 你上课的教室是否有电灯？
　　1. 是……【继续 E9】　　2. 否……【跳至 F1】

E9. 上课的时候，教室里电灯的使用情况如何？
　　1. 从来不开灯　　2. 有时开灯　　3. 总开灯

F. 健康状况和行为

> 下面我们问一些关于你身体健康的问题。

F1. 比起其他同龄人，你觉得你的身体健康怎么样？
　　1. 非常不好　　2. 不好　　3. 一般
　　4. 好　　　　　5. 非常好

F2. 去年六月以来出现过下列问题？

	是	否
a. 呼吸困难（气短，胸闷等等）	1	2
b. 极度疲乏，昏倒，或感到虚弱	1	2
c. 发烧	1	2

d. 头疼	1	2
e. 腹泻	1	2
f. 长期咳嗽	1	2

【参照 B2 的回答,如果从未上过学,请跳至 F4】

F3. 去年六月以来,你是否因为身体健康问题而影响到以下这些与学业相关的事情?

	是	否
a. 耽误了上课	1	2
b. 无法集中精力学习	1	2
c. 无法完成作业	1	2
d. 无法在考试中取得好成绩	1	2

F4. 去年六月以来,你有没有因生病或身体不舒服而引起睡眠问题?

  1. 有一点 2. 经常有 3. 没有

F5. 你是否每天都能吃饱早饭?

  1. 是 2. 否

F6. 你是否每天都能吃饱午饭?

  1. 是 2. 否

【参照 B2 的回答,如果从未上过学,请跳至 F8】

F7. 你在上课时有过饿得难以集中注意力的时候吗?

  1. 经常有 2. 有时有 3. 从来没有

下面是一些关于你视力的问题

F8. 你戴眼镜吗?

  1. 是………【继续 F9】 2. 否……【如果现在上学或曾经上过学,跳至 F12;如果从未上过学,请跳至 F16】

F9. 你几岁开始戴眼镜?＿＿＿＿岁

F10. 你现在的眼镜是:

  a. 哪一年买的?＿＿＿＿年

  b. 多少钱?＿＿＿＿元

F11. 你损坏或丢失过几次眼镜?＿＿＿＿次

【参照 B2 的回答,如果现在上学或曾经上过学,继续 F12;如果从未上过学,请跳至 F16】

F12. 你是否有时候因为视力上的问题而看不清黑板(如果戴眼镜,请按戴眼镜时的情况回答)?

1. 是　　　　　　　　2. 否
F13. 你是否有时候因为视力上的问题而造成做功课的困难（如果戴眼镜，请按戴眼镜时的情形回答）？
　　　1. 是　　　　　　　　2. 否
F14. 在家学习和看书时你家的光线如何？
　　　1. 非常不好　2. 不好　3. 一般　4. 好　5. 非常好
F15. 在家学习或看书时，你是否因为光线太暗而感到眼睛疼痛？
　　　1. 是　　　　　　　　2. 否

下面是一些关于抽烟的问题
F16. 你认识的好朋友中有多少人抽烟？
　　　1. 一个都没有　　　2. 几个　　　　3. 很多
F17. 你兄弟姐妹中有抽烟的吗？
　　　1. 有　　　　　　　　2. 没有
F18. 你是否曾经抽过烟，包括试过一两口？
　　　1. 是…【继续 F19】　　2. 否…【跳至 F23】
F19. 你第一次抽烟时几岁？　　　　岁
F20. 请估计你总共抽过多少支烟？
　　　1. 少于 5 支　　　　　2. 多于 5 支但少于 1 包
　　　3. 超过 1 包但少于 5 包　4. 超过 5 包
F21. 在过去一个月里，你平均每天抽多少支烟？　　　　支
F22. 你是否在以下地方抽烟，如果已戒烟，按抽烟时的情况回答

	是	否
a. 在家抽烟	1	2
b. 在学校抽烟	1	2
c. 在上班地点抽烟	1	2
d. 在朋友家抽烟	1	2
e. 在社交场合抽烟	1	2
f. 在公共场所（例如，停车场，商场，街角，等等）抽烟	1	2

F23. 你家里是否有人对你提到过抽烟的害处？
　　　1. 是　　　　　　2. 否

【参照 B2 的回答，如果现在上学或曾经上过学，继续 F24，如果从未上过学，请跳至 G 部分】
F24. 在学校，是否有课程涉及抽烟的害处？
　　　1. 是　　　2. 否　　　　3. 不知道

G. 描述自己的生活

> 下列语句是对生活的一般性描述。请你仔细阅读,对于每一个说法,请选择你是完全不同意,不同意,同意,还是完全同意?你的选择无对错之分,所以不要在某一个问题上花太多的时间。在回答问题时,不要只想到某一天的情况,要想到平常生活的情况。

G1. 下面是一些你在日常生活中的表现的说法。对于每一个说法,请选择你是完全不同意,不同意,同意,还是完全同意。

	完全不同意	不同意	同意	完全同意
a. 我经常与人吵架	1	2	3	4
b. 我经常对别人发脾气	1	2	3	4
c. 我不愿让别人知道自己的事情	1	2	3	4
d. 我喜欢夸口,说大话	1	2	3	4
e. 我在做事情时不能集中注意力	1	2	3	4
f. 我的头脑里经常有些各种各样的想法出现	1	2	3	4
g. 我很容易脸红	1	2	3	4
h. 没有大人在,我什么事也做不好	1	2	3	4
i. 我爱在别人面前显示自己的优点	1	2	3	4
j. 我不爱理别人	1	2	3	4
k. 我很害羞	1	2	3	4
l. 我有时候偷家里或别人的东西	1	2	3	4
m. 我总是想引起别人注意	1	2	3	4
n. 有时候我故意损坏东西	1	2	3	4

	1	2	3	4
o. 我不服从学校的规定	完全不同意	不同意	同意	完全同意
p. 我的同伴或同学常嘲笑我	1	2	3	4
q. 即使做了不该做的事情,我也不会感到心里难过	1	2	3	4
r. 看见别人比我好我心里就不高兴	1	2	3	4
s. 很多时候即使知道自己不对,我也不愿意听别人的意见	1	2	3	4

G2. 请继续下面的选择:

	完全不同意	不同意	同意	完全同意
a. 有时我的心情会突然改变.本来很高兴,但不知什么原因忽然又高兴不起来了	1	2	3	4
b. 我觉得自己不如别人	1	2	3	4
c. 我做事情很冲动,不多加思考	1	2	3	4
d. 我经常怀疑别人	1	2	3	4
e. 我经常骂人,说脏话	1	2	3	4
f. 我常自己一个人坐着,而不愿与别人在一起	1	2	3	4
g. 我常常嘲笑别人	1	2	3	4
h. 我有时说谎话	1	2	3	4
i. 我常常感到心里有事,因此坐立不安	1	2	3	4
j. 我常常觉得很疲倦	1	2	3	4
k. 与同学或同伴在一起时.我不常讲话,多数时间是听他们说话	1	2	3	4

l. 我很容易发脾气	1	2	3	4
m. 我很固执，听不进别人的意见	1	2	3	4
n. 我有时候威胁，甚至做过伤害别人的事	1	2	3	4
o. 好像生活中总有让自己担心的事情	1	2	3	4

G3. 请继续下面的选择：

	完全不同意	不同意	同意	完全同意
a. 至少有一个大人可以听我讲我的问题	1	2	3	4
b. 我容易交朋友	1	2	3	4
c. 我不相信大人	1	2	3	4
d. 我为能维护自己的信念而自豪	1	2	3	4
e. 如果我不喜欢某人的某些方面，我会尽量委婉得表达以免对方受到伤害	1	2	3	4
f. 我感觉不好的时候多于感觉好的时候	1	2	3	4
g. 当我不小心伤害或得罪人时，我会道歉	1	2	3	4
h. 我会碰到更多好事而不是坏事	1	2	3	4
i. 当我有许多事情要去想和做时，我会一点点来，一件一件得完成	1	2	3	4
j. 我不喜欢跟朋友一起	1	2	3	4

	1	2	3	4
k. 有一些我尊敬和崇拜的成年人	1	2	3	4
	完全不同意	不同意	同意	完全同意
l. 我尽量从不同的角度看问题和理解问题	1	2	3	4
m. 我不喜欢帮助别人	1	2	3	4
n. 即使小事也让我沮丧	1	2	3	4
o. 跟朋友在一起我觉得有意思	1	2	3	4
p. 大人们通常不理我	1	2	3	4
q. 大多数时候我一起来就觉得这一天不会过得好	1	2	3	4
r. 如果我处理什么事情的方法不对，我会尽量想别的办法解决	1	2	3	4
s. 我和其他人一样重要	1	2	3	4
t. 我没有信得过的朋友	1	2	3	4
u. 即使有不好的事情，我仍能看到自己和自己生活中好的一面	1	2	3	4
v. 我觉得生活中多数事情都无聊	1	2	3	4
w. 我不断犯同样的错误	1	2	3	4
x. 我并不格外尊敬权威人士	1	2	3	4
y. 我对自己生活中的选择感到满意	1	2	3	4
z. 我认为我的将来会越来越差	1	2	3	4

G4. 请继续下面的选择：

	完全不同意	不同意	同意	完全同意
a. 我很多事情做得不错	1	2	3	4
b. 我做事没有耐心	1	2	3	4
c. 我不考虑后果就会作出决定	1	2	3	4
d. 即使情况很糟糕，我也能保持镇静	1	2	3	4
e. 我坚持自己想做的事，对其他并不关心	1	2	3	4
f. 除了父母以外，还有别的大人对我有影响力	1	2	3	4
g. 我认为我是个幸运的人	1	2	3	4
h. 别人认为我能很好地理解他们	1	2	3	4
i. 当不好的事情发生时，我认为它将存在一段时间	1	2	3	4
j. 我没有很多朋友	1	2	3	4
k. 我会在学校的考试中取得好成绩	1	2	3	4
l. 如果碰到问题我会和大人商量	1	2	3	4
m. 我在朋友中不受欢迎	1	2	3	4
n. 我听大人的话	1	2	3	4
o. 我善于倾听别人	1	2	3	4
p. 我跟朋友关系不错	1	2	3	4
q. 我尽量从别人的角度说话	1	2	3	4

H. 父母的教养方式

> 下面是有关你的父母对待你的一些问题。请你仔细阅读每个问题,然后选择一个特别适合你的答案。所有问题的答案无对错之分,所以不要在某一个问题上花太多的时间。在回答问题时,不要只想到一天的情况,要想到平常生活的情况。

H1. 假如在你学习过程中或做家庭作业时遇到困难,有谁能提供帮助?请在合适的数字上画圈。

	是	否
a. 父亲	1	2
b. 母亲	1	2
c. 老师	1	2
d. 哥哥	1	2
e. 姐姐	1	2
f. 朋友或同学	1	2
g. 其他人	1	2

H2. 下面是一些父母对待孩子的方式。请告诉我你父母经常这样对待你吗?

	从不	有时	经常
a. 你父母要求你在外干活挣钱	1	2	3
b. 你有做得不对的地方,你父母会问清楚原因,并与你讨论该怎样做才对	1	2	3
c. 你有做得不对的地方,你父母会给你指出来	1	2	3
d. 你父母鼓励你努力去做事情	1	2	3
e. 你父母在跟你说话的时候很和气	1	2	3
f. 你父母鼓励你独立思考问题	1	2	3
g. 当你父母要你做一件事情的时候,他们会给你讲为什么要这样做	1	2	3

h. 你成绩不好时,你父母鼓励你学习要更加努力	1	2	3
i. 你父母喜欢跟你说话、交谈	1	2	3
j. 你心情不好或遇到困难或麻烦时,你父母很容易就注意到	1	2	3
k. 无论遇到什么困难,你总愿给你父母说	1	2	3
l. 你总是躲着你父母	1	2	3
m. 如果你不同意你父母的观点,他(她)很愿意让你说出你的想法	1	2	3
n. 你父母问你的家庭作业的情况	1	2	3
o. 你父母问你的学校的情况	1	2	3
p. 你做错事情时父亲或母亲会打你	1	2	3
q. 你父母知道放学后你在做什么	1	2	3
r. 你父母知道谁是你的朋友	1	2	3
s. 你父母与你一起谈论你感兴趣的话题	1	2	3
t. 你父母表扬或感谢你	1	2	3
u. 你父母对你表示亲热,如抱一抱,拍一拍	1	2	3
v. 当你做一些让你父母生气的事情,他们会罚你做家务	1	2	3
w. 当你做一些让你父母生气的事情,他们会故意不理你	1	2	3
x. 当你做一些让你父母生气的事情,他们会责骂你	1	2	3
y. 你父母主动和学校老师联系并交流意见	1	2	3

H3. 你觉得你与母亲的关系亲近吗?

　　　　1. 亲近　　　2. 一般　　　3. 不亲近　　4. 不适用
H4. 你觉得你与父亲的关系亲近吗?
　　　　1. 亲近　　　2. 一般　　　3. 不亲近　　4. 不适用
H5. 你父母是否给你零花钱(不包括用于学习用品的)?
　　　　1. 是……【继续 H6】　　　2. 否……【结束调查】
H6. 每个月他们给你多少零花钱?＿＿＿＿＿＿元/月

【访问者,请念下面这句话给被访问者听】问卷到这里结束,谢谢您参与我们的调查。

附录4　甘肃省基础教育调查：家庭问卷

编码：

批准机关：甘肃省统计局
批准文号：甘统函(2004)12号
本项调查属于自愿性调查

访问员姓名：_____　　访问员编码：_____
一审姓名：_____　　审核时间：____月____日
二审姓名：_____　　审核时间：____月____日
复核员姓名：_____　　录入员姓名：_____
录入时间：____月____日　　复核时间：____月____日
访问日期：__年__月__日　　开始时间：____时____分
结束时间：____时____分

访问开始

请注意，本表访问对象应该是父亲，如果父亲不在，母亲可以代替回答。
被访者与抽样孩子的关系：　1 父亲　2 母亲　3 其他，请注明(____)

A. 基本信息

A1. 县　　_____　　县编码：□□

A2. 乡/镇　　_____　　乡编码：☐☐
A3. 村　　_____　　村编码：☐☐
A4. 被访者姓名　　_____　　家庭编码：☐☐
A5. 抽样孩子学校　　_____　　学校编码：☐☐☐☐☐☐
A6. 抽样孩子班主任姓名　　_____　　老师编码：☐☐☐
A7. 抽样孩子弟弟妹妹学校　　_____　　学校编码：☐☐☐☐☐☐
A8. 抽样孩子弟弟妹妹班主任姓名　　_____　　老师编码：☐☐☐

0 抽样孩子情况
0.1 他/她（抽样孩子名字）现在居住在哪里？_____
　　1 在家里（跳至1部分）
　　2 一直住在学校（跳至1部分）
　　3 平时住在学校，周末回家（跳至1部分）
　　4 平时住在学校，周末回另外的居住地
　　5 一直居住在另一户（户主与抽样孩子的关系：_____见附录5代码表：关系代码）（跳至0.3）
　　6 只和母亲一起居住在别的地方（跳至0.3）
　　7 只和父亲一起居住在别的地方（跳至0.3）
　　8 和父母亲一起居住在别的地方（跳至0.3）
　　9 去世（结束采访）
0.2 周末和谁在一起住？
　　1 居住在另一户（户主与抽样孩子的关系：_____见附录5代码表：关系代码）
　　2 只和母亲一起住
　　3 只和父亲一起住
　　4 和父母亲一起住
0.3 他/她（抽样孩子名字）为什么搬到新的地方居住？_____
　　1 为了得到更好的照顾　　3 为了到别处工作
　　2 为了上教育质量更好的学校　4 其他（请注明

_____)

0.4 他/她(抽样孩子名字)现在居住在哪里？_____
    1 本村   2 本乡非本村   3 本县非本乡
    4 本省其他县市(该县名称_____)
    5 其他省(省代码_____，该县或城市名称_____)

0.5 请告诉我们这个孩子现在住处的下列情况。
    住址：_____。
    b. 电话号码：_____(如果有电话号码)
    c. 住址的补充描述_____。

0.6 这个孩子现在在工作吗？   1 是   2 否(跳至 0.9)

0.7 这个孩子做什么样的工作？_____(见附录 5 代码表：职业代码)

0.8 这个孩子从哪一年开始工作的？_____年

0.9 这个孩子现在在上学吗？   1 是   2 否(跳至 0.11)

0.10 这个孩子现在在上几年级？_____(见附录 5 代码表：教育水平代码)(跳至 1 部分)

0.11 这个孩子停学之前所上的最高年级是什么？_____
    (见附录 5 代码表：教育水平代码)

1 抽样孩子家庭成员情况表

访问者请注意：请按照第一轮调查的信息表在1.1表中填入家庭成员姓名和第1、2、3问题，然后进行再次询问。注意所有家庭成员序号与第一轮调查相同，确保一致性。

1.1. 第一轮调查家庭成员名单

序号	姓名	与抽样孩子的关系(见附录5代码表：关系代码)	性别 1 男 2 女	出生年份(年)	2003年6月底至今，他/她在家居住的情况是：(请念出以下选项)1一直住在家(跳至9)2一直不住在家(跳至8)3有时住在家，有时不住在家(跳至6)4去世	是哪年去世的?(转下行)	他/她多少个月连续不住在家？(月)	他/她有多少个月平时不住在家,周末住在家的?(月)	不住在家的原因是：1住校;2建立新的家庭;3移居工作;4去世5其他(请注明)	文化程度(见附录5代码表：教育水平代码)	婚姻状况 1未婚 2初婚 3再婚 4分居 5离婚 6丧偶	民族(见附录5代码表：民族代码)
	1	1=自己 2=父亲 3=母亲	2	3	4	5	6	7	8	9	10	11
1		1=自己										
2		2=父亲	1									
3		3=母亲	2									
4												
5												
6												
7												
8												
9												
10												

1.2 你们家信什么宗教?_____(1. 不信教 2. 伊斯兰教 3. 天主教 4. 佛教 5. 基督教 6. 其他,请注明_____)

1.3 在2003年6月底至今,有其他人在你家居住至少3个月以上吗?

  1. 是　　　　　　　2. 否(跳至2部分)

1.4 将每一个新的家庭成员,按行填入下表中的对应项目,一个人一行。

序号	姓名	与抽样孩子的关系(见附录5代码表:关系代码)	性别 1男 2女	出生年份(年)	2003年6月底至今,他/她在你家居住的情况是:(念出以下选项)1一直住在家(跳至8)2有时住在家,有时不住在家	他/她多少个月连续不住在家?(月)	他/她有多少个月平时不住在你家,周末住在你家的?(月)	不住在你家的原因是:1住校;2建立新的家庭;3移居工作;4死亡;5其他(请注明)	文化程度(见附录5代码表:教育水平代码)	婚姻状况 1未婚 2初婚 3再婚 4分居 5离婚 6丧偶	民族(见附录5代码表:民族代码)
		1	2	3a 3b	4	5	6	7	8	9	10
21											
22											
23											
24											

2 教育经历(抽样孩子及其兄弟姐妹)

下面我们想了解抽样孩子及所有兄弟姐妹(包括居住在外的)的教育经历。[访问者请注意:抽样孩子及所有兄弟姐妹(包括居住在外的)序号和姓名与表1.1和表1.4保持一致]

姓名	2000年6月他/她是否在上学？1是（跳至3）2还未上学（跳至3）3离开学校（跳至3）	2000年6月他/她在上几年级？（见代码表：教育水平）	他/她现在是否在上学？1是（跳至7）2否	他/她不上学的主要原因是什么？（见原因代码）（如果选8，转下行）	他/她哪年离开学校？	他/她离开学校之前所上的最高年级是什么？（见代码表：教育水平）（跳至14）	他/她现在上几年级？（见代码表：教育水平）	这学期他/她是否缺过课？1是 2否（跳至11）	他/她这学期缺了几节课？	他/她缺课的主要原因是什么？（见原因代码）	（如果读高中以上就不用回答11,12,13）他/她现在是否在离家最近的学校上学？1是（跳至14）2否	如果否，他/她从哪年开始不在离家最近的学校上学？（年）	是否因为学校质量问题而不在离家最近的学校上学？1是 2否	从2000年9月至今他/她共休了几个学期？（如果0，跳至18）	他/她为什么休学？（见原因代码）	他/她哪年休学的？	他/她哪年复学的？	从2000年9月至今他/她留级几次？（如果为0，跳至20）	他/她是在哪个年级留级的？（代表：教育水平）	从2000年9月至今他/她跳级几次？（次）
序号	1	2	3	4	5	6	7	8	9	10	11	12	13	14	15	16	17	18	19a	19b
20																				

3 教育费用(抽样孩子及其兄弟姐妹)

下面我们想了解(抽样孩子的名字)及其兄弟姐妹(包括居住在外的兄弟姐妹)最近一学期在接受教育上的花费。[访问者请注意：抽样孩子及所有兄弟姐妹(包括居住在外的)的序号和姓名与表1.1和表1.4保持一致]

序号	姓名	最近一学期他/她上学了吗？1是 2否(转下行)	本学期学费和书本费共交了多少元？(元)	本学期的文具和辅导材料,如笔、练习本、字典等的费用是多少元？(元)	这学期上学所花的交通费、住宿费总共是多少元？(元)	这学期在校的伙食费？(包括在学校以及在街上吃饭的费用)(元)	这学期学校内补习费是多少元？(元)	这学期在校上花的其他费用是多少元？(元)	这学期是否有奖学金或助学金？1是 2否(跳至11)	是谁赞助给他/她奖学金或助学金？1希望工程 2国际组织 3学校 4老师 5亲属或朋友 6政府 7其他	资助金额是多少元？(元)	有没有校服？1有 2没有(转下行)	买校服共花了多少钱？(元)	是什么时候买校服的？(年)
		1	2	3	4	5	6	7	8	9	10	11	12	13

4 健康状况

下面我们想了解抽样孩子、抽样孩子的父母及2003年6月底至今在家居住至少3个月的其他家庭成员的健康状况。[访问者请注意：每个成员的序号和姓名与表1.1和表1.4保持一致]

4.1 抽样孩子,抽样孩子的父母及2003年6月底至今在家居住至少3个月的其他家庭成员的健康状况

序号	姓名	一般来说,她/他身体状况怎么样?(请调查员念出以下选项)1 很差 2 较差 3 一般 4 较好 5 很好	她/他的身体是否有下列情况?1 聋哑 2 盲 3 肢体残疾 4 精神疾病 5 痴呆 6 其他 7 没问题	他/她的视力好吗?1 很差 2 较差 3 一般 4 比较好 5 很好 6 不知道	这个家庭成员有没有戴眼镜?	她/他开始戴眼镜是多少岁?1 是 2 否(跳至6)	她/他过去三个月,有多少时间因病不能参加日常活动?(例如不能工作或不能上学等)(天)	她/他是否患有下列慢性病?1 癌症 2 心脏病 3 糖尿病 4 肝炎 5 其他(请注明)	2003年6月底至今,她/他是否去看过病?1 是 2 否(跳至12)	去过几次?(次)	是什么病?(见疾病代码) (请告诉我们最重要的疾病)	2003年6月底至今她/他看病总共花多少元?(包括挂号费,诊断费,检查费,药费等)(元)	2003年6月底至今家庭自己为他/她购买药物的费用是多少元?(元)
		1	2a 2b 2c	3	4	5	6	7a 7b 7c	8	9	10a 10b 10c	11	12

疾病代码:1 贫血 2 肺结核 3 感冒,流行性感冒 4 肺炎 5 急性呼吸道病毒感染 6 意外事故造成的伤害 7 腹泻 8 沙眼 9 蛔虫病 10 哮喘/慢性阻塞性肺病 11 痢疾 12 支气管炎 13 麻疹 14 癌症 15 心脏病 16 糖尿病 17 肝炎 18 黑热病 19 霍乱 20 脑血管病 21 牙疼 22 阑尾炎 23 胃炎 24 其他(请注明)

4.2 抽样孩子,抽样孩子的父母及 2003 年 6 月底至今在家居住至少 3 个月的其他家庭成员的抽烟情况

这里的烟包括自卷的烟叶和包装好的香烟。

序号	从第一次抽烟到现在,他/她抽烟超过50支了吗?1 是 2 否(转下行)	他/她在多少岁的时候第一次抽烟?(岁)	在过去的一周内,他/她抽烟了吗?1 是 2 否(跳至5)	他/她平均每天抽多少支烟?(转下行)(支)	他/她戒烟了吗?1 是 2 否(转下行)	他/她多少岁戒烟?(岁)
	1	2	3	4	5	6

4.3 家庭成员中,是否有人有医疗保险(包括农村合作医疗)吗?
　　1 是　　　　2 否(跳至 5 部分)

4.4 请记录有医疗保险(包括农村合作医疗)

序号	来源:1 雇主 2 农村合作医疗和农村健康保险 3 私人保险 4 学校健康保险 5 其他(请注明_____)	年保险费用(元)
	1	2

5　饮水和能源使用情况

下面我们想了解你家能源使用的情况

序号	问题		
1	你家吃水通过什么方式获得?	1 室内自来水(跳至5)　2 院内自来水(跳至5)　3 院内井水(跳至5)　4 院外其他地方	
2	从其他地方取水需用多少分钟?	_____(分钟)	
3	你家用不用储水池(如水窖)?	1 是　　2 否(跳至5)	
4	一年需要灌水多少次?	_____(次)	
5	是什么水源?	1 地下水　2 敞口井水　3 小溪,河,湖泊(跳至7)　4 雨水,雪水,(跳至7)　5 水厂(跳至7)　6 不知道(跳至7)	
6	有多深?	1. 0~5 米　2. 6~10 米　3. 10 米以上　4. 不知道	
7	你家用的厕所是什么类型的?	1 室内冲水　2 室内马桶　3 室外冲水公厕　4 室外非冲水公厕　5 开放式水泥坑　6 开放式土坑　7 无　8 其他	
8	你家主要使用什么燃料?	1 柴火　2 煤　3 秸秆　4 天然气　5 太阳能　6 电(跳至10)　7 其他	
9	你家通电了吗?	1 是　　2 否	
10	你家通电话了吗?	1 是　　2 否	

6 时间分配

[访问者请注意:每个成员的序号和姓名应该与表1.1和表1.4保持一致]现在我们想询问2003年6月底至今在家居住至少3个月的家庭成员时间分配的情况。请回忆一下:

2003年6月底至今,你/他(她)平均每周花在下列每项活动上的时间(以小时计算)如果孩子还在上学,家庭时间分配表应该反映孩子上学期间的情况,而不是放假期间的情况。如果家庭成员不完全住在家里,请计算其在家里时花在以下活动上的时间。

序号	姓名	看电视	做饭	洗衣和其他家务活	砍柴	挑水	照顾病人或老人	帮助小孩做作业	和小孩玩或和小孩聊天(不包括看电视)	在家做作业(儿童填写)
		1	2	3	4	5	6	7	8	9

7 干活时间

请估计2003年6月底至今在家居住至少3个月的家庭成员2003年6月底至今花在下面每项活动上的时间。

[访问者请注意:每个成员的序号和姓名应该与按表1.1和表1.4保持一致]

序号	姓名	家庭私营活动		种植业/林业		畜牧业	
		1a(天数)	1b(小时/天)	2a(天数)	2b(小时/天)	3a(天数)	3b(小时/天)

续表

8   土地情况

下面我们想了解你家土地的情况。　＿＿＿＿＿＿

8.1 你家的耕地面积有多少亩？　＿＿＿＿＿＿亩

8.2 其中,可灌溉面积有多少亩？　＿＿＿＿＿＿亩

8.3 你家的平地有多少亩？　＿＿＿＿＿＿亩

8.4 自从实行家庭联产承包责任制以来,你们家分配的土地调整过几次？　＿＿＿＿＿＿次

8.5 最后一次土地调整是在哪一年？＿＿＿＿（年）（如果是在 2000 之前,跳至 8.7）

8.6 你们家的土地增加了＿＿＿＿亩,减少了＿＿＿＿亩。

8.7 你感觉过去村里调整土地时,如果一个家庭有人到村外从事工作,会不会影响该家庭所分配到的土地面积？
　　1 是　　2 否

8.8 2003 年 6 月底至今是否有其他农户经营过你家田地？
　　1 是　　2 否（跳至 8.11）

8.9 别人经营你家多少田地？＿＿＿＿＿＿亩

8.10 请问租金多少（若为实物,折成钱,包括农业税）？
　　＿＿＿＿＿＿元/亩

8.11 最近一年你家经营别人家的田地吗？　1 是　　2 否（跳至 9 部分）

8.12 你家耕种别人多少田地？＿＿＿＿＿＿亩

8.13 请问租金多少（若为实物,折成钱,包括农业税）？
　　＿＿＿＿＿＿元/亩

9 收成评估

下面我们想了解2000年、2001年、2003年你家的收成情况。

9.1 与平常年份相比,2003年的收成如何? _____

    1. 非常不好　　2. 不好　3. 一样　4. 好　5. 非常好

9.2 与平常年份相比,2002年的收成如何? _____

    1. 非常不好　　2. 不好　3. 一样　4. 好　5. 非常好

9.3 与平常年份相比,2001年的收成如何? _____

    1. 非常不好　　2. 不好　3. 一样　4. 好　5. 非常好

10 种植业林业生产收入

下面我们想了解2003年你家在种植业和林业生产的收入(包括去年的夏收和秋收,不包括今年的夏收)。

10.1 你家2003年种的蔬菜价值是多少元? _____元

10.2 你家2003年种的中药材价值是多少元? _____元

10.3 请在下表填入你家2003年所种植的其他作物的收入。

	作物/产品名称(作物/产品代码)	总产量(斤)	价格(元/斤)
	1	2	3
1			
2			
3			
4			
5			
6			
7			
8			

作物/产品代码:1 小麦　2 玉米　3 水稻　4 大豆　5 土豆　6 谷子　7 糜子
　　　　　　　8 荞麦　9 绿豆　10 豌豆　11 白云豆　12 油菜子　13 胡麻
　　　　　　　14 烟叶　15 花生　16 芝麻　17 向日葵　18 棉花　19 桃
　　　　　　　20 苹果　21 梨　22 核桃　23 红枣　24 花类　25 其他

11 种植业林业生产投入

下面我们想了解2003年你家对种植业和林业的投入

	投入名称	金额(元)
	1	2
1	种子(包括自产)	
2	化肥	
3	农药	
4	塑料薄膜	
5	雇工费	
6	租金(不包括土地租金)	
7	灌溉费	
8	燃料	
9	交通费	
10	市场费用(包括包装费,管理费等)	
11	其他(请注明)_____	

12 牲畜情况

下面我们想了解你家2003年6月至今的牲畜情况。

牲畜种类 / 时间点	猪		鸡、鸭、鹅以及其他家禽		山羊、绵羊		大牲畜(如牛、马、骡子、驴等)		其他(请注明____)	
	数量(头)	价值(元)	数量(只)	价值(元)	数量(头)	价值(元)	数量(头)	价值(元)	数量(头)	价值(元)
	1	2	3	4	5	6	7	8	9	10
1 2003年6月										
2 现在										

13 畜牧产品收支情况

下面我们想了解2003年6月至今你家畜牧产品的收支情况。

	问题	价值(元)
1	你家卖牲畜(含猪、羊、牛、马以及家禽等)收入多少元?	
2	你家自己消费的牲畜值多少元?	
3	你家卖羊毛、羊绒、羊皮共收入多少钱?	
4	你家卖牛皮收入多少元?	
5	你家销售兔毛收入多少元?	
6	你家销售牛奶收入多少元?	
7	你家销售蛋类收入多少元?	
8	你家销售其他畜产品收入多少元?	
9	你家死亡、丢失或被偷的牲畜价值多少元?	

14　畜牧业投入情况

下面我们想了解 2003 年 6 月至今你家畜产品的投入情况。

	畜产品投入	数量(斤)	价值(元)
		1	2
1	玉米		
2	红薯		
3	土豆		
4	秸秆		
5	其他饲料		
6	买牲畜		
7	医药费		
8	放牧费		
9	维修畜舍		
10	雇工费		

15　工资收入情况(2003 年 6 月底至今工作时间大于等于 10 天的家庭成员)

下面我们想了解抽样孩子,抽样孩子的父母和未出嫁(分家)的兄弟姐妹自 2003 年 6 月底至今的工资收入情况。并且也想了解 2003 年 6 月底至今在家居住三个月以上的家庭成员在此期间的工资收入情况。请注意,工作时间至少 10 天。[访问者请注意:每个成员的序号和姓名应该与按表 1.1 和表 1.4 保持一致]

序号	姓名	工作种类(见附录5代码表:职业代码)	2003年6月至今工作多少天?(天)	工作地点 1本村(跳至6) 2本乡外村(跳至6) 3本县外乡(跳至6) 4本省外县(跳至5) 5外省	是哪个省?(见省编码)	这个县或城市的名字是什么?	工资(元)	工资时间单位 1.月 2.天	2003年6月底至今总工资(包括奖金、补贴等)是多少?(元)	单位还欠他/她多少工资?(元)	全年实物报酬折钱(元)	工作成本(交通费、住宿费、工具、工作服等)(元)	他/她是否住在家里至少三个月? 1是(转下行) 2否	2003年6月至今他/她给了你家多少钱?(元)
		1	2	3	4	5	6	7	8	9	10	11	12	13

16 私营活动的收入

下面我们想了解你家自 2003 年 6 月底至今的私营活动收入,包括今年新增的库存。

总支出包括电、油、气等能源费,设备租金,材料费,运输费,销售费和人工工资。

	活动类型 (见活动类型代码) 1	总(毛) 收入(元) 2	总支出(元) 3	其中:固定资产 投入(元) 4
1				
2				
3				
4				
5				

活动类型代码:1 服务业(烹调,饮食业,缝纫,私人诊所)2 运输业　3 建筑业　4 采矿业　5 加工生产业　6 商业　7 其他

17 抽样孩子的祖父母的情况

接下来,我想问一些有关(抽样孩子的名字)祖父母的基本情况。

序号	姓名	你(或他/她)的父母亲还健在吗? 1 都健在 2 父亲健在 3 母亲健在 4 都不健在 (转下行)	你的父母住在哪里?(如果父母不住在一起,请根据居住地最远的一位来选择) 1 本户(转下行)　4 本县其他乡 2 本村(转下行)　5 本省其他县市 3 本乡其他村　6 其他省	2003年6月底至今你探望父母多少次?(次)	2003年6月底至今父母给你家多少元钱?(元)	2003年6月底至今你家给父母多少元钱?(元)
		1	2	3	4	5
2						
3						

18 家庭关系网

18.1 下面这些问题将用于估计抽样孩子的家庭关系网。在下列的问题中,不计算这些亲戚的配偶。

		他/她曾经有多少下列亲戚?（人）	这些亲戚有多少人仍健在?（人）	从2000年6月至今出生多少人?（人）	从2000年6月至今有多少人去世?（人）
		1	2	3	4
1	抽样孩子的叔伯和姑姑				
2	抽样孩子的舅舅和姨妈				
3	抽样孩子父亲的表/堂兄弟姐妹				
4	抽样孩子母亲的表/堂兄弟姐妹				

18.2

		1999年以来,下列亲戚中有多少人住在本县以外至少三个月?（包括已经去世的）（人）
1	抽样孩子的叔伯和姑姑	
2	抽样孩子的舅舅和姨妈	
3	抽样孩子父亲的表/堂兄弟姐妹	
4	抽样孩子母亲的表/堂兄弟姐妹	
5	抽样孩子的父母	
6	抽样孩子的兄弟姐妹	
7	抽样孩子的爷爷奶奶	
8	抽样孩子的姥姥姥爷	
9	其他亲密亲戚	

注意：如果没有亲戚住在本县以外,跳至18.5。

18.3 1999年以来住在本县以外至少三个月的亲戚的居住情况。

在下表中,请根据表18.2中的回答,记录1999年以来住在本县以外至少三个月的亲戚的移居经历。如果这些人已经包括在表1.1的家庭成员中,请确保家庭成员的序号和姓名一致。如果所列的亲戚不在表1.1中,请以51,52,53…数字为其序号。如果有超过 6 个亲戚在本县以外,仅填写对你家最有帮助(例如,找工作,借钱等)的六个人。

序号	姓名(可以是不完全的姓名)	这个人曾经住在本县吗? 1是 2否(跳至3)	她/他什么时候第一次离开本县?(年)	他/她在下列哪些年,居住在本县以外至少3个月? 1是 2否 3在那年去世						1999年以来,他/她在多少个本县以外县或者城市居住时间少至三个月?	从1999年至今他/她在哪个本县外的地方居住时间最长?		开始时间		结束时间		从1999年至今他/她在哪个本县外的地方居住时间第二长?		开始时间(年/月)		结束时间(年/月)	
				1999	2000	2001	2002	2003	2004		省(见省代码)	县名/城市名	年	月	年	月	省(见省代码)	县名/城市名	年	月	年	月
	1	2	3	4	5	6	7	8	9	10	11	12	13	14	15	16	17	18	19	20	21

18.4 1999 年以来,在本县以外居住的亲戚的基本情况。

现在我们想要知道 1999 年以来居住在本县以外亲戚(与 18.3 中相同)的其他信息.

序号	性别 1男 2女	与抽样孩子的关系(见附录5代码表:关系代码)(如果是"其他",请具体化;如果是孩子的父母或孩子的兄弟姐妹就跳至5)	年龄	现在最高文化程度是什么? 1没有 2小学 3初中 4高中 5中专 6大专 7大学或大学以上 8不知道	在本县以外居住时,他/她是做什么的? 1工作 2学生(跳至7) 3家庭妇女(跳至7) 4退休(跳至7) 5其他,请注明(跳至7)	在本县以外居住时,通常的工作类型是什么?(见代码表:职业)	你们家和她/他的关系怎么样? 1没有联系 2有一些联系 3经常联系	在最近一年,她/他总共给过你多少现金/实物价值?(元)(如果为0,跳至11)	这些现金/实物用于:(列出1或2个最重要的下列编码)(如果为20,请具体说明)		在最近一年,你家给过这个亲属多少现金/实物价值?(元)
									第一重要的	第二重要的	
	1	2	3	4	5	6	7	8	9	10	11

续表

帮助编码：1 日常家庭消费　2 获取土地　3 获取房屋　4 修补房屋　5 获取交通工具　6 商业或买卖资本　7 获取工具　8 获取家畜　9 教育消费　10 医疗消费　11 储蓄　12 节日庆典　13 支付贷款　14 葬礼消费　15 庄稼败收后帮助　16 失业后帮助　17 失窃后帮助　18 灾害后帮助（如洪水、火灾等）19 紧急事件后帮助　20 其他（请注明）

18.5 2003 年 6 月至今，其他亲属与朋友给了你家多少钱？（其他亲属不包括 18.4 表中的亲戚）_____元

18.6 2003 年 6 月至今，你们家给了其他亲属与朋友多少钱？（其他亲属不包括 18.4 表中的亲戚）_____元

19　家庭债务情况

下面我们想了解你家的家庭债务情况。

19.1 你家目前有多少贷款（如从信用社，农业银行，其他银行或金融组织获得的贷款）？	元
19.2 如果你现在想向信用社贷款，你估计最多能够贷到多少？	元
19.3 你家目前向亲戚或朋友借了多少钱？	元
19.4 如果你家现在很需要钱，你能向亲戚或朋友借到多少钱？	元
19.5 你家是否借钱供孩子上学？	1. 是 2. 否（跳至 19.7）
19.6 借了多少钱？	元
19.7 现在别人总共欠你家多少钱？	元

20　日用品和服务支出

下面我们想了解你家在 2003 年 6 月底至今的消费，包括购买日用品和服务支出。

种类	元	种类	元
1 日用洗漱用品（如洗衣粉、香皂、肥皂、牙膏、牙刷等）		11 房租	
2 日用杂品和小五金（如灯泡、电线、电插头、手电筒、电池、锤子、钳子、改锥等）		12 住房装修和装饰费（包括家具、装修材料费和人工费等）	

续表

3 大人的衣着消费（包括服装、衣着材料、鞋帽类、衣着加工修理费等）	13 水费
4 孩子的衣着消费（包括服装、衣着材料、鞋帽类、衣着加工修理费等）	14 电费
5 床上用品（包括床单、被子、毛毯、草席、凉席、蚊帐等）	15 燃料费（包括煤炭、煤制品、柴草、木炭、液化气等）
6 各种交通工具维修及配件费用	16 文化教育娱乐用品费（包括文娱用的机电消费品、书报杂志、纸张文具、其他文娱用品等）
7 家用电器维修	17 文化教育娱乐服务费（包括学杂费、技术培训费、文娱费、文娱用品、加工服务费等）
8 交通费（包括火车、汽车、飞机、轮船等交通工具费）	18 个人用品支出（包括化妆品、金银珠宝饰品、剃须刀等）
9 邮电费、电话费（包括手机费）	19 个人服务消费支出（包括理发、洗澡、照相等）
10 通信工具修理费	20 税费（包括农业税、提留等）

21　食品消费情况

下面我们想了解你家在2003年6月底至今食品消费情况。请在回答下列有关食品消费情况的问题时，与最了解去年家庭消费的人商量答案。

	种类	1 自产产品的重量（斤）	2 购买产品			种类	3 自产产品的价值（元）	4 购买产品价值（元）
			a 重量（斤）	b 价值（元）				
1	大米				15	水产品		
2	面粉				16	蔬菜		
3	玉米				17	干鲜果品		
4	豆类（黄豆,红豆,绿豆等）				18	调料品		
5	豆制品				19	烟酒类		
6	杂粮（大麦,高粱米,小米）				20	饮料类		
7	土豆、红薯				21	罐头类		

续表

		1	2				
8	粮食制品（如粉丝、粉条、米粉、挂面等）			22	在外饮食		
9	猪肉			23	食品加工费		
10	牛羊肉			24	其他（请注明，__）		
11	鸡肉						
12	其他肉						
13	油脂类（包括动物油和植物油）						
14	蛋类						

22 家庭固定资产和家庭耐用消费品

下面我们想要了解你家私营活动的固定资产和家庭耐用消费品。

	固定资产名称	1现有数量	2价值(元)		家庭耐用消费品	1现有数量	2价值(元)
1	汽车			20	缝纫机		
2	拖拉机			21	收音机		
3	机引农具			22	收录机		
4	畜引农具			23	黑白电视机		
5	手推车			24	彩色电视机		
6	板车			25	自行车		
7	风车			26	照相机		
8	喷雾器			27	钟表		
9	打稻机			28	洗衣机		
10	脱粒机			29	电冰箱		
11	抽水机			30	电风扇		
12	电动机			31	摩托车		
13	柴油机			32	金银首饰		
14	加工机械			33	床		
15	船			34	炕		
16	石磨			35	桌子、椅子、沙发		
17	碾子			36	柜子		
18	其他农具			37	写字台		
19	其他(请注明____)			38	箱子		
				39	电话(包括手机)		
				40	VCD 或 DVD		
				41	组合音响		
				42	其他(请注明____)		

23　家庭住房情况

下面我们想了解你家 2003 年 6 月底至今居住的住房情况。

23.1 2003 年 6 月底至今，你家住房面积是多少平方米？

_____平方米

23.2 你家房屋是哪一年建的？　　　　　　　_____年

23.3 你家房屋现在价值估计是多少元？　　　_____元

23.4 2003 年 6 月底至今，你家买建筑材料花了多少钱？

_____元

23.5 现在你家储存的建筑材料值多少钱？　　_____元

23.6 2003 年 6 月底至今，你家新建或整修了住房吗？

1　是　　　2　否（结束问卷）

23.7 花了多少雇工费？　　　　　　　　　　_____元

23.8 总共用了多少工作日（包括你自己和帮工的劳动日，但不包括雇工）？　　　　　　　　　　　　　　　_____日

23.9 你们家里人花了多少个劳动日？　　　　_____日

问卷到这里结束，谢谢您接受我们的访问

附录5 代码表

关系代码	省代码	职业代码	教育水平代码	民族代码
1 抽样儿童	1 北京	1 农民	00＝没上过学	01 汉
2 父亲	2 天津	2 企业人	11＝1年小学	02 蒙古族
3 母亲	3 河北	3 企业职员	12＝2年小学	03 回族
4 嫂子	4 山西	4 建筑业、矿业工人	13＝3年小学	04 藏族
5 姐夫	5 内蒙古	5 服务人员	14＝4年小学	05 维吾尔族
6 侄儿、侄女	6 辽宁	6 个体户	15＝5年小学	06 苗族
	7 吉林	7 私人企业家	16＝6年小学	07 彝族
21 排行第一的哥哥	8 黑龙江	8 教师		壮族
22 排行第二的哥哥	9 上海	9 医生	21＝1年初中	09 布依族
23 排行第三的哥哥	10 江苏	10 技术员	22＝2年初中	10 朝鲜族
24 排行第四的哥哥	11 浙江	11 军人	23＝3年初中	11 满族
25 排行第五的哥哥	12 安徽	12 乡或村干部		12 侗族
26 排行第六的哥哥	13 福建	13 党政机关人员	24＝1年高中	13 瑶族
	14 江西	14 其他	25＝2年高中	14 白族
31 排行第一的弟弟	15 山东		26＝3年高中	15 土家族
32 排行第二的弟弟	16 河南			16 哈尼族
33 排行第三的弟弟	17 湖北		27＝1年中专	17 哈萨克族
34 排行第四的弟弟	18 湖南		28＝2年中专	18 傣族
35 排行第五的弟弟	19 广东		29＝3年中专	19 黎族
36 排行第六的弟弟	20 广西			20 傈僳族
	21 海南		31＝1年大专/大学	21 佤族
41 排行第一的姐姐	22 重庆		32＝2年大专/大学	22 畲族
42 排行第二的姐姐	23 四川		33＝3年大专/大学	23 高山族
43 排行第三的姐姐	24 贵州		34＝4年大专/大学	24 拉祜族

续表

关系代码	省代码	职业代码	教育水平代码	民族代码
44 排行第四的姐姐	25 云南		35＝5年大专/大学	25 水族
45 排行第五的姐姐	26 西藏		36＝6年或6年以上大专/大学	26 东乡族
46 排行第六的姐姐	27 陕西			27 纳西族
	28 甘肃			28 景颇族
51 排行第一的妹妹	29 青海		99 不知道	29 柯尔克孜族
52 排行第二的妹妹	30 宁夏			30 土族
53 排行第三的妹妹	31 新疆			31 达斡尔族
54 排行第四的妹妹				32 仫佬族
55 排行第五的妹妹				33 羌族
56 排行第六的妹妹				34 布朗族
				35 撒拉族
61 祖父母				36 毛难族
62 外祖父母				37 仡佬族
71 叔叔、伯父、舅舅				38 锡伯族
72 表(堂)叔/伯、表(堂)舅				39 阿昌族
81 姨妈、伯母、舅妈				40 普米族
82 表(堂)姑、表(堂)姨				41 塔吉尔族
91 其他有亲戚关系的人				42 怒族
99 其他无亲戚关系的人				43 乌孜别克族
				44 俄罗斯族
				45 鄂温克族
				46 崩龙族
				47 保安族
				48 裕固族
				49 京族
				50 塔塔尔族
				51 独龙族
				52 鄂伦春族
				53 赫哲族

后　记

　　中国内地的教育生产函数研究还处于初步发展阶段,非常希望这本书能对我国的教育生产函数研究起到促进作用。书虽已完成,但研究远未结束! 研究中发现的许多问题都值得去进一步深入探讨。幸运的是我已成为大学教师,将来可以继续研究这些问题。俗话说"十年树木,百年树人",博士生的培养是一个长期艰苦的过程,以博士论文为基础的本书则是博士生培养结果的结晶,它凝结了老师太多的心血和汗水。从开始写作博士论文到这本书出版,这期间感受到了太多的师生情、同学情、朋友情和亲情! 借此书撰写后记的机会,向一路关心帮助过我的人表示由衷的谢意!

　　博士三年我首先要感谢的是我的导师闵维方教授! 闵老师治学严谨,学识渊博,能成为闵老师的博士生是我的福分! 记得读本科期间拜读闵老师的著作和文章时,就对闵老师很是敬仰,但觉得闵老师离我很遥远,不曾想若干年后我竟能有幸成为闵老师的弟子,当面聆听闵老师的指导,每每想起这一点就觉得很幸福! 闵老师一直担任学校的领导工作,工作非常忙! 尽管如此,他还是让我每隔一段时间就给他写信汇报我的学习情况,他总能很快回信对我进行指导。闵老师非常关心我的博士论文研究进展情况,对我的博士论文进行了精心的指导,我能提前一年毕业在很大程度上是闵老师鼓励和指导的结果。参加工作后,闵老师仍不时问起我的工作情况,并给我很多鼓励和建议,让我终身受益! 衷心地祝福敬爱的闵老师,愿他身体健康!生活幸福!

我要感谢我的副导师丁小浩教授!三年里,丁老师对我进行了细致耐心的指导,使得我的研究水平有了很大的提高。我在读博士之前虽然接触过定量研究并对定量研究方法很感兴趣,但一直苦于没有老师指导我如何做定量研究,我只能在黑暗中摸索。读博士期间,丁老师开设了"教育经济研究设计"这门课程,专门系统地探讨了教育经济学领域定量研究设计的过程和方法,通过这门课程的学习,我初步掌握了定量研究的过程和方法。除此之外,丁老师还在实际的研究中手把手教我如何做定量研究,指导我修改博士论文,我能最终顺利完成博士论文研究离不开丁老师耐心细致的指导。在我工作后,我仍经常向丁老师请教论文写作中遇到的问题,丁老师仍是一如既往地指导我修改论文直至发表,因此本书的顺利出版离不开丁老师的关心和帮助!

我还要感谢我的另一位副导师中国财政科学研究所所长王蓉教授!王老师一直从事基础教育财政研究,在这方面有很深的造诣。我的博士论文研究也属于基础教育领域,实际上与教育财政也密切相关,因此,王老师对我的研究很感兴趣并一直给予指导。我的博士论文在题目、研究方法和研究内容等多个方面都吸取了王老师富有建设性的建议。此外,王老师还给我提供了很多深入实地调研考察的机会,这对我的研究很有帮助,使我对我国基础教育实践状况有了更多的理解,为我的博士论文的研究提供了许多素材和分析基础,同时率队调研的过程也极大地锻炼了我的组织能力和沟通能力。王老师在我工作以后,依然非常关心我的学术发展。在她的介绍和鼓励下,我以本书研究内容为基础申请到了"中国教育研究网络"第二轮年轻学者支持计划项目,这是我工作以来申请到的第一个正式科研课题,给了我莫大的鼓励和勇气!以该项目为起点,后来我又陆续申请到了国家自然科学基金项目、教育部人文社会科学项目、全国教育科学规划项目等课题。除此之外,王老师还无偿为我提供宝贵的研究数据,我的许多发表论文和课题均使用了这些数据。王老师对我的帮助、支持和鼓励令我今生难忘!

此外,教育经济研究所的其他各位老师对我的学习和博士论文写作也给予了宝贵的指导和多方面的帮助,在此表示由衷的感谢。感谢阎凤桥教授、陈晓宇副教授、文东茅教授、岳昌君教授、郭建如副教授在我的博士论文开题和预答辩过程中提出的宝贵意见，这些意见为我的博士论文研究指明了方向。因丁延庆副教授也在研究教育生产函数，我在论文研究过程中曾多次向他请教，收获很大，在此向丁延庆副教授表示感谢。李文利教授由于后来去了美国，故无法对我的论文给予指导，但她开设的"教育研究过程与方法"这门课程为我开展博士论文研究奠定了方法论基础，借这个机会也向李文利教授表示谢意！

特别需要感谢美国宾夕法尼亚大学社会学系 Emily Hannum 副教授为我的博士论文研究提供了数据。我从博士研究生一年级开始就立志要做教育生产函数研究，但苦于一直找不到合适的研究数据，正当我准备忍痛放弃教育生产函数研究时，我得知 Emily Hannum 副教授承担的"甘肃基础教育调查研究"项目在 2000 年收集了一套可以做教育生产函数研究的数据，2004 年又收集了一次追踪调查数据。我抱着试试看的心态发电子邮件与 Emily Hannum 副教授联系，希望她授权我使用她的调查数据开展教育生产函数研究，经过多次商谈后，Emily Hannum 副教授同意我使用她的所有甘肃调查数据，这令我激动不已！可以说，如果没有 Emily Hannum 副教授提供的数据，我的博士论文研究就不会是教育生产函数研究了！在我的博士论文写作过程中，我也多次得到 Emily Hannum 副教授的指导和帮助。因此，我要借这篇后记向 Emily Hannum 副教授表示谢意和感激之情！

教育部发展研究中心安雪慧副教授参加了"甘肃基础教育调查研究"项目的数据收集工作，故对数据比较熟悉，她对甘肃基础教育也比较了解。我在研究过程中曾多次向她请教，她总是很热情地为我解释相关问题，我一直心存感激，在此向安雪慧副教授表达谢意！另外，也非常感谢北京师范大学教育经济研究所胡咏梅教授，胡老师是我的良师益友！我在研究过程中与她有过多次讨论，从中受益很多！我最初在胡老师课堂上所学到的教育统计方法为我以后的学术研究奠定了方法基础。

在北京大学教育学院这个温暖的家庭生活了三年，我得到了许多其他老师和同学的关心和帮助，借此机会说声谢谢！他们是教育学院党委副书记侯华伟老师、前教育学院党总支副书记胡荣娣、前副院长陆小玉老师、徐未欣老师、李锋亮师兄、郭丛斌师兄、李莹师姐、范皑皑师妹、马莉萍师妹、孙毓则师妹、刀福东师弟。此外,还要感谢我的学友社会学系2006级博士研究生巫锡炜,他师从于郭志刚教授,对分层线性模型比较了解,我曾多次向他请教分层线性模型。

感谢首都师范大学校长助理、教育学院院长孟繁华教授对我工作和生活的关心和帮助!孟教授在我参加工作以来,一直对我宽容照顾,关爱有加,使我始终保持较轻松愉快的心情工作和学习。他还非常关心这本书的出版情况,并为此提供了出版经费支持。感谢首都师范大学教育学院教育经济与管理研究所的同事们,你们对我工作和生活的关心和帮助使我感到这个工作集体的温暖!

感谢北京大学出版社编辑李淑方女士为本书出版付出的辛劳!

感谢我的研究生龙文佳、郭俞宏以及闫晶晶同学在本论文出版编辑过程中的辅助性工作!

最后,我更要感谢我的家人!我的父母虽然文化程度不高,家庭经济条件也不好,但他们一直期望我能念书念到最高层次,因此,他们为我攻读博士学位提供了最大程度的支持和鼓励!我要向我的爱人屠彦斌女士表示深深的谢意!攻读博士学位的过程是艰辛的,我遇到了很多挫折,经历了许多烦劳和痛苦的时刻,是她一直在尽最大的努力安慰我和鼓励我,使我重新又振作起来继续努力,最终得以完成这本书。在本书最后的修改阶段,她十分细致地对全文进行了校稿和文字排版,保障了本书的质量。

我能顺利完成学业离不开老师、朋友、同学和家人的大力支持和帮助,谨以此书向他们表达我无法言喻的感激之情以及因我的疏忽而未提及的人,但愿这本著作没有辜负他们对我的期望!